长春师范大学学术著作出版资助项目

安丽霞 著

现代性的忧郁

从颓废到碎片的灵光

The Non Psychological of Melancholy Thought in Modernity: From The Concept of Baudelaire's Decadent to The Redemption of Walter Benjaminto's Aura

中国社会科学出版社

图书在版编目（CIP）数据

现代性的忧郁：从颓废到碎片的灵光/安丽霞著 . —北京：中国
社会科学出版社，2017. 12

ISBN 978 – 7 – 5203 – 2178 – 5

Ⅰ. ①现…　Ⅱ. ①安…　Ⅲ. ①虚无主义—研究　Ⅳ. ①B089

中国版本图书馆 CIP 数据核字（2018）第 043110 号

出 版 人	赵剑英
责任编辑	徐沐熙
责任校对	徐　红
责任印制	戴　宽

出　　　版	中国社会科学出版社
社　　　址	北京鼓楼西大街甲 158 号
邮　　　编	100720
网　　　址	http://www.csspw.cn
发 行 部	010 – 84083685
门 市 部	010 – 84029450
经　　　销	新华书店及其他书店

印刷装订	北京君升印刷有限公司
版　　　次	2017 年 12 月第 1 版
印　　　次	2017 年 12 月第 1 次印刷

开　　　本	710 × 1000　1/16
印　　　张	14. 75
插　　　页	2
字　　　数	202 千字
定　　　价	66. 00 元

目　　录

自序 ·· （1）

前言　现代性忧郁的群像：从颓废到碎片的微光 ·············· （1）

第一章　现代性的"初始"状态：黑格尔、马克思与韦伯 ············ （1）
　第一节　黑格尔——"现代性"哲学话语的开启 ················· （2）
　第二节　马克思的批判 ·· （20）
　第三节　韦伯的合理化世界 ·· （32）

第二章　忧郁的波德莱尔 ··· （46）
　第一节　什么样的现代——波德莱尔的疑问 ····················· （48）
　第二节　恶的深处——救赎 ·· （58）
　第三节　恶的花朵——善的果实 ······································ （68）

第三章　尼采的现代性——虚无 ··· （81）
　第一节　上帝死了——开启"虚无"之门 ························· （82）
　第二节　"意志"的最后的审判——重估一切价值 ··············· （90）
　第三节　与"艺术"在一起 ·· （100）

第四章 "小"现代性——去整体化的齐美尔 ················· （108）

第一节 个体分裂的状态——流动现代性的描述 ·········· （110）

第二节 货币的时代——货币的哲学 ················ （118）

第三节 大都市——人的状态 ···················· （128）

第五章 本雅明：忧郁的都市浪游人与碎片收藏者（上） ······ （138）

第一节 本雅明其人：不合时宜的人 ················ （139）

第二节 寻求迷失的游荡者 ····················· （147）

第三节 废弃之人，废弃之物，拾垃圾的人、收藏者 ·········· （159）

第六章 本雅明：碎片、寓言与微弱的救赎（下） ··············· （169）

第一节 现代性的碎片：在碎片中指点迷津 ············· （169）

第二节 发展的悲剧与"废墟"的寓言 ················ （179）

第三节 回忆、再施魅、收藏"引用"：现代性的微弱

救赎 ·································· （189）

引用书目 ····························· （201）

后记 ······························· （213）

自　序

　　"现代性"作为哲学话语的提出应该是源于哈贝马斯，他将近现代哲学的思考都置于一种"现代性"的"话语"而不是"概念"当中。与"存在""思维"等纯粹的哲学概念相比，"现代性"作为话语显得更为宽泛和混乱——也就是说它被指称为各种现象。对"现代性"的哲学思考正是从这些现象出发的，然而它又并非现象学意义上的——它就是自身的话语，这一话语包含在"现代性"的状态当中，那就是"非确定性"。《非确定的现代性：理性与文化的纠缠》这本书写于 5 年前，其思考要追溯到 2007 年撰写的《书写现代性：中国的知识分子与大众文化》这篇文章，希望对当下的大众文化与知识分子之间的关系进行一种追问，这一很不成熟的想法让我得以浏览"现代性"的表象，或者说喜欢"现代性"这一话题。当然后来这也成为我博士论文的研究主题。2011 年我在博士论文《现代性的书写：合理性、艺术、体验》的基础上进行修改完善的《非确定的现代性：理性与文化的纠缠》，使得我更进一步地理解"非确定性"这一"现代性"的状态，从而透过"非确定的现代性"去理解理性与文化似乎显得更为切中。

　　回头看来，《非确定的现代性：理性与文化的纠缠》有太多不成熟的地方，含混、浮光掠影、断裂用形象进行了连接，而激情在更多的地方代替了思考，我甚至担心它因为所谓"包含了太多的内容"而显得空洞。然而它充满了联想，尽管有些联想可能似是而非。总之，早就想将《非确定的现代性：理性与文化的纠缠》细化，但却发现那或许不可能，那么就做一个相对简单的梳理吧，虽然这一梳理仍然显得仓促，因为一段时间以来我个人的思考也存在着一种"断裂"，但与《非确定的现代性：理性与文化的纠缠》比起来仍然可以说是相对稳重，于是就有了这本《现代性的忧郁：从颓废到碎片的灵光》。

正如齐美尔认为货币是大都市"人与人之间互相交往的一种形式"，我觉得"忧郁"是"现代性"的一个特质。它不仅仅是一种心理状态，更是一种思考方式。这在波德莱尔、齐美尔、本雅明身上都能明显地看到，至于说尼采，在我看来一个自称"打死"上帝的人，其乐观是值得怀疑的，至少他自己说他的血流动得很慢。与其说这本书把"忧郁"作为几位思想家的心理气质——我把波德莱尔作为"现代性"的思想家——倒不如说将"忧郁"看作他们的某种思维方式。他们在几乎认识到"现代性"的同时，就理解了它挥之不去的阴霾。当然，由于篇幅所限，本书所选择的思想家仅是几个与"现代性"思考相关的人物。在尼采之后的思想家中，很多人都以不同的表述方式阐释着"现代性"这一无法回避的主题，我所选的几位只是更为明确地使我们理解了"现代性"，包括它的"忧郁"。

我没有试图去建立几位哲人之间的"联系"，但是你可以感受到他们的思考虽有某种程度的相关，但是没有什么承接——除了本雅明喜欢波德莱尔之外。换言之，"非确定性"在这里已经无须像上本书那样去强调，所以我们就更没有必要去寻找所谓的连续性了。"忧郁"成了一个新的话语，但它并不明显，隐隐约约你能感受到，就像你感受到现代，却未必能感受到"现代性"。

前　言

现代性忧郁的群像：
从颓废到碎片的微光

柏拉图认为哲学家是那些追求永恒事物的人，从这一点来说，柏拉图对非确定性有着某种担心。自柏拉图以来，非确定性对大多数哲学家来说一直是个困扰，至少对其有某种程度的担忧和恐惧。对确定性的追求成了某种癖好，甚至一度在黑格尔的绝对理念那里达到了顶峰，因为他们相信理性总有一种把一切"不确定"的东西化为"确定"的神奇力量——我们相信这可能来自把一切"道德化"的勇气，这一传统来自苏格拉底。正如黑格尔所说，"人应尊敬他自己，并应自视能配得上最高尚的东西"。① 另一个可能的来源是一种对理性的信仰——在这些先哲看来，难道"追求真理的勇气，相信精神的力量"② 不是哲学研究的第一条件吗？

然而，纯粹的确定性是很难在任何一种哲学中看到的，思想往往是确定性、犹疑与非确定性的徘徊，对于几乎每一位哲学家来说都是如此。确定性从来没有建立起所谓的联盟，却有一种一致性的嗜好。在尼采看来，虚无主义一直存在，并将永远存在下去——它的含义是，非确定性一直存在着，不但一直持续下去，并且以现代

---

① ［德］黑格尔：《小逻辑》，贺麟译，商务印书馆1980年版，第36页。
② 同上。

性的方式一直存在下去。

正如哈贝马斯所言，"一旦时代精神获得对哲学的支配地位，一旦现代的时间意识打破了哲学的思想形式，那么，上述这些立场也就都揭示出了传统的断裂，因为这种断裂已经发生了"。① 这似乎意味着也许只能建立短暂的确定性——正如科学作为时代进步的标志所能呈现出来的那样，也就是说一切可能的"确定"都只能在"不确定"——"动荡不安"中建立起来，而无法占据永恒的位置。当马克思宣布"一切坚固的东西都烟消云散了"，则告知世界这样一条信息：不仅"确定性"不复存在，连"非确定性"的存在方式也是破碎的。这正是尼采所表达的某种虚无主义的真相，在尼采看来："所有的基础，都疯狂而轻率地分崩离析，消融于一种持续的演变之中，永不停歇地流逝；现代人，这个宇宙之网的节点上的庞大十字蜘蛛，不知疲倦地将一切形成的事物都拆解开来，并且化为历史——这，或许会让道学家、艺术家、宗教家甚至政治家感到忧心忡忡、惊慌沮丧，而我们，这次却可以开心不已。"②

"道学家、艺术家、宗教家甚至政治家"的确会"感到忧心忡忡、惊慌沮丧"，他们所身处的环境变得陌生——现代人既然"不知疲倦地将一切形成的事物都拆解开来"，就意味着"不确定性"的恐惧再也无法成为"确定性"留下来的借口。然而"确定性"依然留下来了，以"恐怖"的方式——那是奥斯维辛的恐怖记忆——那是"确定性"为人类留下巨大的伤口。这伤口如此巨大且深厚，以至于颠覆性地改变了"恐惧"的历史：2000 年来对"非确定性"的恐惧变成了近百年来对"确定性"的恐惧——没有人

---

① ［德］哈贝马斯：《现代性的哲学话语》，曹卫东等译，译林出版社 2004 年版，第 60 页。

② ［德］尼采：《不合时宜的沉思》，转引自［英］戴维·弗里斯比《现代性的碎片：齐美尔、克拉考尔和本雅明作品中的现代性理论》，卢晖临等译，商务印书馆 2003 年版，第 38 页。

能够完全置身事外并从这恐惧中抽离出来——无论如何"……恶魔般的物化和沉闷的孤立等诅咒还是萦绕不去"，① 我们看到"确定性"所承诺的"这种解放是空洞的，是麻木不仁的现象……"②。

如果说"理念、理性、启蒙"承载了"确定性"的历史，那么"现代性"则承载了对"当下"的全部思考，宣布了"动荡不安"的合法性，正如哈贝马斯所言，"哲学思想本身是从历史语境当中形成的，但哲学要想超越历史语境的限制，就必须对'现代性'自身加以把握"③。

第一个意识到"现代性"问题的，在哈贝马斯看来应该是黑格尔。或许受到法国大革命的某种强烈的鼓动——时代精神开始在哲学的意义上被追问，或许黑格尔在这里的确可以是一种开启。正如哈贝马斯说的，"黑格尔不是第一位现代性哲学家，但他是第一位意识到现代性问题的哲学家。他的理论第一次用概念把现代性、时间意识和合理性之间的格局凸显出来"④。

哲学在黑格尔那里的确开始变得不同——对德国现实的不满日益加剧，促使黑格尔审视德国的现实，当他为现实作出"理性匮乏"的诊断后，便强烈地希望一个理性的"新世界"来接替"现实"。带着一种强烈的乐观——黑格尔想把理性带入现实，或者说，把现实看作理性的。在这里，无论是柏拉图的理念、笛卡儿的理性主义还是康德的"批判"，都并非真的逃避现实，而是或许作为日后有一天可以真正地面对现实的理论储备——当然这并非是在连续性的意义上。的确，无论是黑格尔对现实的诊断，还是试图用理性

---

① ［德］哈贝马斯：《现代性的哲学话语》，曹卫东等译，译林出版社 2004 年版，第 127 页。

② 同上。

③ ［德］哈贝马斯：《现代性的概念》，曹卫东译，选自汪民安等编《现代性基本读本（上）》，河南大学出版社 2005 年版，第 121 页。

④ ［德］哈贝马斯：《现代性的哲学话语》，曹卫东等译，译林出版社 2004 年版，第 51 页。

构建现实——哲学似乎无须再惧怕"现实"，也无须逃避"现实"，而是试图努力描绘"现实"、表征"现实"，甚至自己就是"现实"本身，然而黑格尔在"现实"中搭建的"看不见的教堂"——那是用理性搭建的道德的殿堂，用以替代上帝的庙宇——只要人人都足够相信自己拥有理智的力量并付诸理性的行动，那么"现实的"就会成为"合理的"，"合理的"也终究会变成"现实的"。

在哈贝马斯看来，黑格尔的确相信存在着一种"现代性自身内部的主体性原则"①，因此 1841 年，阿诺德·卢格在《德意志年鉴》中写道："在它历史发展的早期，黑格尔哲学就已表现出与以往体系有着本质上不同的特征。这种哲学第一次声称哲学只是其时代的思想，也第一个承认自己是自己时代的思想。以往的哲学都是不自觉的、抽象的，只有它才是自觉的、具体的。这样，人们会说，其他的哲学只是思想，而且一直都是思想；而黑格尔哲学，虽然表现为思想，但不会永远都是思想……而是必定要转化为实践。……在这个意义上，黑格尔哲学是革命的哲学，是所有哲学中最后的哲学。"②

如果说在黑格尔那里，现代性还保持了"理性的乐观"，那么到了马克思那里则变成了"愤怒"。正如马克思在《〈人民报〉创刊纪念会上的演说》中所言："每一种事物好像都包含有自己的反面。我们看到，机器具有减少人类劳动和使劳动更有成效的神奇力量，然而却引起了饥饿和过度的疲劳。新发现的财富的源泉，由于某种奇怪的、不可思议的魔力而变成贫困的根源。技术的胜利，似乎是以道德的败坏为代价换来的。随着人类愈益控制自然，个人却似乎愈益成为别人的奴隶或自身的卑劣行为的奴隶。甚至科学的纯

---

① ［德］哈贝马斯：《现代性的哲学话语》，曹卫东等译，译林出版社 2004 年版，第 40 页。

② 同上书，第 59—60 页。

洁光辉仿佛也只能在愚昧无知的黑暗背景上闪耀。我们的一切发现和进步，似乎结果都是使物质力量具有理智生命，而人的生命则化为愚钝的物质力量。"①看来在马克思眼中，现实并没有走向黑格尔所说的"合理"，而是"合理"中巨大的"不合理"——这个"革命的哲学"通过辩证法不断催生出它内部的否定力量。

无论如何，马克思的现代性，它以否定不合理的"当下"确立了自身，"它给人以希望，它使这个世界变得更加合理。它给予那些无以计数的生命指出方向和意义。作为20世纪最伟大的召唤，它鼓舞了千百万人起来反抗，相信人类终究会有一天会为了实现他们的需要创造自身和未来。"②

与马克思对不合理现实的愤怒与改造不同，韦伯显然更为悲观。在他看来，"合理化"的"铁笼"已经日益加固，人们没有逃脱的希望。而他的任务在于把"合理化"作为现代性最重大的问题加以探讨。这样，现代性在韦伯那里既非理性的乐观，也非对"不合理"的愤怒，合理性从黑格尔"理性的诗意角色"③最终"改变成为合理性和合理化这样的散文角色"④。

这个"散文角色"呈现出的是"合理化"无处不在，是理性光芒的冰冷、刺眼和无处逃遁。麦克雷在他的《韦伯》中给出了十分生动的描述："在一切社会里，其社会生活中都有着一种合理性成分不断增强的趋势……这种倾向包括取代生活中作为社会所不能接受的、合法行为的那些感情方式和传统方式。结果，这个世界便失去了它的魅力。来自心灵深处的那种自发的感情，一时的仇恨，体面而又光荣的传统方式，都受到禁止。理性以一种无所不在的、

---

① 《马克思恩格斯选集》第1卷，人民出版社1995年版，第775页。

② Ronald Aronson, *Mourning Marxism*, selected from Robert J. Antonio, *Marx and Modernity: Key Readings and Commentary*, Blackwell Publishers Ltd., 2003, p. 257.

③ [匈] 阿格尼丝·赫勒：《现代性理论》，李瑞华译，商务印书馆2005年版，第57页。

④ 同上。

不偏不倚的光辉照亮一切存在之物，诗歌、信仰和神话便消失在这种光芒之中。在理性的这种无情的光辉中，人们甚至找不到一点非正义的安慰：理性就是对它本身的肯定，是它自己的诸种必然性的立法者。韦伯援引诗人席勒的一句话，这句话常常被译为'不再迷恋世界'。"①

韦伯不无悲伤地发出了这样的预言："没人知道将来会是谁在这铁笼里生活；没人知道在这惊人的大发展的终点会不会又有全新的先知出现；没人知道会不会有一个老观念和旧理想的伟大再生；如果不会，那么会不会在某种骤发的妄自尊大情绪的掩饰下产生一种机械的麻木僵化呢，也没人知道。因为完全可以，而且是不无道理地，这样来评说这个文化的发展的最后阶段：'专家没有灵魂，纵欲者没有心肝；这个废物幻想着它自己已达到了前所未有的文明程度。'"②

从某种意义上来说，马克思与黑格尔一样，对现代性都是乐观的，尽管他带着愤怒，但依然指向了值得期待的未来——韦伯的悲观则是彻底的，他面对的是一个不见底的深渊——解救的力量即便存在，也很微弱。

忧郁"通常一点点出现，较长时间挥之不去，像锈蚀钢铁一样慢慢地啃噬人心。有时因为微不足道的原因引发内心巨大的危机，愁苦将其他情绪都排挤走"③。

女作家弗吉尼亚·伍尔夫的小说《雅各的房间》中就有这样切身的体会，她生动深刻描述出如下状态："雅各走到窗边，双手插在口袋里。他看到窗外有三个穿裙子的希腊人；船员；下等阶层的

---

① ［英］D. G. 麦克雷：《韦伯》，孙乃修译，中国社会科学出版社1989年版，第132页。
② ［德］马克斯·韦伯：《新教伦理与资本主义精神》，于晓、陈维纲等译，生活·读书·新知三联书店1987年版，第143页。
③ ［美］索罗门（Solomon, A.）：《忧郁》，李凤翔译，重庆出版社2006年版，第3页。

闲人或忙人，有的闲庭信步，有的快步前行，三两成群，指手划脚。他突然感到郁郁寡欢，也许并不是因为没有人关心他，而是一种发自内心坚信不疑的想法——突然觉得寂寞的不只他一个人，所有的人，都一样寂寞。"① 雅各突然觉得，这个世界就是寂寞的，带着一种抹不去的忧郁。

无论愿意与否，我们都不得不认同这样一种说法——现代性的忧郁是一个诗人开启的——他就是波德莱尔。波德莱尔的《恶之花》呈现了对他所身处时代深深的绝望：这是"灵魂已死"的时代——波德莱尔就站在这个地狱的入口处。"绝望"是忧郁链条中最为极端的一环，波德莱尔"忧郁"的程度最高——无论如何，在这之后的哲人们已经多少学会了应付这种绝望。

波德莱尔和马克思是同时代人，他们都生活在 19 世纪中叶，几乎是资本主义最为邪恶的时期——资本主义这个庞然大物的轮廓已经形成，它在发展出巨大生产力的同时，却以身体的损坏与道德的败坏为代价。

在波德莱尔眼中的巴黎就是一个不断地滋生出"恶"的地方，他的诗也就诞生在这里。本雅明认为，"波德莱尔的天才是寓言家的天才；他从忧郁中汲取营养"。② 看来忧郁并没有击垮波德莱尔，反而成为"养料"，开出他的"恶之花"——那是本雅明眼中波德莱尔"充溢死亡的田园诗"③ 的巴黎。或许在这里，诗只是一个载体，因为波德莱尔真正关切的是现代性。正如本雅明所言，"现代性是他诗中最主要的关切。由于忧郁，它（现代性）打

---

① 转引自［美］索罗门（Solomon, A.）：《忧郁》，李凤翔译，重庆出版社 2006 年版，第 3 页。

② ［德］瓦尔特·本雅明：《巴黎，19 世纪的首都》，刘北成译，商务印书馆 2013 年版，第 20 页。

③ 同上书，第 21 页。

碎了理想"。① 波德莱尔为此不惜让自己以反基督的形象——撒旦的面目出现——以嘲讽近 2000 年来西方世界给人以宗教安慰的耶稣：不过这个"撒旦"与耶稣一样为了道德承受痛苦——波德莱尔自己的一生就像在不断地"自我惩罚"：幸福最好不要有，因为它违背道德，而只有痛苦，才是高尚的品格。波德莱尔的撒旦形象"无非是不听话的、赌气的儿童的象征"②，一个永远长不大的"坏孩子"形象，总试图在大人的世界里搅浑水，即便没能让大人们震惊，也至少可以引起他们的注意。不知道波德莱尔是否自己意识到了这个顽劣孩童的形象，不过可以确定的是他专注于扮演的一个浪荡子——力图在其身上呈现出"现代的美"，他称"浪荡作风是英雄主义在颓废之中的最后一次闪光"③。波德莱尔对自我的关注是惊人的，他看到的不是这个世界，而是这个世界中的自己与自己眼中的世界——世界不断通过"自我"这个镜像呈现，充满了魔幻现实主义的色彩——这个发生在波德莱尔身上的过程特别类似于现代性不断在它自身发现"恶"的过程。

　　只不过这种方式再也不可能是直接的，因为再也没有什么直接，无论人与世界的关系，还是人与人之间，一切都是被加工过的，任何人在他观察这个世界之前，世界就已经被污染过。对于波德莱尔来说，他希望在这众多的观念中加上"堕落"二字。

　　为了呈现这种"堕落"，他必须对"恶"有一种热烈的渴望，让内心保持一种圣洁以迎接"恶"的降临。波德莱尔不在乎这一过程中身体与道德的损害，如果这是"恶"的一部分，就让它来吧。难道"恶"不是人的本性之一吗？以一种类似于受虐的方式，让

---

　　① ［德］瓦尔特·本雅明：《巴黎，19 世纪的首都》，刘北成译，商务印书馆 2013 年版，第 21 页。

　　② ［法］萨特：《波德莱尔》，施康强译，北京燕山出版社 2006 年版，第 71 页。

　　③ "浪荡子"，选自［法］波德莱尔《现代生活的画家》，郭宏安译，浙江文艺出版社 2007 年版，第 92 页。

"恶"来侵蚀自己，甚至某种程度上与"恶"融为一体，以在世界面前展露"恶的魅力"。唯此一途，在他看来，"恶的花朵"才能结出"善的果实"。

波德莱尔试图用"恶"来展现"善"的虚伪，而尼采则将这一切归咎于"上帝"。在尼采看来，"上帝已死，这一悲壮事件本身就明确无误地告诉人类：该自己照料自己了"。①"自己照料自己"意味着人们不但不能依赖上帝，更不能依赖哲学家们——因为虚幻的东西正是由他们建造出来的："在宇宙的……某个遥远的角落曾经有一个星球，这个星球上居住着一种聪明的动物，它们发明了知识。那正是'普遍历史'的最傲慢和最虚妄的时刻……"②

尼采的方式是用一把叫作"虚无"的锤子努力地敲打这个大厦的根基，"对尼采来说，虚无主义是价值和理想崩溃的必然结果。价值的贬值，对它们的虚构本性的揭示，将我们推向了我们从未经历过的虚无之中"。③"迷惘"不失为陷入"虚无"之后一个挥之不去的心理现实，从此"虚无"与"迷惘"成了我们时代的群像，直到现在，依旧像浓雾弥散在空中。

在尼采看来，"人类的行为可以归约为单一的基本冲动——权力意志。只有在非常特殊的贫乏环境中，生命才会被高度重视，仿佛它就是终极目的；……人类所渴望的不仅仅是对存在状态的保持，而是对存在的加强，也就是获得更大的权力……那些达到这种状态的人就是'超人'……"④

---

① ［英］费欧文编：《新牛津魔鬼辞典》，郭力安译，光明日报出版社1997年版，第143页。

② Nietzsche, "On Truth and Falsity in their Extra-Moral Sense"（1873）, in *The Viking Portable Nietzsche*, 1954, p. 42, 转引自［英］戴维·罗宾逊《尼采与后现代主义》，程炼译，北京大学出版社2005年版，第44页。

③ ［挪］G. 希尔贝克、N. 伊耶：《西方哲学史——从古希腊到二十世纪》，童世骏等译，上海译文出版社2004年版，第477页。

④ ［美］弗兰克·梯利：《西方哲学史》，贾辰阳、解本远译，光明日报出版社2014年版，第467页。

尼采试图回答的是当"虚无"来临，人只有强迫自己，不断地向自己挑战来超越自身，这样一来，人的尊严在于人人都可以成为"超人"，也正因为如此，我们进入了"重估一切价值的时代"，这个时代是以确证自身为前提的。所以洛维特说"作为欧洲的命运，尼采是我们这个'时代'的第一个哲学家"①。因为"如果上帝不存在，永恒真理不存在，并且我们生活的宇宙也是'荒诞的'，那么尼采就是很有道理的。我们必须创造我们自己。我们是什么样的人是由我们作出的选择和我们付出的行动所决定的。而这个创造自我的过程可能很像艺术家的创作活动"②。

"以艺术的方式"创造我们自己，依旧来自于"上帝死了"之后的"虚无主义"形成的现代性的忧郁：如果忧郁意味着怀疑，颓废意味着否定，那么确定性就变得模糊，不确定性日渐"清晰"——那似乎意味着一切都是可能的，这种话语一直延续到了"当下"。

整体"崩塌"了，现代性开启了它众多的可能性——所以无论如何，这个可能性中不包括"整体"——虽然整体给人安慰以抵御恐惧——然而这个遮挡不复存在之后，我们只能在"废墟"中寻求安慰——而且是以个体的方式。到处都是残垣断壁，作为个体的人所感受到的孤寂是一种"现代性"长远的忧郁。在齐美尔那里，连个体也分裂了："人的本质之一，即人的自我分裂能力，就源于这种开创性的和不可克服的分裂：'人把自己分裂为各个部分，把自己的任何一个部分感知为能构成其真正自我的东西——它与其他部分发生冲突和为决定其活动而进行斗争——能力。"③齐美尔对于

---

① ［德］卡尔·洛维特：《从黑格尔到尼采：19世纪思维中的革命性决裂》，李秋零译，生活·读书·新知三联书店2006年版，第254页。

② ［英］戴维·罗宾逊：《尼采与后现代主义》，程炼译，北京大学出版社2005年版，第72页。

③ ［法］达尼洛·马尔图切利：《现代性社会学　二十世纪的历程》，姜志辉译，译林出版社2007年版，第297页。

沉浸在整体性的怀旧中的状态，颇不以为然。即便我们对归纳、整理使其划一有一种特别的偏好，既然个体的完整都不能保存——"自我"从来都不是一个确切的整体，而是不断透露出含混与分裂的征象，"我"甚至是不存在的，如果存在，也是以"零碎性格"与"生命断片"存在——那么何谈"我们"？如果拯救几乎是不可能的，那么体验似乎就变得格外重要——齐美尔把他的个体体验诉诸于货币，因为货币几乎承载了一切与现代性有关的东西，"交换、所有权、贪欲、奢侈、玩世不恭、个体自由、生活方式、文化、人格价值等"①，这几乎说是对一个时代所有关于人的问题的思考，或者说是对"现代性"本身的思考。"现代性"不仅仅是包含了一个时代的问题，它还囊括了时代的状况、心态、感受，时代的颓废、忧郁、冷漠。用齐美尔的话说，"现代性普遍的本质是心理主义。就是依照我们内心的反应来体验世界、解释世界。不仅如此，而且原本就是将世界作为一个内部世界来体验、解释的"。②

如果说现代性所意味着的心理主义把外部世界内化——以体验的方式去解释世界，那么我们就不会恐惧整体性的失去——一切整体终归都会化约为心灵的力量。我们也不会害怕"微不足道"，既然"微小"成为一种存在方式，它就不会被淹没：正如整体性也不会真正地消失，它只是碎裂了，化约为"微小事物"，并以"心灵"的方式重新呈现——这正是现代性的"体验"："现代性是现代社会中一种特殊的人生体验方式，不仅被归纳为我们对于它的内在反应，而且被归纳为我们内在生活对它的接纳。外在世界变成我们内心世界的一部分。外在世界的实质成分又被化约为永不休止之流，而其

---

① ［美］乔治·瑞泽尔：《古典社会学理论》第6版，王建民译，世界图书出版公司北京公司2014年版，第266页。

② ［日］北川东子：《齐美尔：生存形式》，赵玉婷译，河北教育出版社2002年版，第54页。

飞逝、碎片化和矛盾的时刻都被吸纳进我们的内心生活。"①

所以齐美尔可以把他的目光聚焦到微小的"货币"，更可以把目光放大到整个"现代化的大都市"。然而无论如何，齐美尔关注的始终是碎片化："齐美尔最为人所诟病的是其著作的碎片化特征。他被指没有一贯的理论分析，只有一系列碎片化或'印象主义'的方法（Frisby，1981）。"② 现在看来正是这种方法，以"现代性"本身的方式，让人看到"现代性"真正的状态。

假如现代性的忧郁是一个谱系，我们可以看到"忧郁"链条上哲人们的各式面孔：愤怒的马克思，忧郁的波德莱尔，沉闷而压抑的韦伯，打碎一切，生活在"虚无"废墟中的尼采，让我们"碎片"化的齐美尔，和试图通过"废墟"指点迷津的本雅明。

本雅明的一生中经历了太多的背运，这种种不幸足以毁了他——虽然自杀夺走了他的生命，但不能，也绝不会毁了他的思想。尽管他是在死后若干年才声名鹊起，但我们都相信，声名也许是在死后才可以显现，然而成就声名的那些微光，却是在生前一点点聚集起来的。他喜欢琐细事物所散发出来的光亮，因为他自己，就是那些细小的一部分。

在某种意义上，这微光来自于本雅明所遭遇的那些不幸，虽然这听起来很残忍，如果他不是勇敢地直视不幸，不是也偶尔地拥抱他的不幸，这不幸何以成为一种养料而不是毁灭他的力量？所以他要寻找，为所有处在不幸中的人——也包括他自己。他不能停留，不能让自己长久地困在某一个"专业的铁笼"中，所以他努力让自己成为一个少人跟随的孤独的漫游者，一个拾荒者，翻拣文化的"垃圾"以便收藏。他的确想过在一个地方驻足，希望在巴黎有一

---

① ［英］戴维·弗里斯比：《现代性的碎片——齐美尔、克拉考尔和本雅明作品中的现代性理论》，卢晖临等译，商务印书馆2003年版，第62页。
② ［美］乔治·瑞泽尔：《古典社会学理论》第6版，王建民译，世界图书出版公司北京公司2014年版，第276页。

个位置，作一名自由评论家，然而法西斯的上台让这一切化为泡影。正如阿伦特描述的那样，"本雅明被迫进入一个无处可寻的位置，一个直到后来才可辨明和判断的位置。这就是'桅杆的顶端'，从那儿俯瞰暴风骤雨的时代比风平浪静的港湾看得更清楚。虽然这个从未学会随波或逆潮游水的人传出的沉船噩讯无人理会，既没被那些从未在海上历险的人也没被那些弄潮儿注意到"。①

当虚假的一体性的浪潮向人类袭来的时候，他本能地没有随波逐流，同时，他也没有以激烈的方式来阻止这个在他看来无法阻挡的东西。他想要离开，但又逃得不远。即便作为一个波希米亚人那样生活与思考，也很难说是一种逃避，而是与风暴口保持一些距离，以便于更好地观察，从而弄清楚究竟发生了什么。他借助超现实主义逐渐了解这浪潮下面真正发生的事情，也让一些真相慢慢浮出水面。

他像一个黑暗骑士②，只能在黑暗中去摸索那可能的微光，希望能给想要从一体性中逃脱的人一点暖意。阿多诺曾经这样深情地评价他的老师本雅明："他的光晕是温暖的而不是冷漠的，他独具一种给人留下无限温馨的使人愉悦的能力：毫无保留地给予……给予的美德，正是本雅明的美德，达到了使其他方面黯然失色的程度……"③

然而作为生活在黑暗时代的人，一个"二战"中德国的犹太人，同时是一个犹太人中的波希米亚人，很清醒自己无法在活着的时候享有声名。他本人很喜欢"星丛"的说法，我猜测他希望自己

---

① ［德］汉娜·阿伦特编：《启迪　本雅明文选》，张旭东、王斑译，生活·读书·新知三联书店2008年版，第41—42页。

② 参见［德］汉娜·阿伦特编《启迪　本雅明文选》，张旭东、王斑译，生活·读书·新知三联书店2008年版，第38—57页。

③ ［德］西奥多·阿多诺：本雅明《文集》导言，转引自［法］德里达《论瓦尔特·本雅明：现代性、寓言和语言的种子》，郭军译，吉林人民出版社2003年版，第128页。

有一天成为星丛中的一颗星，虽然那是死后很久才会发生的事情。为此他必须在活着的时候尽一切可能，让自己离这一体化的黑暗远一点，再远一点。虽然绝大多数沉浸在一体化中的人，可能并不会知道有他这个人，然而少数较为清醒地想要逃脱的人，会在他死去若干年后依旧感激他。正如他自己所言："只是因为有了那些不抱希望的人，希望才赐予了我们。"①

---

① ［美］赫伯特·马尔库塞：《单向度的人：发达工业社会意识形态研究》，刘继译，上海译文出版社1989年版，第231页。

第一章

现代性的"初始"状态：
黑格尔、马克思与韦伯

　　无论现代性表现出怎样的心理状态和情绪，它终归是一个问题，不仅如此，它还是一个不折不扣的哲学问题。在尼古拉斯·布宁所编写的哲学辞典中，现代性是这样定义的："现代性（或译'近代性'）这是一个含糊用语，用来一般性地指称由启蒙运动建立起的现代（近代）时期所具有的特点……一般讲来，现代性与纯粹理性的至上和近代自我的自我肯定相关联。依据理性，现代（近代）的人们寻找那看待世界的统一形而上学构架。"① 我觉得这个定义有失严谨。最初的"'现代性（modernity）'，指的是纯粹理性（pure reason）这一哲学概念以及理性的人这一主题。这一主题起始于笛卡儿，经过近代阶段一直到康德，一直位于思想的中心。尽管黑格尔主义、马克思主义、尼采主义、海德格尔主义、结构主义、后现代主义、女权主义和相对主义等众多的派别对'现代性'进行了批判，但它依然是当今时代强有力的标准"② 。但是它并非去"寻找看待世界的统一形而上学构架"，这恐怕是黑格尔之前哲学家们的宏愿，而自尼采以来，"统一形而上学"根本就是谎言。

---

　　① ［英］尼古拉斯·布宁、余纪元编著：《西方哲学英汉对照辞典》，王柯平等译，人民出版社2001年版，第630页。

　　② ［美］莱斯利·A.豪：《哈贝马斯》，陈志刚译，中华书局2002年版，第84页。

从现代性就是理性和理性的人的问题而言，哈贝马斯的《现代性的哲学话语》倒是清晰地阐述了一系列问题，并以理性为脉络去阐释现代性，当然对哈贝马斯而言，"现代性"的走向是"交往理性"。"哈贝马斯并不维护'现代性'的传统概念，也不简单地拒绝这些批判，他关心的是保留理性的某些方面。"① 无论是对于理性"问题"的强调还是否定，在哈贝马斯看来最好的回答不是理性太多了而是理性太少了。这也是出于他在写《现代性的哲学话语》时"从法国传来的后现代哲学正受追捧，哈贝马斯担忧它会成为特洛伊木马，导致非理性主义在德国的复活。哈贝马斯坚信，我们绝不能牺牲现代性所带来的成果——知识增长，经济利益，还有个人自由的拓展"②。这一切曾经因纳粹的非理性行为而得以毁灭，所以哈贝马斯要维护理性，但不是启蒙意义上的理性，相反他批判它，这一点他与霍克海默和阿多诺一样不遗余力。

站在哈贝马斯的立场上，韦伯建立的"现代与他所说的西方理性主义之间有着内在联系"③，也就是合理性显然过于悲观。现代性对于哈贝马斯来说是"一项未竟的事业"，而对韦伯来说或许早已结束。

第一节　黑格尔——"现代性"
哲学话语的开启

哈贝马斯与"霍克海默和阿多诺的批判理论概念关注的是同一对矛盾，即技术性知识的增长和缺乏有价值的社会生活形式这两方

---

① ［美］莱斯利·A. 豪：《哈贝马斯》，陈志刚译，中华书局2002年版，第84页。
② ［英］詹姆斯·戈登·芬利森：《哈贝马斯》，邵志军译，译林出版社2010年版，第64页。
③ ［德］哈贝马斯：《现代性的哲学话语》，曹卫东等译，译林出版社2004年版，第1页。

面之间的矛盾"①。问题是这一切能够通过彻底清算理性来解决吗？尽管理性是一定要遭到清算的，那是它在现代的但不应该是唯一的宿命。哈贝马斯并没有反问这一问题，而是一开始就把目光朝向黑格尔，他将其视为一个开启，在哈贝马斯看来，"黑格尔不是第一位现代性哲学家，但他是第一位意识到现代性问题的哲学家。他的理论第一次用概念把现代性、时间意识和合理性之间的格局凸显出来"。② 看来哈贝马斯所描述的不是我们在照片上看到的拉着大长脸的中年黑格尔的形象，而是在耶拿时期那个意气风发，指点江山的年轻人。那时黑格尔关心时政，直击现实，他指责德国"无力使思想见诸行动，使概念见诸现实，而这种麻痹是合乎宪法地造成的"③，他直接把它称为"只能思想的国家"④。这就好像大脑发出了指令，但是胳膊和腿脚却不听使唤，或是随意摆动，身体失去了协调开始跌跌撞撞："全国性的指令制定以后，原是应该执行的，而在遭到拒绝的情况下，要由法庭来处理。如果这种拒绝不是合法地作出的，那就仍然不能执行；如果这种拒绝是合法的，就能阻止宣判，但即使宣判了，也不会被服从。不过这种判决的意愿是应该执行的，并且应该以刑罚，于是下命令强制执行；然此种命令之不行如旧，于是又下一道判决强制执行；可是这个判决又未被服从，于是又继之以处分，而此处分之不行依旧，如此等等。这就是本来应该使法令生效的环节如何一个接一个地变成单纯意愿的无聊过程。"⑤

---

① 〔英〕詹姆斯·戈登·芬利森：《哈贝马斯》，邵志军译，译林出版社 2010 年版，第 63—64 页。

② 〔德〕哈贝马斯：《现代性的哲学话语》，曹卫东等译，译林出版社 2004 年版，第 51 页。

③ 〔德〕库诺·菲舍尔：《青年黑格尔的哲学思想》，张世英译，吉林人民出版社 1983 年版，第 67—68 页。

④ 同上书，第 68 页。

⑤ 同上。

此时的黑格尔还未完全进入他的精神世界，他的理性王国刚刚开始兴建。这个朦胧的期望与憧憬不仅仅属于黑格尔个人，而是那个时代。与他关系甚密的歌德也认为这个时代"并不简单地是过去世纪的延续，而是似乎注定为一个新纪元的开端。因为19世纪最初那些年曾震撼世界的那些重大事件不可能不产生重大的、与它们相应的后果，尽管这些后果就像谷物从种子长出一样，要慢慢地成长和成熟"①。哈贝马斯没有选择歌德作为现代性的一个开启，或许是因为歌德虽然也对他所在的"当下"有所切中，但毕竟歌德无法作为理性的化身，而这一化身的重要性对于哈贝马斯而言是能否再次重申理性的意义，而上面说过，这一理性不同于启蒙意义上的理性，所以选择的黑格尔也可以说不是"纯粹理性"意义上的黑格尔。一句话，此时的黑格尔还是个德意志式的"愤青"——也就是说较少有学究气。

在黑格尔那里还没有"现代性"这一概念，他用"新世界"来替代这一指称。哈贝马斯的意思是，我们通过理解黑格尔思想中孕育理性的过程，就能够从中理解19世纪以来的"新世界"即"现代性"开端。黑格尔朦胧地感受到他所身处的时代正在发生着与旧传统截然不同的变化，他乐观地相信，这变化预示着一个伟大的进步，一个理性的新世界形象像喷薄而出的太阳在天空中升起："我们不难看到，我们这个时代是一个新时期的降生和过渡的时代。人的精神已经跟他旧日的生活与观念世界决裂，正使旧日的一切葬入于过去而着手进行他的自我改造……成长着的精神也是慢慢地静悄悄地向着它新的形态发展，一块一块地拆除了它旧有的世界结构。只有通过个别的征象才预示着旧世界行将倒塌。现存世界里充满了的那种粗率和无聊，以及对某种未知的东西的那种模模糊糊若

_____

① 《歌德谈话录》Ⅳ，152，转引自［德］卡尔·洛维特《从黑格尔到尼采：19世纪思维中的革命性决裂》，李秋零译，生活·读书·新知三联书店2006年版，第34页。

有所感，个个都预示着有什么别的东西正在到来。可是这种逐渐的、并未改变整个面貌的颓毁败坏，突然为日出所中断，升起的太阳就如闪电般一下子建立起了新世界的形象。"①

用哈贝马斯的话说，"时代精神（zeitgeist）这个新词曾令黑格尔心醉神迷"②，其实，时代精神"最初与自己的时代及其要求的历史性没有关联"③。洛维特在这里转述歌德在《浮士德》中对时代精神的看法时只是想要说明，在相当长的时间里时代精神没有历史，我们感受到的只是它悄无声息的状态，它无边无际地裹挟在被历史学家统称为古代的整体中。这就是洛维特眼中的曾经的时代精神，"它贯穿于所有的精神，每一个人无论行动还是承受都受它指导，它全能、全视，就像圣经《智慧书》中的智慧"④。

然而在洛维特看来，曾经被看作是全知全能的时代精神，它的神秘的不可见性与不可动摇的威严在宗教改革与科学艺术中才发生了动摇，"惟有宗教改革、科学和艺术才释放了它，印刷术则赋予它羽翅。其母是'自己思维的哲学'，其父是艰辛的'试验'。它是历史结果的整体，它非常古老，同时又永葆青春"⑤。宗教改革之后，时代精神的威严不再具有某种先验性，反而处在一种变动不居的状态中。时代精神反躬开始审视自身，通过不断向自己发问，又不断把自己推入经验当中。在洛维特看来，时代精神"作为历史精神，它进行统治同时为人服务，但它真正的引导者却不是众人，而是敢作敢当的少数人。时代易逝的时尚是它偶然与之有一种有益

---

① ［德］黑格尔：《精神现象学》（上），贺麟、王玖兴译，商务印书馆1979年版，第6—7页。
② ［德］哈贝马斯：《现代性的哲学话语》，曹卫东等译，译林出版社2004年版，第7页。
③ ［德］卡尔·洛维特：《从黑格尔到尼采：19世纪思维中的革命性决裂》，李秋零译，生活·读书·新知三联书店2006年版，第271页。
④ 同上书，第273页。
⑤ 同上。

交往的虚假姐妹。人们最好是从自己的经验、从写在其各个时代的精神之中的历史出发来结识它"①。在这一点上他让人想起黑格尔那"马背上的世界精神"，或许洛维特也同意尼采，然而尼采却赞扬"虚无"。

黑格尔的不同在于试图把时代精神的变动不居重新拉回到永恒之中。在黑格尔的辩证法世界中，变动正是永恒的一种状态："在时间的辩证运动中，未来成为过去，而随时消逝的现在也移动到未来，时间的差异还原为一种持久的现在，它在自身中既包含过去也包含未来。真正的现在就是内在于时间的永恒。"②

这样黑格尔以哲学作表征回到了不折不扣的理性主义。在《法哲学原理》序言中他提到了哲学与其时代的关系："就个人来说，每个人都是他那时代的产儿。哲学也是这样，它是被把握在思想中的把它的时代。妄想一种哲学可以超出它那个时代，这与妄想个人可以跳出他的时代，跳出罗陀斯岛，是同样愚蠢的。"③ 当黑格尔说哲学不能超出它那个时代，而他以哲学"不能"做什么限定了哲学的"范围"，反而宣布了一项哲学的权利，一项对时代精神的权利，即哲学"是被把握在思想中的它的时代"。如果我们同意"时代精神指的是当代相对于一个不再生效的传统所拥有的独特权利"④ 的话，我们似乎就该回到黑格尔所处的时代，或许从中可以看到时代精神的最初显现。"就像每一个伟大人物都'在自己时代的伟大意义上'进行哲学思维一样，每一个民族也都必须按照它自己的历史、'按照时代精神、风俗、意见、语言'来重新构思自己

---

① ［德］卡尔·洛维特：《从黑格尔到尼采：19 世纪思维中的革命性决裂》，李秋零译，生活·读书·新知三联书店 2006 年版，第 273—274 页。

② 同上书，第 281—282 页。

③ ［德］黑格尔：《法哲学原理》，范扬、张企泰译，商务印书馆 1982 年版，第 12 页。

④ ［德］卡尔·洛维特：《从黑格尔到尼采：19 世纪思维中的革命性决裂》，李秋零译，生活·读书·新知三联书店 2006 年版，第 272 页。

的戏剧，而不能模仿过去的东西。……因为'时代的土地'并不能在任何时候都产生同样的东西。"①

这就是为什么把黑格尔作为现代性的开端，在哈贝马斯看来黑格尔"把'当代'（die neueste Zeit）从'现代'（die Neuzeit）中独立出来，也属于一种现代的历史意识：在现代，现在（Gegenwart）作为时代史享有崇高的地位。就连黑格尔也把'我们的时代'理解成'当代'，他把现在的开始安放在十八世纪末十九世纪初这样一个转折时期，对其同代思想家来说，则意味着发生启蒙运动和法国大革命这两件历史大事的那个时刻。因此，老黑格尔还认为，'随着突然升起的太阳'，我们到了'历史的最后阶段，进入了我们的世界和我们的时代'。当下从新的时代的视界把自己看作是现实之中的当代，但它必须把与过去的分裂视为不断地更新"②。这正是现代性的含义，即它自身不断地自我确证，至少哈贝马斯是这样认为的。通过黑格尔，哈贝马斯将"现代性"自然而然地纳入了哲学话语之中，换句话说，理性不再是现实之外的，哲学的思考通过"现代性"这一概念可以直接进入"现实"之中，而黑格尔正是最早这样做的一位哲学家。不但哈贝马斯，卢卡奇也有同样的看法，在他看来"黑格尔是康德以后时期里的唯一曾真正说得上独到地研究过时代问题的哲学家"③。从"现代性"角度看黑格尔没有那么老，更没有我们对他印象上的那么"理性"——或者说"逻辑"更为恰当一些。换句话说他还远没有达到他"客观唯心主义"的阶段。他一切研究都是基于他所在的现实——他是神学院的学生，宗教是自然要讨论的。"在图宾根神学院时期，黑格尔和他

---

① ［德］卡尔·洛维特：《从黑格尔到尼采：19 世纪思维中的革命性决裂》，李秋零译，生活·读书·新知三联书店 2006 年版，第 271 页。

② ［德］哈贝马斯：《现代性的哲学话语》，曹卫东等译，译林出版社 2004 年版，第 8 页。

③ ［匈］卢卡奇：《青年黑格尔》，王玖兴译，商务印书馆 1963 年版，第 142 页。

的青年伙伴都是当时自由主义运动的信徒。他们直接面对的是宗教启蒙的紧张氛围，他们还积极参与和以神学家施托为代表的新教正统派的论辩。在哲学上，他们把康德的道德哲学和宗教哲学当作榜样；在政治上，他们则把法国大革命所普及开来的思想观念作为指南。"① 这或许和我们通常对黑格尔的"印象"相左，通常情况下我们谈到黑格尔的哲学似乎都是从概念到概念——他的逻辑学也的确如此，虽然他声称他的概念是客观的。然而我们把他的概念说成是"客观的概念"，恐怕黑格尔也未必同意。例如就"理性"这一概念黑格尔做了如下的解读：

> 哲学用以观察历史的惟一的"思想"便是理性这个简单的概念。"理性"是世界的主宰，世界历史因此是一种合理的过程。这一种信念和见识，在历史的领域中是一个假定，但是它在哲学中，便不是一个假定了。思考的认识在哲学中证明："理性"——我们这里就用这个名词，无须查究宇宙对于上帝的关系——就是实体，也就是无限的权力。它自己的无限的素质，做着它所创始的一切自然的和精神生活的基础，还有那无限的形式推动着这种"内容"。一方面，"理性"是宇宙的实体，就是说，由于"理性"和在"理性"之中，一切现实才能存在和生存。另一方面，"理性"是宇宙的无限的权力，就是说，"理性"并不是毫无能为，并不是仅仅产生一个理想、一种责任，虚悬于现实的范围以外、无人知道的地方；并不是仅仅产生一种在某些人类的头脑中的单独的和抽象的东西。"理性"是万物的无限的内容，是万物的精华和真相。它交给它自己的"活力"去制造的东西，便是它自己的素质；它不像

---

① ［德］哈贝马斯：《现代性的哲学话语》，曹卫东等译，译林出版社 2004 年版，第 28—29 页。

有限的行动那样，它并不需要求助于外来的素质，也不需要它活动的对象。它供给它自己的营养食物，它便是它自己的工作对象。它既然是它自己的生存的惟一基础和它自己的绝对的最后的目标，同时它又是实现这个目标的有力的权力，它把这个目标不但展开在"自然宇宙"的现象中，而且也展开在"精神宇宙"世界历史的现象中。①

历史在理性当中吗？理性在哪一段历史有过显现？理性在我们生活当中吗？现在看来这些除了科幻就是故事的东西竟然能被当作哲学混迹于世。然而就当时而言，这一哲学面对所有宗教和法律的实证却有着积极的"现代"意义。"对青年黑格尔而言，伦理实证论是时代的标志。黑格尔认为，凡是仅靠权威而没有将人类价值融入道德的宗教，都是实证的。凡是信徒通过工作而不是通过道德行为就可以获得上帝仁爱所依赖的律令，都是实证的；对在彼岸获得补偿的希望是实证的；把掌握在少数人手中的教义从所有人的生活和所有权中分离出来，是实证的；把宗教知识从大众拜物信仰中分离出来，以及仅仅依据个人的权威和杰出行为而曲线求得的伦理，是实证的；对绝对合法化行为的保障和威胁，是实证的；最后，把私人宗教从公共生活中分裂出来，更是实证的。如果这些就是正统派所维护的实证性信仰的特征的话，那么，哲学派就应该很容易应付了。哲学派坚持这样一个基本命题：宗教自身没有任何实证性，它的权威来自于人类的普遍理性，'如果每个人都注意到了他自己的义务，他就会认识和感受到他自己的义务'。"② 简言之，人不需要任何宗教的实证让宗教确立权威以限定自己的自由，人自身就拥

----

① ［德］黑格尔：《历史哲学》，王造时译，上海书店出版社 2006 年版，第 8—9 页。

② ［德］哈贝马斯：《现代性的哲学话语》，曹卫东等译，译林出版社 2004 年版，第 30—31 页。

有普遍的理性，他了解自己的义务，知道并就当自己去承担。用康德的话说，"我们必赋予每个具有理性和意志的东西以依照其自由观念而规定自身去行动的固有性质"。① 我们可以为自己"立法"——只要自由和意志服从道德，这样看来也只有人类的理性才具有"实证"的意义，而不是宗教。年轻的黑格尔是"现代"的，因为他是从自己"当下"去展开思考，在反抗宗教的意义上强调理性的力量。然而他批判启蒙的理性，认为它"坚持理性律令的客观性"②，即指称它压制人的自由，也就是说启蒙的理性对于宗教的实证而言不过是虚假的对立面。他批判政治环境和国家机构："黑格尔认为，宗教和国家都十足机械化了，变成了一个时钟，变成了一架机器。"③ 不仅仅是哈贝马斯，卢卡奇也持同样的观点，他甚至认为黑格尔晚年思想是基于一种"现实"的原因。他说："我们已经详细地分析过黑格尔的青年早期，从我们的分析中我们已经看得很清楚，全部的辩证法问题，即使还没发展到后来的成熟形式，都是从他研究的两个具有世界史意义的时代事件，法国大革命与英国工业革命里发展出来的。只是在具体地建立他自己的体系的过程中，黑格尔才在思想上跟他的前辈们发生实际关联。而他与前辈们在思想上的关联，从一开始起就是一种批判性的、要冲破康德观念的思想框框的。只有当德国的社会存在迫使黑格尔的辩证法不得不表现出窄狭的，甚至狭隘的局限性时，如我们所看到的，黑格尔与他的哲学前驱们才趋于共同一致。"④ 或者说他才趋于保守，他的哲学才出了问题，或者说他的理性才变得狂妄。有意思的是，这与他反对的启蒙理性几乎如出一辙，不知道晚年的黑格尔是否会同意

① ［德］康德：《道德形而上学原理》，苗力田译，上海人民出版社 2002 年版，第72 页。

② ［德］哈贝马斯：《现代性的哲学话语》，曹卫东等译，译林出版社 2004 年版，第31 页。

③ 同上书，第 32 页。

④ ［匈］卢卡奇：《青年黑格尔》，王玖兴译，商务印书馆 1963 年版，第 142 页。

这样的说法。

在对启蒙和宗教的批判中，黑格尔看到"启蒙运动所引起并强化的当代宗教的实证性和道德实证主义，都反映了'时代的困境'，而在'时代困境'中，人要么成为客体遭到压迫，要么把自然作为客体加以压迫"①。如何解决这一"时代困境"，黑格尔当然认为理性是一剂良药。这一时期黑格尔借神的口宣布了理性的至高无上，"耶稣给予他们答复说：如果你们把教会的规则和权威的命令看成给予人们的最高法规，那么你们就错看了人的尊严，并且不懂得，在人内部有能力根据自身创造出神的概念和关于神的意志的知识。谁不尊重自己本身的这种能力，他就不尊敬上帝。凡是人可以叫作他的真我的东西，凡是超出坟墓和毁灭，能自己决定其应得报酬的东西，就是人们自己能够裁判的东西。它宣示自己本身为理性，而理性的立法作用是不复依赖任何别的东西的。对于理性，无论在地上或天上都没有另外一个权威能够现成地提出另外一个裁判的标准"②。由此"黑格尔提出了'和解理性'这一概念，这可不仅仅是在表面上消除了实证性。黑格尔以作为命运的惩罚为例，阐明了这种理性如何让主体感觉到它是一种一体化的力量"③。黑格尔企图通过"伦理"来解决问题。因为在黑格尔看来"伦理的实体是自我意识的本质；而自我意识则是伦理实体的现实和实际存在，是它的自我和意志"④。于是他"设想"了一个"伦理的总体性"，它是人们共生的基础，打破了这种"伦理总体性"就是对自

---

① 〔德〕哈贝马斯：《现代性的哲学话语》，曹卫东等译，译林出版社2004年版，第33页。

② 〔德〕黑格尔：《黑格尔早期神学著作》，贺麟译，商务印书馆1988年版，第96页。

③ 〔德〕哈贝马斯：《现代性的哲学话语》，曹卫东等译，译林出版社2004年版，第34页。

④ 〔德〕黑格尔：《精神现象学》上卷，贺麟、王玖兴译，商务印书馆1979年版，第290页。

我的否定，从而使自我也失去了生存的基础。黑格尔试图从主体的自我意识与自身的反思中获得理性的和解，从而建立起"伦理的总体性"，"也就是从主体性出发，来克服实证性"①。无非是想让人摆脱宗教和启蒙理性，通过主体的自我意识的理性过程来自我确证——问题是人真的能够做到这一点吗？在哈贝马斯看来，黑格尔还无法走向交往理性，不过那是另外一个话题了。

黑格尔的现代性是通过哲学自我确证的，除了伦理之外，他曾幻想过艺术的和解力量。黑格尔认为"理性宗教应当把自己委托给艺术，以便把自己改造成民众宗教。理性和心灵的一神教，应当和想象力的多神教联系起来，为理念建立起一种神话学"②。如果理性主流的话语能熬成草根的心灵鸡汤，单一的理性再安上娱乐的翅膀，由此获得的理念就如神话一样美妙——如果这一切不是想象的话。用黑格尔自己的话说，"启蒙者和未启蒙者最终必然要携起手来，神学必然要变成哲学，民众必然会变得有理性，而哲学也必须成为神话，才能使哲学家变得感性（黑格尔：《全集》，第 1 卷，第 236 页）"。③ 艺术能让思想飞翔，让理性延伸。黑格尔将艺术"变成"哲学，在他看来，"在艺术当中，精神应当发现自己，并认识到自身的外化与回归是同时发生的。艺术是一种感性形式，有了这种感性形式，绝对者就可以通过直观把握住自身；……因此，艺术就在其媒介的感性特征中发现了其内在局限，并最终超越了绝对者的表现方式。世界上的确存在着一种'元艺术'"。④ 他又将哲学"变成"宗教，他认为"哲学通过破坏宗教形式，将信仰的内容从这种无神论中解救出来。哲学的内容与宗教没有什么区别，但

① ［德］哈贝马斯：《现代性的哲学话语》，曹卫东等译，译林出版社 2004 年版，第 35 页。
② 同上书，第 37 页。
③ 同上书，第 38 页。
④ 同上书，第 41 页。

由于哲学将其内容转变成抽象的知识，'因此，不会再有什么要由信仰来加以证明的了'"①，哲学自己就可以证明了。

最初或许是他想把宗教"变成"艺术，哲学"变成"神话。这一想象中的"神话"或许随着浪漫艺术的产生而破灭——或许没那么严重，虽然黑格尔欣赏浪漫艺术。此时"耶拿出现了早期浪漫派的诗歌，而这就发生在黑格尔的眼皮下面。黑格尔立刻意识到，浪漫艺术与当时的时代精神是契合的：浪漫派的主观主义体现了现代性精神。但作为分裂的诗歌，浪漫艺术没有成为'人类的教师'；它也没有像黑格尔、荷尔德林和谢林在法兰克福所断言的那样，带来一种艺术宗教"②。虽然黑格尔仍然相信艺术，但它是不可以走入理性殿堂的。黑格尔勉强把艺术说成是"利多于害"："从这个观点出发，人们就认为艺术也自有严肃的目的，往往称许艺术可以调和理性与感性、愿望与职责之类互相剧烈斗争和冲突的因素。但是人们也可以说，纵使艺术有这样严肃的目的，理性与职责也不能从这种调和的企图得到什么好处，因为按照它们的不夹杂质的本质，理性与职责是不容许有这种调和的，它们要求维持它们本身固有的纯洁性。而且艺术也不能因为有这种调和的作用，就值得成为科学研究的对象，因为艺术究竟要同时服侍两个主子，一方面要服务于较崇高的目的；一方面又要服务于闲散和轻浮的心情，而且在这种服务之中，艺术只能作为手段，本身不能就是目的。最后，纵使艺术真是服从较严肃的目的，发生较严肃的效果，它用来达到这种目的的手段却总是有害的，因为它用的是幻象。"③ 在黑格尔看来，"哲学不能臣服于这种艺术。反之，哲学必须把自己看作是理性作为一体化的绝对力

---

① ［德］哈贝马斯：《现代性的哲学话语》，曹卫东等译，译林出版社2004年版，第42页。

② 同上书，第38页。

③ ［德］黑格尔：《美学》第1卷，朱光潜译，商务印书馆1979年版，第7页。

量而发挥作用的场所"。① 虽然黑格尔认为哲学高于艺术，但他同时承认"艺术可以表现神圣的理想"②。不仅如此，"艺术表现的普遍需要所以也是理性的需要，人要把内在世界和外在世界作为对象，提升到心灵的意识面前，以便从这些对象中认识他自己"。③艺术提升主体的功能自然是理性的需求，并且艺术作品能将神的机械力量"……转化为主体的内在的力量，即转化为自由，为伦理的美"④。神的力量本来就是作为主体的人的自身力量，黑格尔认为最为完美的艺术作品是歌德的《伊菲革涅亚在陶里斯岛》。

希腊神话关于伊菲革涅亚的故事其实主要来源于欧里庇得斯的悲剧《伊菲革涅亚在陶洛人里》，歌德的剧本自然取材于此。原故事的主题围绕着献祭和一连串的家庭谋杀，最终的团圆来自于神的安排。密刻奈王阿伽门农在远征特洛亚时得罪了阿耳忒弥斯女神并不得不将女儿伊菲革涅亚向女神献祭，女神却救了她的命，驾云将她送到陶里斯岛的雅典娜神殿中当女祭司，那里的国王名叫托阿斯。伊菲革涅亚的母亲克吕泰涅斯特拉怨恨轻易舍弃女儿性命的阿伽门农，10 年后在战争结束后回到家时将他刺死。儿子俄瑞斯忒斯为父报仇又杀死了母亲克吕泰涅斯特拉，他因此遭到复仇女神的追捕。后来阿波罗神谕指示，如果他能去陶里斯将猎神像盗至雅典，诅咒就可以解除。于是他和朋友皮拉得斯来到陶里斯岛，也就是他曾经被献祭的姐姐所在的地方。据惯例：凡是漂流到该岛来的外邦男子，都要被杀死献祭。俄瑞斯忒斯在皮拉得斯的陪同下来到陶里斯半岛，旋即被俘。即将成为祭品时，才发现操刀的祭司正是伊菲革涅亚——他的亲姐姐。最后结局是在雅典娜的帮助下托阿斯

---

① ［德］哈贝马斯：《现代性的哲学话语》，曹卫东等译，译林出版社 2004 年版，第 38 页。

② ［德］黑格尔：《美学》第 1 卷，朱光潜译，商务印书馆 1979 年版，第 37 页。

③ 同上书，第 40 页。

④ 同上书，第 290 页。

国王放他们姐弟二人重返希腊，家人团聚。① 歌德的剧本对结尾做了改动。姐弟二人"在这里不是凭着神力使他们获胜，而是凭着一种高洁的人格才获得圆满解决"②。依靠人的道德力量而不是神的旨谕，这是黑格尔极力赞赏并加以推崇的。他以极大的热情细致地分析了歌德的《伊菲革涅亚在陶里斯岛》并给予绝无仅有的称赞。黑格尔写道（下文中伊菲琪尼即为伊菲革涅亚）："在欧里庇得斯的悲剧里，俄瑞斯特跟伊菲琪尼把猎神狄安娜的神像盗走了。这纯粹是一种盗窃行为。国王托阿斯来了，下令追逐她，把神像从她手里夺回，直到结局时雅典娜以很枯燥的方式出现了，命令托阿斯停止追逐，因为她已经把俄瑞斯特托付给海神波塞顿，海神已经遵命把他远送到海外去了。托阿斯马上就听从了，他对雅典娜的告诫作这样的答复（第 1442—1443 行）：'女主雅典娜啊，谁听到了神的话而不依从，谁就是愚蠢。难道人还能跟威力巨大的神们相争吗？'

在这里我们看到的只是雅典娜的一句枯燥的从外来的命令以及托阿斯的同样无内容的空洞的服从。歌德的处理却不如此，伊菲琪尼自己变成了女神，信任她自己的真理，信任人心里的真理。所以她走向托阿斯说：

> 是否只有人才有权利去立空前的功勋？
> 是否只有人才把不可能的事
> 放在坚强的英雄的心上？

在欧里庇得斯的悲剧里，雅典娜的命令才能使托阿斯改变他的

---

① 关于这段故事的详细内容还请参阅 ［德］古斯塔夫·斯威布《希腊神话和传说》，楚图南译，人民文学出版社 2014 年版，及 ［美］依迪丝·汉密尔顿《神话 希腊、罗马及北欧的神话故事和英雄传说》，刘一南译，华夏出版社 2010 年版。

② ［德］歌德：《歌德文集》第 7 卷，钱春绮等译，人民文学出版社 1999 年版，第 361 页。

意旨，歌德的伊菲琪尼却要用深刻的情感和思想去使他改变意旨，而事实上她真做到了。

> 在我的胸中
> 一件英勇事业在怦怦起伏：
> 我会难逃严厉的谴责
> 和深重的罪恶，如果我不成功；
> 我把它放在你膝盖上，
> 如果你像人们所称赞的那样真诚，
> 就请你援助我，
> 通过我来证实你的真诚！

当托阿斯回答她说：

> 难道你相信
> 连蛮夷都听信真诚的声音，
> 人道的声音，而阿屈鲁斯，
> 一个希腊人，反而不听信吗？

她就本着最温柔最纯洁的信念这样回答他：

> 他们都会听信，
> 无论生在什么地方，
> 只要生命的泉源
> 在纯洁的心中畅流着。

接着她向他的宽宏和慈祥呼吁，信任他既居崇高地位，就应具有尊严，她打动了他，征服了他，以优美的人道的方式逼得他不得不允许她归国。当时只有许她归国才是必要的。至于神像她并不需要，她不用欺诈就可以脱身，于是歌德以无穷的美妙笔调提到神的意义双关的预言：

> 你只要把那位违背自愿，
> 在陶芮斯海岸守着神庙的姊妹
> 带回到希腊，就可免受天谴。

这种人道的和解的方式就说明了：这位圣洁的伊菲琪尼，这位姊妹，就是神像，就是她家族的救星。

> 我体会到神的预言，
> 是美妙而神奇的。

俄瑞斯特向托阿斯和伊菲琪尼说：

> 像一幅圣像
> 一句神秘的预言在那上面系上
> 我们城邦的无可变更的命运，
> 他们把你带走了，你，家族的救星；
> 把你隐藏在一种神圣的寂静里，
> 结果为你的亲属和弟兄们造福，
> 原来这大地上一切解救的希望
> 好像都消失了，而你又替我们恢复了一切。

她这番和善的语言所流露的热烈心肠的纯洁和完美是俄瑞斯特早就见过的。他本来心情苦闷，对恢复心境的平和没有信心。他认出了伊菲琪尼，起初还有些精神错乱，但是她的纯洁的爱把他治疗好了，使他不再受自己内心中的复仇女神对他所加的痛苦：

> 在你的怀抱里
> 凶神用他的毒爪最后一次
> 掐住我，一阵凶恶的冷气
> 穿过我的骨髓，接着就消逝了，
> 就像毒蛇归了洞，由于你，
> 我又能享受白日的广阔的光辉。

在这里，在其余一切方面，这部诗的深刻的美是令人惊赞不完的。"① 无论是歌德还是黑格尔本人的分析都极力推崇以现代人的理性来替代神，并且在这一点上没有丝毫的怀疑。看来不仅仅是理性喜欢完美，理性本身也是完美，至少它具有自身的"完整"性。伊菲革涅亚是完美的，她集慈祥、怜悯、正直、高尚等诸多美德于一身，或者说她就是伦理自身——个体通过伊菲革涅亚这一艺术形象达到伦理的自我确证，也达到了伦理本身。这正好契合了"现代性自身内部的主体性原则"②。这一原则后来被尼采及其传人——至少哈贝马斯是这样认为的——彻底否定。但这种否定在哈贝马斯看来却恰恰印证了这一切。这也就是一直以来哈贝马斯所说的，"……从康德开始，现代性的哲学话语中一直就存在着一种哲学的反话语，从反面揭示了作为现代性原则的主体性"。③

无论是通过艺术把"自身内部的主体性原则"进行自我的确证还是提出"和解理性"，都反映了黑格尔喜欢圆满。然而黑格尔身

---

① ［德］黑格尔：《美学》第 1 卷，朱光潜译，商务印书馆 1979 年版，第 290—293 页。

② ［德］哈贝马斯：《现代性的哲学话语》，曹卫东等译，译林出版社 2004 年版，第 40 页。

③ 同上书，第 346 页。

处一个动荡的年代，大革命的影响正在全欧洲蔓延，《欧洲史》的作者诺曼·戴维斯是这样描述那个时代的："法国大革命把欧洲拖进一场史无前例的深刻而漫长的危机。它使整整一代人陷入动乱、战争和令人不安的革新之中。它从巴黎这个地震中心一次次地发出冲击波，远及欧洲大陆的穷乡僻壤。从葡萄牙海岸到俄国腹地，从斯堪的纳维亚到意大利。余震尚未消失，铁蹄动地而来，士兵身着鲜艳的制服，帽子上系着蓝白红三色帽徽，'自由、平等、博爱'挂在嘴边。对于支持者来说，革命意味着从君主、贵族和教会的传统压迫下解放出来。对于反对者来说，革命是阴森的暴民统治和恐怖的同义词。对于法国，革命宣告了一种现代民族身份（认同）的开始。对于整个欧洲，革命提供了一个危险的以暴易暴的实例教训。革命开始于种种进行有限和平改革的愿望，却'结束于种种抵制任何变革的承诺'。从短期看，它失败了；从长远看，它对社会政治思想产生了而且还将继续产生重大而持久的影响。"[①] 不仅仅是法国大革命，"现在回顾起来，许多人认为，从约 1680 年代到 1820 年代，启蒙运动从开始兴起到全盛时期、直到完全胜利，这个时期中，人们对权威——特别是宗教权威——的信念日益削弱，由此导致世俗化，以至怀疑主义和不信任主义。另一方面，也可以认为，这个时期里，人们开始有个人意识，由此引向理性主义"。[②] 所以黑格尔属于他的时代。就现代性而言，"黑格尔不是第一位现代性哲学家，但他是第一位意识到现代性问题的哲学家。他的理论第一次用概念把现代性、时间意识和合理性之间的格局突显出来"。[③]

　　对哈贝马斯而言，黑格尔作为现代性的哲学家，最重要的是其

---

　　① ［英］诺曼·戴维斯：《欧洲史》，郭方、刘北成等译，世界知识出版社 2007 年版，第 690 页。

　　② ［荷］彼得·李伯庚：《欧洲文化史》，赵复三译，上海社会科学出版社 2004 年版，第 414 页。

　　③ ［德］哈贝马斯：《现代性的哲学话语》，曹卫东等译，译林出版社 2004 年版，第 51 页。

理性和主体原则——因为基于这两点，哈贝马斯认为这之中存在主体间性，并通过这其中的理性发展成为交往理性。而对我们而言，从黑格尔对当下的关注以及想通过哲学来弥合现代性的分裂来看，他仍然是位意识到现代性问题并永远相信哲学能够解决的一位现代性哲学家。

第二节　马克思的批判

在哈贝马斯看来，"黑格尔第一个把带有时代诊断特征的哲学通俗概念与学院概念融为一体。我们或许也可以从以下事实当中意识到哲学的变化：黑格尔死后，学院哲学与通俗哲学又一次分道扬镳了。作为一种专业的学院哲学，与通俗哲学并肩发展，而后者在制度当中再也没有了明确的地位。从此，学院哲学就不得不全力应付被赶出校门的私人讲师、作家以及个体写作者的竞争，比如费尔巴哈、卢格、马克思、鲍威尔和克尔恺郭尔，甚至还有放弃巴塞尔教授职位的尼采"①。这里的通俗哲学指的是黑格尔以后具有社会批判性质的哲学，如以马克思、费尔巴哈等人建立的青年黑格尔派的批判哲学，以及霍克海默、阿多诺等法兰克福学派所建立的社会批判理论。当然还有独树一帜的尼采。

作为学院哲学代表的黑格尔，"根本就没有想要去打破哲学传统"。② 但是另一方面，作为"第一个把带有时代诊断特征的哲学通俗概念与学院概念融为一体"的黑格尔，的确又为打破传统提供了一种可能。所以哈贝马斯说，"直到黑格尔的后一代人"③ 才意识到打破传统的必要性。

---

① ［德］哈贝马斯：《现代性的哲学话语》，曹卫东等译，译林出版社2004年版，第60页。

② 同上书，第59页。

③ 同上。

这"后一代人"指的应该是马克思和青年黑格尔派——梯利将马克思也视为青年黑格尔派，他们从某种程度上开启了非学院哲学的传统——这个传统是通过青年黑格尔派以及之后的众多"体制外"写作者得以传承与延续的。

在洛维特看来，"'青年黑格尔学派'这一术语最初只是在黑格尔的年轻一代学生的意义上使用的；在'黑格尔左派'的意义上，它指的是在与黑格尔的关系上持革命态度的倾覆党派。在他们的时代，人们也称他们为'Hegelinge（黑格尔党人）'，与'Hegeliter（黑格尔门徒）'相反，为的是表示这些年轻人的革命姿态。但同时，老年黑格尔学派与青年黑格尔学派的区分也与黑格尔关于'老年人'与'青年人'的区分有间接关系，而施蒂纳则把后一种区分平庸化了。老年人，在黑格尔的道德体系中也就是真正有资格从事统治的人，因为他们的精神不再思维个别的东西，而仅仅'思维普遍的东西'。他们作为对不同阶层真正的'淡漠'而效力于整体的维持。老年人的生活不像青年人那样，与一个让他们感觉不舒服的世界充满无法满足的张力，'对现实感到厌恶'；他们也不是存在于以男子气概与现实世界的'衔接'中，而是作为年迈之人，对这个东西或者那个东西都不再具有特殊的兴趣，专注于普遍者和过去，他们对普遍者的知识就是得益于过去。与此相反，青年人是一种沉溺于个别事物的、喜好未来的、想改变世界的实存，他与现存的东西无法共容，设计出种种纲领，提出种种要求，处在应当首先整理一个四分五裂的世界的幻觉中。……由于这种旨在理性的方向，青年人拥有比为世界而活动、参与现实之理性的成年人感觉更高贵、更加无私的假象。青年人只是被迫迈出承认现存事物的步子，把它当做向庸人生活的痛苦过渡。但是，如果他把这种关系仅仅理解为外部强制的关系，而不是理解为摆脱了所有特殊的当前利益的老年人智慧生存于其中的理性必然性，他就会感到失望。与黑格尔对青年人和老年人的评价相反，青年黑格尔学派代表着青年人一党，但这并不是因为他们是真正的青年人，而是为了克服平庸模仿者的意识。在对现存事物无法存续的认识中，他们离开了'普遍的东西'和过去，以便预知未来，催化'确定的东西'和'个别的东西'，否定现存的东西。他们的个人命运表现出相同的特征"。①

以上通过洛维特对青年黑格尔派及老年黑格尔派的比较，我们可以看到现代性——在老年黑格尔派那里显现出对个别事物淡漠从而满足于普遍性的风平浪静的一面，在青年黑格尔派那里则表现出对个别事物的沉溺、对现存的批判以及对未来热烈的期盼的动荡不安的一面。

在洛维特看来，"青年黑格尔派以一种非哲学的方式投身于历史思想：'他们想置身于历史之中并把历史作为取向，这就好比船舶毁坏之后想抓住风暴一样'"。② 按照洛维特的说法，"青年黑格尔派的确很想把面向未来的现在从全知全能的理性的控制之中解脱出来。他们希望重构历史维度，为批判打开一个活动空间，以便应对危机。但是，他们要想获得一种行动的指南，就不能为了历史主义而牺牲时代历史，而且还要保持住现代性与合理性之间的独特联系"。③

所以一方面，青年黑格尔派依然要从"合理现实性"概念中吸取力量，因为在他们看来，"合理现实性概念克服了突发事件和新兴发展的事实性、偶然性和现实性"。④ 这里的合理现实性概念，可以从黑格尔的《法哲学》中找到它的涵义。在黑格尔看来，存在

---

① ［德］卡尔·洛维特：《从黑格尔到尼采：19 世纪思维中的革命性决裂》，李秋零译，生活·读书·新知三联书店 2006 年版，第 85—86 页。

② 卡尔·洛维特："序言"，载其（编）：《黑格尔左派》（*Die Hegelsche Linke*），Stuttgart，1962，第 38 页。转引自［德］哈贝马斯《现代性的哲学话语》，曹卫东等译，译林出版社 2004 年版，第 63 页。

③ ［德］哈贝马斯：《现代性的哲学话语》，曹卫东等译，译林出版社 2004 年版，第 63 页。

④ 同上书，第 62 页。

着两种理性："作为自我意识着的精神的理性和作为现存的现实世界的理性。"① 黑格尔相信作为自我意识着的精神的理性的任务就是要认识和把握作为现存的现实世界的理性。自我意识着的精神的理性知道要想实现它自身就要与现实世界的理性本身相统一，"两者自觉的同一就是哲学理念"。②

另一方面，为了"把面向未来的现在从全知全能的理性的控制之中解脱出来"，以便批判理性，青年黑格尔派又从晚期谢林哲学那里汲取了必要的养分：在哈贝马斯看来，"谢林为'实存'哲学精神克服唯心主义做了准备，这一任务经过克尔恺郭尔（Kierkegaard）和欧森克安茨（Rosenkranz），最终由海德格尔（Heidegger）所完成。谢林认为，这项任务可以通过哲学体系的分裂来实现，即把本体论问题同改变腐朽时代的实践需求结合起来。这样，理论与实践就在沉思冥想的祈祷中统一起来了"。③

在哈贝马斯看来，青年黑格尔派从谢林晚期哲学中受到了启发：一方面，谢林的"实存"哲学让青年黑格尔派"极力强调存在之于合理现实性的重要意义"④；另一方面，他们同意理论与实践的统一，但反对谢林所谓的"理论与实践就在沉思冥想的祈祷中统一起来"。

"费尔巴哈强调的是内部自然和外部自然的感性存在：情感和激情证明了个体的肉体存在和物质世界的存在。克尔恺郭尔坚持的是个体的历史存在。此在的本真性在无限旨趣绝对内在和不可剥夺的具体决断当中得到了证明。最后，马克思强调的则是我们日常生活经济基础的物质存在：生产活动和社会化个体的合作，构成了人

---

① ［德］黑格尔：《法哲学原理》序言，范扬、张企泰译，商务印书馆 2009 年版，第 58 页。

② 同上书，第 59 页。

③ ［德］哈贝马斯：《理论与实践》，郭官义译，社会科学文献出版社 2010 年版，第 162 页。

④ ［德］哈贝马斯：《现代性的哲学话语》，曹卫东等译，译林出版社 2004 年版，第 62 页。

类自我繁衍的历史进程的中介。因此，费尔巴哈、克尔恺郭尔和马克思都反对如下错误的和解，即主观自然与客观自然、主观精神与客观精神、客观精神与绝对知识仅仅在思想领域中达成的和解。他们强调要消除精神的崇高性，因为精神把当下出现的各种矛盾都纳入绝对的自我关系之中，以便消解它们，并把它们转化到记忆中的过去模式当中（这种模式既模糊又透明），进而剥夺了它们所具有的一切重要意义。"①

在哈贝马斯对青年黑格尔派的描述中，我们可以看到，无论是费尔巴哈对感性存在的观点，还是克尔恺郭尔坚持的个体的历史的本真性，以及马克思对日常生活经济基础的物质存在的强调，青年黑格尔派的学者们都看到了"和解"与"崇高性"本身所具有的虚幻性："和解"只是在思想的意义上消除了对立，真实的对立依旧存在；而"崇高"不过是对"当下"的矛盾的视而不见——它采取的方式是转化到内部进行消解。这样，不仅哲学自身通过"消解"忽视了真实的"现实"，也通过"记忆中的过去模式"把它们变成一种"不可见的"不重要的东西，即自我的内在消化——换句话说谁知道这是什么东西。

在马克思看来，即便青年黑格尔派能够看到黑格尔哲学的某种虚幻性，显示他们的某种进步性，但他们依旧以虚幻的方式来抵御虚幻，终究并没有摆脱虚幻：

老年黑格尔派认为，只要把一切归入黑格尔的逻辑范畴，他们就理解了一切。青年黑格尔派则通过以宗教观念代替一切或者宣布一切都是神学上的东西来批判一切。青年黑格尔派同意老年黑格尔派的这样一个信念，即认为宗教、概念、普遍的

---

① ［德］哈贝马斯：《现代性的哲学话语》，曹卫东等译，译林出版社2004年版，第62页。

东西统治着现存世界。不过一派认为这种统治是篡夺而加以反对，另一派则认为这种统治是合法的而加以赞扬。①

马克思发现，当青年黑格尔派在"宗教、概念、普遍的东西"的意义上进行批判的时候，批判的武器出了问题，以至于无法进行彻底的批判，因此一定要用武器的批判代替批判的武器：

> 青年黑格尔派玄想家们尽管满口讲的都是所谓"震撼世界的"词句，却是最大的保守派。如果说，他们之中最年轻的人宣称只为反对"词句"而斗争，那就确切地表达了他们的活动。不过他们忘记了：他们只是用词句来反对这些词句；既然他们仅仅反对这个世界的词句，那么他们就绝对不是反对现实的现存世界。②

在马克思看来，如果我们关心人胜于关心词句，我们就会发现，青年黑格尔派玄想家们所谓"震撼世界的"词句，只能是词句——词句的解放的许诺也只能把人困在词句中——以便在词句的幻想中给人以"解放"的安慰；在词句之外的现实世界中，在词句不能到达的地方——一片开阔之地，正是青年黑格尔派的玄想家们无法企及之处。因为在马克思看来，"这些哲学家没有一个想到要提出关于德国哲学和德国现实之间的联系问题，关于他们所作的批判和他们自身的物质环境之间的联系问题"。③

这样，在语词构造的幻想中，哲学的确与现实结合了，然而是

---

① ［德］英格·陶伯特编：《德意志意识形态·费尔巴哈》，李乾坤、毛亚斌、鲁婷婷等编译，南京大学出版社 2014 年版，第 85 页。
② 参见［德］英格·陶伯特编《德意志意识形态·费尔巴哈》，李乾坤、毛亚斌、鲁婷婷等编译，南京大学出版社 2014 年版，第 86 页。
③ 同上。

一种虚假的结合，是对现实的顺从与迎合。"正因为在现世中不能盼望有更美满的景况，所以只好迁就现实，以求苟安。认识所提供的是与现实保持更为温暖的和平。"① 这一切显示的恰恰是哲学家与现实，"他们所作的批判和他们自身的物质环境之间"的分裂。

这样的说法的确像一碗心灵鸡汤，让每个处在与马克思的时代同样痛苦的人都能感受到一丝安慰。然而哲学不应该是麻醉剂，哲学更应该是刺痛针，让身处这一时代的人们保持一定程度的清醒。因此，对黑格尔的"批判"似乎成为马克思在他的《法哲学批判导言》中的重要职责。在马克思看来，按照黑格尔的逻辑，合理的就是现实的，或者说，合理的终将成为现实的——这似乎就意味着我们永远无法置疑现实，即便现实不那么令人满意，我们似乎也只有等待与相信，相信理性通过它的辩证运动之后的那个现实终究会成为合乎理性的。在这样对理性的无限信任中，现实就成为可以忍受的，而人在这其中，并不需要做些什么。

所以马克思才批判黑格尔的哲学是"无人身的理性"，因为这样的"理性与现实的同一"，不过是为了"理性"忽视现实，实际是理性与现实的分裂，尤其是置现实的"人"于不顾，因此它是"抽象而不切实际的思维"②。这个"抽象而不切实际的思维"就在马克思的时代的上空飘荡——它冷静地俯视着人类，同时对人类的一切惨状无动于衷。

置现实的人于不顾的不仅是黑格尔的法哲学，这也是马克思为我们描绘的德意志。或者说黑格尔的法哲学只是表征了这样的现实，因为在马克思看来，德国的政治意识和法的意识"最主要、最

---

① ［德］黑格尔：《法哲学原理》，范扬、张企泰译，商务印书馆 2009 年版，第 59 页。
② 《马克思恩格斯文集》第 1 卷，中共中央马克思恩格斯列宁斯大林著作编译局编译，人民出版社 2009 年版，第 11 页。

普遍、上升为科学的表现正是思辨的法哲学本身"①。

所以问题不在于黑格尔用理念抽象化了现实，而是现实早已"抽象化"了——这一"抽象化"直接去除了现实的人。

在马克思看来，"如果思辨的法哲学，这种关于现代国家——它的现实仍然是彼岸世界，虽然这个彼岸世界也只在莱茵河彼岸——的抽象而不切实际的思维，只是在德国才有可能产生，那么反过来说，德国人那种置现实的人于不顾的关于现代国家的思想形象之所以可能产生，也只是因为现代国家本身置现实的人于不顾，或者只凭虚构的方式满足整个的人"。②

在这里，与其说马克思批判的是黑格尔的法哲学，不如说是对"只凭虚构的方式满足整个的人"的现实进行批判，因此"对这种哲学的批判既是对现代国家以及同它相联系的现实所作的批判性分析，又是对迄今为止的德国政治意识和法意识的整个形式的坚决否定……"③

马克思用极富激情的语言宣布："向德国制度开火！一定要开火！这种制度虽然低于历史水平，低于任何批判，但依然是批判的对象，正像一个低于做人水平的罪犯，依然是刽子手的对象一样。在同这种制度进行的斗争中，批判不是头脑的激情，它是激情的头脑。它不是解剖刀，它是武器。"④ 黑格尔用理念解剖了现实后，又细心地用理念缝合了现实，不过这不是马克思的风格。他的手术刀是批判，解剖之后也不会缝合，而是一定要把解剖后的现实展现给大家看，如果"这种制度本身不是值得重视的对象，而是既应当受到鄙视同时又已经受到鄙视的存在状态。对于这一对象，批判本

---

① 《马克思恩格斯文集》第 1 卷，中共中央马克思恩格斯列宁斯大林著作编译局编译，人民出版社 2009 年版，第 10 页。
② 同上书，第 11 页。
③ 同上书，第 10 页。
④ 同上书，第 6 页。

身不用自己表明什么了，因为它对这一对象已经清清楚楚。批判已经不再是目的本身，而只是一种手段。它的主要情感是愤怒，它的主要工作是揭露"。①

揭露的目的是让人们不再麻木不仁，不再把他们所处的现实看成是理所当然："应当公开耻辱，从而使耻辱更加耻辱。应当把德国社会的每个领域作为德国社会的羞耻部分〔partie honteuse〕加以描述……"② 总之，批判的目的在于必须"撕碎锁链上那些虚幻的花朵"③，寻求种种冷酷的东西，不是要取消人们的慰藉，而是要人们看到慰藉的不可靠。

如果"当下"并非令人满意的现实，那么哲学与现实之间内在的理性任务就似乎被自然地割断了，哲学要么悬在空中空想着现实有一天走向它曾经预计的合理——当然，这永远不会了；要么就一定要为批判这样的"当下"作出真正的思考。这就是马克思的看法。正像青年黑格尔派反对绝对哲学的高傲那样，在他们看来，"绝对哲学想在对往事的回忆中成为'当前最近的日子'，而哲学直到如今才通过自己的批判开始了未来。不是要借助逻辑学的范畴来虚构一个绝对的国家，而是必须考虑到最近的未来对国家当今的实存进行历史的批判"。④

在马克思眼中，老老实实地待在原处忙着完成某种解释世界的任务或是用逻辑学的范畴虚构一个"应当"的哲学变得越来越面目可憎，因为它只是表征了"当下"，或是表征了虚构的"当下"，既没有批判问题，也没有问题可以去批判。"当下"其实在哲学之外，而哲学自恋地误以为将它引领——现代性只在哲学当中完成了

---

① 《马克思恩格斯文集》第 1 卷，中共中央马克思恩格斯列宁斯大林著作编译局编译，人民出版社 2009 年版，第 6 页。

② 同上书，第 6—7 页。

③ 同上书，第 4 页。

④ 〔德〕卡尔·洛维特：《从黑格尔到尼采：19 世纪思维中的革命性决裂》，李秋零译，生活·读书·新知三联书店 2006 年版，第 113 页。

它自身的循环。对于马克思而言，除非哲学修正原有的目标，致力于批判和改造这个世界，否则他就会致力于批判和改造哲学。如果说"世界在黑格尔那里成为哲学的，这就要求哲学在马克思那里同样完全地成为世界的"①。

让哲学成为世界的，不是简单地改造哲学，而是为哲学赋予世界的涵义，它要规划出更为美好且在远景中的"当下"。哲学在这里要具备一种承载，它要让那个"远景"成为能够超越其他时代的时代，而作为资本社会的"当下"是可以否定甚至抛弃的。

或许在这个意义上我们可以同意阿格尼丝·赫勒的说法，"……作为十九世纪现代主义意识的一种表现形式的马克思的宏大叙事"②，"他能够较他的前辈和后来者们更加激进地拒绝现代性的现今阶段（资本主义），将宏大叙事延伸至未来"。③ 不仅如此，用阿格尼丝的说法，"他对形而上学的根本颠倒；他对人类理性、创造力和自由的无可置疑的信心；他把现在当做一个过渡阶段、当做人类借以跃入（在一场革命中）未来的一张蹦床的信心——所有这一切都是盛期现代性视角的征象，不过它们并不等同于一种现代性理论。但马克思的自我描述在某一方面是正确的：这一视角有助于马克思对现代性的运作的洞察，而在一个多世纪里，在对现代性的现代主义感知上，这种洞察施加了巨大的——公开的或隐密的——影响"。④

在马克思看来，就连费尔巴哈也只是以另一种方式，即以人道的方式"解释"这个世界，而问题在于如何通过理论的批判和实践的革命来"改变"世界。然而，在马克思那里，改变世界的意愿并

---

① ［德］卡尔·洛维特：《从黑格尔到尼采：19 世纪思维中的革命性决裂》，李秋零译，生活·读书·新知三联书店 2006 年版，第 125 页。

② ［匈］阿格尼丝·赫勒：《现代性理论》，李瑞华译，商务印书馆 2005 年版，第 50 页。

③ 同上书，第 34 页。

④ 同上书，第 50—51 页。

不仅仅意味着直接的行动，而是同时意味着对迄今为止的世界解释的批判，意味着对存在和意识的改变。

马克思事实上也这样做了。为了更好地批判，他诉诸于经济与社会的框架，因为哲学的框架已经不再适用。正如马尔库塞所说，"马克思理论的所有哲学概念都是社会的和经济的范畴，然而，黑格尔的社会和经济范畴都是哲学的概念"。①

现今资本社会的当下已经远远不同，现代性作为批判指向对自身确立的方式却依然存在。这也正是马克思与黑格尔不同的地方：

"我们可以说，在黑格尔的体系中，所有的范畴终止于存在着的秩序中，与此同时，在马克思的理论中，所有的范畴则是触及这些存在着的秩序的否定……能获得的真理。就所有的概念都是对现存秩序总体的一个谴责而言，马克思的理论是一个'批判'的理论。"② 在阿伦特看来，"比之于任何一个理论家，马克思的思想都更全面忠实地阐明了现代政治的紧张与矛盾"。③

无论如何，马克思的现代性是以否定不合理的"当下"确立自身，所以当它成为人们所信仰的马克思主义的时候，"它给人以希望，它使这个世界变得更加合理。它给予那些无以计数的生命指出方向和意义。作为20世纪最伟大的召唤，它鼓舞了千百万人起来反抗，相信人类终究会有一天会为了实现他们的需要创造自身和未来。它让历史具有连续性，解释了不平等和特权，并把这些看成是社会最根本的恶行。它规划了一个富有深远意义的未来，指引着数以千万计的生命。马克思主义持有这样一种观点：人类曾经处在合作的、理性的、平等的最底端，据说所有人类的历史

---

① ［美］马尔库塞：《理性和革命——黑格尔和社会理论的兴起》，程志民等译，重庆出版社1993年版，第235页。

② 同上。

③ ［加］菲利普·汉森：《汉娜·阿伦特：政治、历史与公民身份》，刘佳林译，江苏人民出版社2004年版，第1页。

不仅仅可以看作是人类的故事，技术的发展，也可以看成是反抗压抑的进步过程"。① 这个过程被以赛亚·伯林看成是乌托邦，在伯林看来："不管这种观点有什么起源，它本身是建立在这样一种信念上：存在着真实的、不变的、普遍且永恒的客观价值……"② 而现在看来，其永恒的意义似乎并不在于这一构想，而是在于构想对现今当下的指证。

无法否认的是，马克思的确加深了我们对现代性的感知，较早地把我们拉到了资本主义社会的现实面前，并帮助我们认识它。作为一位早期的社会理论家，"马克思领先了大部分其他的社会理论家们 20 甚至 30 多年。他移民到作为第二次工业革命爆发地的英国之后开始著书立说，在大英博物馆中长年累月地搜集经济与社会学的文献。在文化危机爆发的时候，他和其他社会理论家们创建了新方法来把握、适用和控制日益膨胀的不同类型的人群组成的世俗社会。他们强调了新型的复杂合作和人际交往，主张个体的自主性和社会参与。他们不顾压抑的特征，主张更加分化的，可计算的，以及系统化组织的社会的发展，为压倒性的早期社会的经济和文化发展提供了关键的资源，他们妥善地处理了现代社会的各种病态，并且着手创建一个更加自由的、太平的未来"。③

所以 Ronald Aronson 的疑问是："现在，马克思主义之后，大多数已经消逝了。没有马克思主义，没有连续的和可以分享的世界图画中的共同体意识，没有全人类一起共同追寻人权，我们怎么不会孤独凄凉？散开来的各种群体会继续为他人的福祉而奋斗。然而我们还会再一次地看到人们只把自己看成是与其他人一样的人而追

① Ronald Aronson, *Mourning Marxism*, selected from Robert J. Antonio, *Marx and Modernity: Key Readings and Commentary*, Blackwell Publishers Ltd. , 2003, p. 257.

② ［英］伯林：《反潮流：观念史论文集》，冯克利译，译林出版社 2002 年版，第145 页。

③ Ronald Aronson, *Mourning Marxism*, selected from Robert J. Antonio, *Marx and Modernity: Key Readings and Commentary*, Blackwell Publishers Ltd. , 2003, p. 1.

求公共的福祉吗？"①

正是在一种追求人类共同福祉的意义上，德里达喊出了"不能没有马克思，没有马克思，没有对马克思的记忆，没有马克思的遗产，也就没有将来：无论如何得有某个马克思，得有他的才华，至少得有他的某种精神。因为这将是我们的假设或更确切地说是我们的偏见：有诸多个马克思的精神，也必须有诸多个马克思的精神"②。正是这一"精神"展示了马克思现代性的另一种含义。

第三节　韦伯的合理化世界

在哈贝马斯看来，只是从韦伯开始，合理性才真正地作为一个问题得到了深刻的洞察与怀疑，按照他的说法，"到韦伯为止，现代性与合理性之间的内在联系一直都是不言而喻的，今天却成了问题"。③

的确如此，在黑格尔的时代，尚未形成的"合理性"带着某种诗意，如喷薄而出的太阳照亮了"理性方式组织起来"的"新世界"；只有到了韦伯那里，合理性才从黑格尔"理性的诗意角色"④最终"改变成为合理性和合理化这样的散文角色"⑤。也就是说只有到了韦伯那里，"合理性"才真正成为他眼中的"现实"——一个"当下"的问题。

韦伯在这里所持的是"一种谨慎的普遍主义立场；他认为，合理化过程并不是西方所特有的现象，尽管综观一切世界宗教，合理

---

①　Ronald Aronson, *Mourning Marxism*, selected from Robert J. Antonio, *Marx and Modernity: Key Readings and Commentary*, Blackwell Publishers Ltd., 2003, p. 257.

②　[法] 雅克·德里达：《马克思的幽灵：债务国家、哀悼活动和新国际》，何一译，中国人民大学出版社 1999 年版，第 21 页。

③　[德] 哈贝马斯：《现代性的哲学话语》，曹卫东等译，译林出版社 2004 年版，第 5 页。

④　[匈] 阿格尼丝·赫勒：《现代性理论》，李瑞华译，商务印书馆 2005 年版，第 57 页。

⑤　同上。

化只有在欧洲发展成为一种理性主义，这种'合理'一方面具有特殊性，即为西方所特有；另一方面又具有普遍性，也就是说，它是现代性的普遍特征"①。这里，韦伯尤其关注的是现代性作为合理化的某种特殊性，即何以只有欧洲的合理化发展成为理性主义。这也正是韦伯在其论著《新教伦理与资本主义精神》中所思考的问题："一个在近代的欧洲文明中成长起来的人，在研究任何有关世界历史的问题时，都不免会反躬自问：在西方文明中而且仅仅在西方文明中才显现出来的那些文化现象——这些现象（正如我们常爱认为的那样）存在于一系列具有普遍意义和普遍价值的发展中——究竟应归结为哪些事件的合成作用呢？"②

在这本享誉世界的名著中，韦伯对此进行了极为详细的论述："唯有在西方，科学才处于这样一个发展阶段：人们今日一致公认它是合法有效的。经验的知识、对宇宙及生命问题的沉思，以及高深莫测的那类哲学与神学的洞见，都不在科学的范围之内（虽然一种成系统的神学之充分发展说到底仍须归到受希腊文化影响的基督教之名下，因为在伊斯兰教和几个印度教派中仅有不成系统的神学）。简单地说，具有高度精确性的知识与观测在其他地方也都存在，尤其是在印度、中国、巴比伦和埃及；但是，在埃及以及其他地方，天文学缺乏古希腊人最早获得的那种数学基础（这当然使得这些地方天文学的发达更为令人赞叹）；印度的几何学则根本没有推理的（rational）证明，而这恰是希腊才智的另一产物，也是力学和物理学之母；印度的自然科学尽管在观察方面非常发达，却缺乏实验的方法，而这种实验方法，若撇开其远古的起始不谈，那就像近代的实验室一样，基本上是文艺复兴时期的产物；因此医学（尤

---

① ［德］尤尔根·哈贝马斯：《交往行为理论》，曹卫东译，上海人民出版社2004年版，第151页。

② ［德］马克斯·韦伯：《新教伦理与资本主义精神》，于晓、陈维纲等译，生活·读书·新知三联书店1987年版，第4页。

其是在印度）尽管在经验的技术方面高度发达，却没有生物学特别是生化学的基础。一种理性的（rational）化学，除了在西方以外，在其他任何文化地域都一直付诸阙如。

在中国，有高度发达的史学，却不曾有过修昔底德的方法；在印度，固然有马基雅维利的前驱，但所有的印度政治思想都缺乏一种可与亚里士多德的方法相比拟的系统的方法，并且不具有各种理性的概念——不管是在印度（弥曼差派）的所有预言中，还是在以近东最为突出的大规模法典编纂中，或是在印度和其他国家的法律书中，都不具有系统严密的思想形式，而这种系统严密的形式对于罗马法以及受其影响的西方法律这样一种理性的法学来说，却恰是必不可少的。像教会法规这样一种系统结构只有在西方才听说过。"①

此外，韦伯还比较了艺术、建筑等学科门类，基本上可以得出这样的结论：除以欧洲为代表的西方文明之外，理性的概念、理性的方法、理性的思维方式在几何学、物理学、化学、史学、艺术、建筑等为代表的各个学科门类都一直付诸阙如。在这其中颇为重要的，韦伯特别加以提示的，就是西方文明以外的国家缺乏一个具有现代意义的行政机构与专业人员："一切可能类型的高等教育机构在中国和伊斯兰世界一直都有，其中的某些机构甚至在表面上与我们的大学（或至少学院）颇为相似；但是，一种理性的、系统的、专门化的科学职业，以及训练有素的专业人员，却只有在西方才存在，而且只有在西方才达到了它今日在我们的文化中所占据的主导地位。这首先适用于训练有素的行政人员——他们成了现代国家和西方经济生活的支柱。行政人员形成了一种类型，这种类型从前只是被人偶然地设想过，但却远远不会想到这类人现在对于社会秩序所具有的重要性。当然，行政人员，即使是专业化的行政人员，乃

① ［德］马克斯·韦伯：《新教伦理与资本主义精神》，于晓、陈维纲等译，生活·读书·新知三联书店1987年版，第4—5页。

是绝大多数不同的社会中久已有之的一个组成成分；但是，任何国家、任何时代都不曾像近代西方这样深切地体会到，国家生活的整个生存，它的政治、技术和经济的状况绝对地、完全地依赖于一个经过特殊训练的组织系统。社会日常生活的那些最重要功能已经逐渐掌握在那些在技术上、商业上以及更重要的在法律上受过训练的政府行政人员手中。"①

通过这样的比较研究，韦伯惊奇地发现，那些构成近代西方文明发展起来必备的一些要素，也正是西方之外的文明所缺乏的东西：即普遍地缺乏科学的根基，理性可能更多停留在概念上，而理性的思维方式并未建立，更别提理性主义的形成，理性的客观化更是很遥远的事情。韦伯对于"合理化"的研究就是从这里开始的。

在韦伯的时代，人们对资本主义的印象还停留在马克思对资本的描述——"资本来到世间，从头到脚，每个毛孔都滴着血和肮脏的东西"②，资本主义则是欲望与金钱的巨大结合体，以为一个社会只要具备"获利的欲望、对营利、金钱（并且是最大可能数额的金钱）的追求"③ 便是资本主义了。然而韦伯通过对西方文明国家"合理化"的考察，发现"我们现代生活中最决定命运的力量——资本主义"④ ——并非我们认为或想象的那样。在韦伯看来，"这本身与资本主义并不相干。这样的欲望存在于并且一直存在于所有的人身上，侍者、车夫、艺术家、妓女、贪官、士兵、贵族、十字军战士、赌徒、乞丐均不例外。可以说，尘世中一切国家、一切时代的所有的人，不管其实现这种欲望的客观可能性如何，全都具有

① ［德］马克斯·韦伯：《新教伦理与资本主义精神》，于晓、陈维纲等译，生活·读书·新知三联书店1987年版，第6—7页。
② 《马克思恩格斯全集》第23卷，中共中央马克思恩格斯列宁斯大林著作编译局编译，人民出版社1972年第1版，第829页。
③ ［德］马克斯·韦伯：《新教伦理与资本主义精神》，于晓、陈维纲等译，生活·读书·新知三联书店1987年版，第7页。
④ 同上。

这种欲望。在学习文化史的入门课中就应当告诉人们，对资本主义的这种素朴看法必须扔得一干二净。对财富的贪欲，根本就不等同于资本主义，更不是资本主义的精神。倒不如说，资本主义更多地是对这种非理性（irrational）欲望的一种抑制或至少是一种理性的缓解。不过，资本主义确实等同于靠持续的、理性的、资本主义方式的企业活动来追求利润并且是不断再生的利润。因为资本主义必须如此：在一个完全资本主义式的社会秩序中，任何一个个别的资本主义企业若不利用各种机会去获取利润，那就注定要完蛋"。①

正如一个人活下去要吃饭，但吃饭本身并非这个人活下去的理由，更远非他生活的意义所在。当韦伯认为"资本主义确实等同于靠持续的、理性的、资本主义方式的企业活动来追求利润并且是不断再生的利润"的时候，他远不是在经济学意义上探讨资本主义成功的奥秘，虽然盈利的确是资本主义企业能够活下去的前提。韦伯显然更关注的是资本主义的某种真相——不仅是要把西方的文明与其他的文明进行某种程度的区分，更试图揭示资本主义得以不断发展的持续动力。在《新教伦理与资本主义精神》中，韦伯关注的是资本主义的精神——把新教伦理看作是资本主义合理化过程中的一个重要因素。

与马克思更关注经济的要素不同，韦伯对于资本主义的"当下"考察得非常广泛，在阿格尼丝·赫勒看来，"韦伯对现代性的出现的重构是作为一种实验性的真理提出来的。更好的、更可靠的、更接近的、更多样的是接近的视角。正因为如此，应该从各种各样的角度去接近现代性的出现"。② 在韦伯看来，从接近现代性这个意义上，"合理化"的确是一个较合适的切入点，它让多种多

---

① ［德］马克斯·韦伯：《新教伦理与资本主义精神》，于晓、陈维纲等译，生活·读书·新知三联书店1987年版，第7—8页。

② ［匈］阿格尼丝·赫勒：《现代性理论》，李瑞华译，商务印书馆2005年版，第56页。

样的角度得以延伸，以便接近现代性。

欧洲的理性主义在韦伯看来依然过于庞大且问题重重。在这里，韦伯关心的是在理性主义意义上，现代社会意识的形成范式。在他看来，构建"合理化"首先要把科学与技术这个"从启蒙或实证主义的角度……有效的范式与解决问题的有效机制"① 放到一边，韦伯反对"这种准形而上学的评价方式"②，另外"韦伯也未能摆脱对科学文明的悲观主义评价。他坚决反对合理化过程在现代社会中脱离道德的价值趋向，而放任自流。因此，科学和技术在他的合理化理论中失去了范式的地位。韦伯集中研究的是目的理性行为制度化的道德——实践基础"③。

在哈贝马斯看来，韦伯所关注的合理化与马克思有明显的不同。马克思眼中的合理化就是"生产力的大发展，具体而言，就是经验知识的增长、生产技术的改进、社会劳动力的有效动员、训练以及组织等。相反，生产关系是社会权力的分配制度，也是生产工具的调节制度，只有在生产力所发挥的合理化压力下才会出现变革"④。显然，马克思理解的合理化核心是与经济发展相关的劳动力与科技要素。与马克思关注的不同，韦伯的合理化则更侧重文化、宗教及制度的层面。如果说马克思眼中的生产关系即"社会权力的分配制度，也是生产工具的调节制度"⑤ 可能成为合理化的束缚力量，那么韦伯眼中的资本主义制度反而是合理化的一部分。具体来说："他认为，资本主义的制度框架不是束缚合理化力量的生产关系，而是目的理性行为的亚系统（Subsystem），正是在这些亚

---

① ［德］尤尔根·哈贝马斯：《交往行为理论》，曹卫东译，上海人民出版社 2004年版，第151页。

② 同上。

③ 同上书，第151—152页。

④ 同上书，第142页。

⑤ 同上。

系统当中，西方理性主义才获得了社会意义。"①

按照哈贝马斯对韦伯的理解，韦伯的思路是这样的：为了更好地认识"当下"，以接近现代性，就要通过理解西方理性主义来认识现代性。或者也可以说在现代性的意义上理解西方理性主义。为了实现这样的目的，就必须探究这些"目的理性行为的亚系统"，正如前面所述，"正是在这些亚系统当中，西方理性主义才获得了社会意义"。②显然，这些亚系统凝结了现代社会所特有的意识结构。而这个"现代社会所特有的意识结构"在哈贝马斯看来则"源于文化合理化，而文化合理化包括认知、审美表现以及宗教传统的道德评价三个部分。有了科学和技术、自律的艺术和自我表现的价值以及普遍主义的法律观念和道德观念，三种价值领域就出现了分化，而且各自遵守的是自己特有的逻辑"③。

显然，在构成文化合理化的三种价值领域的分化中，我们可以看到文化合理性不再作为一个整体，而是分成了各自不同的三个部分，已经无法承担黑格尔意义上的"伦理一体化"的任务。虽然这三个部分的联系是显而易见的，但它们因为有各自的独立性而无法发挥整体的作用，反而相互间为了维护自己领域的自律，有了不协调、不一致的地方。

"这样，不仅文化的不同组成部分（认知部分、表现部分以及道德部分）有了自己的'内在规律'，这些价值领域之间也形成了紧张关系。伦理理性主义最初还和它所依据的宗教语境保持一定的亲和性，伦理与宗教却与其他的价值领域势不两立。"④ 韦伯发现，这就是"用知识把（内在财富和外在财富）有意识地提升为理性

---

① ［德］尤尔根·哈贝马斯：《交往行为理论》，曹卫东译，上海人民出版社2004年版，第142页。

② 同上。

③ 同上书，第159页。

④ 同上。

财富所导致的一个普遍结果，它对宗教历史产生了重要的影响"①；反之，这也是合理化的出发点，韦伯由此展开了他对时代的诊断。

在合理化意识的推动下，一切都合理化了，然而在韦伯看来，这种合理化导致的结果并非是一体化的加剧，而是合理化"在各种独立的价值领域之间出现了竞争"，从而导致分裂的加剧。"一方面，它促使符号系统按照各自不同的抽象价值标准（比如真实性、规范正确性、美和本真性）加以合理化；另一方面，它也导致了形而上学——宗教世界观的意义同一性发生解体：在各种独立的价值领域之间出现了竞争，而且无法再用一种高高在上的神圣世界秩序或宇宙学的世界秩序来消除这种竞争……"②

在韦伯看来，这种多元的而非一元的价值领域给日常生活带来更加意想不到的侵扰。因为"一旦围绕着这种'终极'观念形成不同的行为系统"③，生活领域"相互之间就会出现紧张……，而这种紧张过去一直都隐藏在与外在世界的原始关系当中"④。

这种生活领域出现的"紧张"，在韦伯看来，应该是合理化内部价值观的分裂造成的个体"意义的丧失"，而这种"意义的丧失"，在哈贝马斯看来，显然来自于尼采的"虚无主义经验"。

"韦伯用'新的多神论'来表达意义丧失的主题。这里所体现出来的是一种典型的虚无主义经验，它在尼采那里被推到了极端。比理论更有原创性的是它用一种辩证法作出的论证，据说，这种辩证法已经隐藏在了宗教历史的解神秘化过程当中，也就是说，隐藏在了现代意识结构的解放过程当中：理性本身分解为多元的价值领域，从而毁灭了其自身的普遍性。按照韦伯的解释，这种意义丧失

---

①　[德]尤尔根·哈贝马斯：《交往行为理论》，曹卫东译，上海人民出版社2004年版，第159页。

②　同上书，第234页。

③　同上。

④　Weber，1971，Ⅰ，541，转引自[德]尤尔根·哈贝马斯《交往行为理论　第一卷　行为合理性与社会合理性》，曹卫东译，上海人民出版社2004年版，第234页。

是对个体的存在发出的挑战，要告诉他们的是，社会秩序当中再也不可能出现同一性了，只有在他们的私人生活领域当中，他们还有勇气怀疑是否能够建立一种毫无希望的荒唐希望。实践合理性从价值理性角度为目的理性行为取向提供支持和论证，但它不能在新的卡里斯玛型的领袖身上，而只能在孤独的个体的个性当中找到自己的位置。与此同时，英雄主义的内在自主性也受到了威胁，因为它在现代社会秩序中再也找不到合法的秩序，来保障相应的价值取向和行为结构能在文化层面上获得再生产。"①

在韦伯看来，西方的资本社会已经进入了一个官僚组织系统化、管理制度化、市场及货币可预测和计算的阶段。"这种可预测性假设人们已经走出了传统约束和感情的世界，进入了行动者受其他价值取向指引的一种社会秩序。"② 这是一个现代性意义上的世界，一切似乎变得顺理成章。"合理性行为的优点就在于获得利益：它行动的目的就是为了实现目标，由人类的历史经验得出来的、最有效益的方案。因此，它逐渐取代社会行为的其他一切样式。实证科学的概念、殚精竭虑的技术发明、始终如一的理性的社会调节和社会法规、冷酷无情、非个人的行政管理以及精心计算的经济行为……"③ 人们都在进化的意义上来谈论着他们的"当下"，就连批评它的马克思也是如此。而用哈贝马斯的话说，"韦伯从理性化角度所描述的，并不仅仅是西方文化的世俗化过程，更主要的是现代社会的发展过程。新的社会结构的首要特征在于，围绕着资本主义企业和官僚国家机器这样的组织核心而形成的、功能上又互相纠结的两大系统走向了分化。韦伯把这个分化过程理解为目的理性的

---

① ［德］尤尔根·哈贝马斯：《交往行为理论》，曹卫东译，上海人民出版社 2004 年版，第 237 页。
② ［法］达尼洛·马尔图切利：《现代性社会学 二十世纪的历程》，姜志辉译，译林出版社 2007 年版，第 150 页。
③ ［英］D. G. 麦克雷：《韦伯》，孙乃修译，中国社会科学出版社 1989 年版，第 131 页。

经济行为和管理行为的制度化。其实，日常生活也受到了这种文化合理化和社会合理化的干扰"①。

看来合理化越是趋于"合理"，对于个体的存在越是一种打扰——它越是以多元价值的方式为每个人指出了方向，越容易让个体无所适从，反而处于一种空前孤独迷茫的状态，即韦伯所说的"意义丧失"的状态。这似乎意味着在合理化造就的多元中"我"依然无从选择。个体是在"铁笼"中"无所适从"，或者说个体"无所适从"却被关进"铁笼"，"我"在多元化中盲目，又无时不被"合理"所桎梏，这就是在合理化世界中"自由丧失"②的状态。韦伯似乎并未论述"意义丧失"与"自由丧失"两者之间的关联，或许这里的确有太多的困惑。换句话说，"在没有英雄的年代里，我只想做一个人"，虽然"我"并未真正了解做人的"含义"，"我"只能在实践中判断价值并确立"我"的目的，一定会有不同的价值体系——如果还能称之为"体系"的话，然而"我"只能在这之间游走，让"我"来确立。然而"铁笼"在哪儿呢？它在这些冲突的价值体系之外吗？抑或它是一种"内在"的关联，或称为"阻滞"。

与马克思不同的是韦伯并不认为这仅是以追逐资本为目的的社会所独有的问题，如果说现代性不是一种时间上的划分，那么合理性也就存在于任何社会中——"在一切社会里，其社会生活中都有着一种合理性成分不断增强的趋势……这种倾向包括取代生活中作为社会所不能接受的、合法行为的那些感情方式和传统方式。结果，这个世界便失去了它的魅力。来自心灵深处的那种自发的感情，一时的仇恨，体面而又光荣的传统方式，都受到禁止。理性以

---

① ［德］哈贝马斯：《现代性的哲学话语》，曹卫东等译，译林出版社2004年版，第1—2页。

② 至少在哈贝马斯看来，韦伯并没有把自由丧失的内涵说清楚。参见［德］尤尔根·哈贝马斯《交往行为理论》，曹卫东译，上海人民出版社2004年版，第237页。

一种无所不在的、不偏不倚的光辉照亮一切存在之物，诗歌、信仰和神话便消失在这种光芒之中。在理性的这种无情的光辉中，人们甚至找不到一点非正义的安慰：理性就是对它本身的肯定，是它自己的诸种必然性的立法者。韦伯援引诗人席勒的一句话，这句话常常被译为'不再迷恋世界'。"① 因为太多值得迷恋的已经逝去，现代性，是藏在貌似乐观背后的茫然。人的自身在外在确定性中感受到的却是不断寻求个体的确立却无法确立的过程。眼前远去的世界其实是他们自身的被抽离，规定性不再是必需而是一个问题，一个"内在的阻滞"②。

韦伯引用席勒的诗"不再迷恋世界"貌似抒发一次小感伤，却已经让我们感到身处"铁笼"之中的冰冷。"这句德文的意思是很清楚的，即消除事物的魔力"③，中文通常翻译成"祛魅"。在韦伯看来，资本主义世界是一个魅力业已消失的世界。现代性作为合理化，是一个日益加强和固化的过程，他不认为合理化的"铁笼"会随着资本主义的消失而消失，他也不认为可以通过任何人为的方式消除"合理化"，这个"铁笼"就像一个魔咒一样紧紧地围绕着他，也笼罩着他身处的时代。

在《韦伯》的传记作者麦克雷看来，韦伯是一个"魔术师"，然而他是最后一个魔术师。这个最后的魔术师不是在一般的意义上施展魔术让观众惊讶，而是拆穿前面所有魔术而让观众目瞪口呆。整个资本主义世界都是他的舞台，便于他施展技艺去拆穿，身处其中的人都是他的观众。

他向我们展示了这样一个祛魅的世界：在这个世界里，那些让

---

① ［英］D. G. 麦克雷：《韦伯》，孙乃修译，中国社会科学出版社 1989 年版，第132 页。

② ［德］马克斯·韦伯：《新教伦理与资本主义精神》，于晓、陈维纲等译，生活·读书·新知三联书店 1987 年版，第 15 页。

③ ［英］D. G. 麦克雷：《韦伯》，孙乃修译，中国社会科学出版社 1989 年版，第132 页。

我们痴迷的音乐，不过是七个音符的某种排列组合的技巧，那些让我们感到神秘的哥特式拱顶，不过是因为这个形状可以"作为分散压力和覆盖所有结构空间的手段"①；那些迷人的绘画，我们不禁认为作者"对空间巧妙的安排和比例的和谐"②，极有可能"是出自精确的计算"③。

可以说韦伯一生都在抵制着"合理性的灰暗天空"侵袭，那些日常生活的打扰。然而在《韦伯》的传记作者麦克雷看来，韦伯这个魔术师，绝不肯在日常生活中进行表演，为了大众，也为了自己，他成为那个"必须在日常生活中合理性的灰暗天空下把自己的魔杖埋藏起来的普罗斯彼罗"④。

在麦克雷看来，韦伯"……本人是一个并未专职化的人"⑤，他更换了几个职业，即便作为大学教授，也辗转多个大学，一生中大部分时间是以学者作为其生活方式，通过阅读、教学与写作去领略极大的丰富性，这就使他有可能躲避特定的劳动分工中一切规定得一清二楚的单调给自身带来的压抑，不至于丧失丰富多彩的天性。"韦伯的一生就是为反抗这样一种命运——成为官僚，成为庞大的政府、庞大的商行、或是庞大的政党中的官员——而进行斗争的一生。"⑥

即便如此，在社会和个人的生活都合理化了的状态下，作为个人的抵制总是艰难的。正如哈贝马斯描述的那样，"生活中的一切都越来越趋于合理化和规范化，因此，原本属于私人领域的个体生

---

① ［德］马克斯·韦伯：《新教伦理与资本主义精神》，于晓、陈维纲等译，生活·读书·新知三联书店1987年版，第6页。
② ［英］肯尼斯·克拉克：《文明的脚印 以西方艺术为旁证阐释文明的本质》，杨孟华译，桂冠图书股份有限公司1989年版，第249页。
③ 同上。
④ ［英］D. G. 麦克雷：《韦伯》，孙乃修译，中国社会科学出版社1989年版，第132—133页。
⑤ 同上书，第133页。
⑥ 同上。

活连同其内在冲动现在也都顺乎合理化和规范化的要求：个体捍卫自我的前提是适应系统捍卫的要求……"①

无论韦伯自身如何挣脱他的"铁笼"，即便成功，那依然是他个人意义上的抵抗。现在的问题是，基于"合理性"所建立的这一切，自然将其自身作为一种信仰既定下来，"合理性被先验地社会化了"，② 在韦伯看来，"……这样一种铁笼：人们的精神被推入其中而没有任何逃脱的希望"。③ 果真如此，现代性似乎走进了一个通往地狱的"天堂"。问题是我们已经走进去了，那是否意味着我们只有被囚禁在其中，还仅仅是在内在的"合理化"之中。

实际上早在 20 世纪初，尼采就曾通过赞赏虚无主义将现代性这一理性外壳的"一切本质都变得空洞无物"④。在这个意义上，他对"现代性是否还有能力独立自主地创造其自身的准则"⑤ 怀有深切的怀疑。韦伯似乎对合理性的蔓延与日益膨胀有一种惊人的预见，他不无悲伤地喊出："没人知道将来会是谁在这铁笼里生活；没人知道在这惊人的大发展的终点会不会又有全新的先知出现；没人知道会不会有一个老观念和旧理想的伟大再生；如果不会，那么会不会在某种骤发的妄自尊大情绪的掩饰下产生一种机械的麻木僵化呢，也没人知道。因为完全可以，而且是不无道理地，这样来评说这个文化的发展的最后阶段：'专家没有灵魂，纵欲者没有心肝；

---

① Horkheimer（1967），96. 转引自［德］哈贝马斯《哈贝马斯文集 第四卷 交往行为理论 第一卷 行为合理性与社会合理性》，曹卫东译，上海人民出版社 2004 年版，第 334 页。

② ［德］特奥多·阿多尔诺：《否定的辩证法》，张峰译，重庆出版社 1993 年版，第 198 页。

③ ［英］尼格尔·多德：《社会理论与现代性》，陶传进译，社会科学文献出版社 2002 年版，第 44 页。

④ ［德］哈贝马斯：《现代性的哲学话语》，曹卫东等译，译林出版社 2004 年版，第 99 页。

⑤ 同上。

这个废物幻想着它自己已达到了前所未有的文明程度。'"①

无论如何"先知"和"老观念"都代表韦伯本人的留恋，现代性有伤口，有磨难，有抹不去的长夜。没有"先知"召唤和"老观念"的照看，"这个废物"不用幻想就"已达到了前所未有的文明程度"，然而现代性并未因此进入黑暗。它只是时而黯淡，时而若明若暗。

---

① ［德］马克斯·韦伯：《新教伦理与资本主义精神》，于晓、陈维纲等译，生活·读书·新知三联书店1987年版，第143页。

第二章

忧郁的波德莱尔

我们先来看一下由英国导演丹尼·博伊尔在1996年执导的电影《猜火车》（*Trains Potting*）的故事梗概。

电影开头，主人公兼画外音叙事者马克·伦顿（伊万-麦克戈雷格饰）说：

"我决定对生活不加选择。我决定去挑选其他的东西。"英国苏格兰爱丁堡的这位二十几岁青年抛弃了雅皮士（城市少壮职业人士）们崇尚的核心家庭、物质财产、领薪水的职业和牙医保险等文化价值。他的反叛态度不单是青年人惯有的忧愁苦闷，而且是对他认为整个病态社会文化的一种极深的不满。他的逃避方法是吸毒。主要是海洛因，其实也吸食能够弄到手的任何毒品。马克的周围有一群"伙伴"，他们都是窃贼、骗子和精神病人，其心理状态比马克的更扭曲。这些伙伴包括脑胼无害的斯珀德，耍两面派的邪恶诈骗艺术家"疯孩子"（他痴迷于第一个扮演007詹姆斯·邦德的性感苏格兰演员肖恩·康纳利），还有极力抵抗海洛因诱惑的恶小伙子汤米，以及专靠打人而感受刺激的疯人贝格比。尽管这种生活方式麻木灵魂、毫无意义，但吸食海洛因使这些青年得以轻松面对社会堕落与混乱。只需注射一针海洛因，一切烦恼便都消失了。然而真实的生活仍然渗入马克靠吸毒维持的那种精神迷糊。事实上，所有这些都使他不由自主地有所成熟。他的伙伴们却还是一如既往，仍旧停留在受毒品麻醉想当罪犯的状态里。马克离开爱丁堡去伦敦寻找新生活。他需要与自己的过去决裂，可是他的那些所谓朋友们会听任马克这样做吗？①

　　凡是观看过影片的人都会感受到，不仅仅是片子当中炫目的超现实主义手法令人震惊，其中表现出的绝望更加震慑人心。颓废是绝望最佳的表现形式，而到 20 世纪末，这种颓废已经在英国的年轻人当中流行，至少《猜火车》所表现的是这样的现实。当时的著名美国影评家罗杰·伊伯特（Roger Ebert）是这样评价这部电影的："那些一度沦入吸毒成瘾阴暗角落的人都知道，一旦毒品带来的快乐消失后，少有的安慰之一便是与其他吸毒者的伙伴友情。滥用毒品将吸毒者与普通人生活隔离开来。吸毒成瘾者无论多么正常地生活，他脑子里总不忘记自己的秘密计划，不忘自己偏爱的毒品要比其他世俗的东西都更重要，如朋友、家庭、工作和性关系。由于无人能够真正像另一名吸毒成瘾者那样理解使用毒品的紧迫，在毒品使用者中间总有一种共同的幽默、绝望和理解，甚至是一种解脱：处于有共同需求的朋友中间没有必要说谎或遮掩。电影《猜火车》深知这种事实的精髓，这部影片被人攻击为宣传吸毒，或被辩护为反对毒品，但事实上它不过是实事求是地反映了现实。它明白吸毒导致一种无法安排、令人筋疲力尽的极不舒服的日常程序，并深知只有两件事情使人能够忍受这种生活：那就是自己偏爱的毒品和其他吸毒者对自己的理解。（《芝加哥太阳时报》，*Chicago Sun*

---

　　① ［加］张晓凌、［加］詹姆斯·季南：《欧洲电影类型　历史、经典与叙事》下册，复旦大学出版社 2014 年版，第 922—923 页。

Times，1996 年 7 月 26 日）"①

我们中国人很少或者根本没有经历过西方那种深深的"文化绝望"，而在西方，正值资本主义上升时期的 19 世纪末，这种"文化绝望"就已经开始了。如果说尼采是更为声嘶力竭的呐喊，那么可以说波德莱尔则提示了这一绝望，用他的行为，用他的诗，用他"恶"的美学。波德莱尔就像《猜火车》当中的吸毒者，将"现代性"的恶当作一种毒品吞食下去，在"现代性"的恶所制造的幻觉中好使自己不被那种"文化绝望"吞噬，以至于形成了"现代性"一个永久的形象——颓废。

第一节　什么样的现代——波德莱尔的疑问

在鲁迅看来当时中国的文化和现实就像一个铁屋子，将所有的国人封在里面。鲁迅是悲观的，他在他的小说集《呐喊》的自序中这样说：

> 假如一间铁屋子，是绝无窗户而万难破毁的，里面有许多熟睡的人们，不久都要闷死了，然而是从昏睡入死灭，并不感到就死的悲哀。现在你大嚷起来，惊起了较为清醒的几个人，使这不幸的少数者来受无可挽救的临终的苦楚，你倒以为对得起他们么？然而几个人既然起来，你不能说决没有毁坏这铁屋的希望。②

在李欧梵看来鲁迅显然和他的时代有些"格格不入"，他认为"在一个充满漫无节制热情的和乐观的时代鲁迅竟有如此阴暗的想

---

① 〔加〕张晓凌、〔加〕詹姆斯·季南：《欧洲电影类型　历史、经典与叙事》下册，复旦大学出版社 2014 年版，第 924—925 页。

② 鲁迅：《鲁迅全集》"呐喊"第 1 卷，人民文学出版社 1981 年版，第 419 页。

象，足以证明他与众不同的心态。一间铁屋子没有窗户可透进一点光亮——的确是一幅黑暗封闭的图像——这就是他所认为的中国文化和社会的恰当的象征。这一明确的信息当然是在号召思想启蒙。但是这一似非而是的比喻还暗示一场不祥的悲剧：那些'较为清醒的人'当他们被惊起的时候，也会和那些'熟睡的人们'一样，得到同样的结果，而鲁迅并不曾指出捣毁这铁屋子的任何途径。随着他的故事情节的开展，'铁屋子'这一主题也在少数清醒者或半清醒者与熟睡的大多数人之间的一系列悲剧性的对抗中得到发挥。这些熟睡者的不觉悟，往往由于他们愚昧的残忍行为而变得更为恶劣。孤独者这一中心形象和群众的对立，揭示出鲁迅对自己的'民族主义'和无法解决的'个人主义'与'人道主义'之间的矛盾，有一种左右为难的感情：换句话说，就是在对社会思想启蒙的责任感和无法克服的个人悲观主义之间深感不安"①。鲁迅认为"启蒙"或许无用，但民族责任感又使他感到深深的自责。从这一点来看，鲁迅虽然是少有的悲观，却没有陷入彻底的"文化绝望"。与鲁迅相比，波德莱尔则看不到一丝希望，或者说他彻底地绝望：

> 当天空像盖子般沉重而低垂，
> 压在久已厌倦的呻吟的心上，
> 当它把整个地平线全部包围，
> 泻下比夜更惨的黑暗的昼光；
>
> 当大地变成一座潮湿的牢房，
> 在那里，"希望"就像是一只蝙蝠，
> 用怯懦的翅膀不断拍打牢墙，

---

① 参见［美］费正清编《剑桥中华民国史 1912—1949 年》上，杨品泉、张言等译，中国社会科学出版社 1994 年版，第 542—543 页。

又向朽烂的天花板一头撞去；

当雨水洒下绵绵无尽的雨丝，
仿佛一座大牢狱的铁栏一样，
当一群无声息的讨厌的蜘子
来到我们的头脑的深处结网，

这时，那些大钟突然暴跳如雷，
向长空发出一阵恐怖的咆哮，
像那些无家可归的游魂野鬼，
那样顽固执拗，开始放声哀号。

——一长列的柩车，没有鼓乐伴送，
在我的灵魂里缓缓前进；"希望"
失败而哭泣，残酷暴虐的"苦痛"
把黑旗插在我低垂的脑壳上。①

波德莱尔的这首"忧郁"，显然比深知在"铁屋"中的鲁迅更为彻底。波德莱尔也是面对 19 世纪末资本主义上升时期的"新世界"，然而"波德莱尔的新是绝望的——和法语里 spleen（忧郁）一词取同一意义——取之于明日的灾难与祸患。'世界就要完了'：波德莱尔日记中被引申最广也是最悲观的一段以此语开头"②。小说《祝福》中祥林嫂曾提出一个惊悚的疑问："一个人死了以后，

---

① "忧郁"，选自［法］波德莱尔《恶之花　巴黎的忧郁》，钱春绮译，人民文学出版社 1991 年版，第 171—172 页。
② ［法］安托瓦纳·贡巴尼翁：《现代性的五个驳论》，许钧译，商务印书馆 2005 年版，第 9 页。

究竟有没有魂灵的?"① 而这个问题对于波德莱尔来说应该是问活着的人。如果作为生者,我们有自己的灵魂,我们把它安放在何处了? 我该把它安放在何处呢? 波德莱尔问,"——我的灵魂难道死了?'难道你已麻木到如此程度,只有在你自己的痛苦之中才感到快乐吗? 如果是这样,那就让我们逃往那些类似死亡的地方去吧……旅行的事由我来办,可怜的灵魂! 我们可以整理行装,前去托尔尼奥。我们还可以去得更远,去波罗的海的尽头;如果可能,还可以再远远地离开尘世生活;我们可以去北极定居。那里,太阳只不过斜斜地掠过大地,昼与夜的缓慢交替消除了一切变化,增加单调,单调等于是一半虚无。在那里,我们可以进行长时间的'黑暗浴',同时,为了给我们解闷,北极光会不时地给我们送来蔷薇色的花束,仿佛地狱烟火的反射光!'终于,我的灵魂开口了,它对我老老实实地叫道:'哪儿都行! 哪儿都行! 只要在这个世界以外!'"② 看来我们也只能把我们的灵魂安放在世界之外的地方了,问题是"现代性"还是否容得下灵魂的存在,或者是为了诗——至少波德莱尔还有诗,所以他有挣扎——而坚守住什么,或者我们仅仅看着手中照片来感叹。

"资产阶级在它的不到一百年的阶级统治中所创造的生产力,比过去一切世代创造的全部生产力还要多,还要大。"③ 不仅如此,马克思还强调:"资产阶级抹去了一切向来受人尊崇和令人敬畏的职业的神圣光环。它把医生、律师、教士、诗人和学者变成了它出钱招雇的雇佣劳动者。资产阶级撕下了罩在家庭关系上的温情脉脉的面纱,把这种关系变成了纯粹的金钱关系。"④ 然而不仅仅是马

---

① "祝福"《鲁迅全集》2 "彷徨",人民文学出版社 1987 年版,第 7 页。

② "在这世界以外的任何地方",选自〔法〕波德莱尔《恶之花　巴黎的忧郁》,钱春绮译,人民文学出版社 1991 年版,第 496 页。

③ 〔德〕马克思、恩格斯:《共产党宣言》,中共中央编译局译,中央编译出版社 2005 年版,第 31 页。

④ 同上书,第 29 页。

克思，与他同时代的波德莱尔也以他的方式感受到了，然而与马克思不同的是，波德莱尔没有感受到一切都是"纯粹的金钱关系"，他把注意力放在了精神的消失上，我们这个时代除了没有头脑地沾沾自喜，可曾问过自己失去了什么吗？我们在"现代性"当中不是这样吗——空洞的"现代"自负，现代人"问问任何一个每天都在他的小咖啡馆里读他的报纸的好法国人进步是什么意思，他会回答说，进步就是蒸汽机，电，煤气照明，这都是罗马人所不知道的奇迹，这些发现充分地证明了我们胜过古人。这个可悲的头脑里是多么黑暗，那里面物质的东西和精神的东西是多么古怪地混在一起啊！这可怜的家伙被他的那些动物至上和工业至上的哲学家们美国化了，以至于失去了区分物质世界和精神世界、自然界和超自然界的概念"①。像在新旧时代更迭时大多数人一样，波德莱尔拒绝这种"进步"的观念，他说："还有一种很时髦的错误，我躲避它犹如躲避地狱。我说的是关于进步的观念。这盏昏暗的信号灯是现代诡辩的发明，它获得了专利证书，却并未取得自然或神明的担保，这盏现代的灯笼在一切认识对象上投下了黑影，自由消逝了，惩罚不见了。谁想看清楚历史，谁就应该首先熄灭这盏阴险的灯笼。这种荒唐的观念在现代狂妄的腐朽土地上开花，它使每个人推卸自己的义务，使每个灵魂摆脱自己的责任，使意志挣脱对美的爱所要求于它的一切联系。如果这种悲惨的疯狂长久地继续下去，人种就要退化，就会枕在宿命的枕头上，陷入衰败的颠三倒四的睡眠之中。这种自命不凡标志着一种已经很明显的颓废。"② 尽管如此，波德莱尔本人还是加入了"颓废"的行列，并非因为他赞同了这一"进步"，而是他对"进步"的破灭，对文化的绝望。

---

① ［法］波德莱尔：《美学珍玩》，郭宏安译，上海译文出版社 2009 年版，第 235 页。
② 同上。

谁能照亮一片昏暗而污浊的天空？
谁能划破这没有夜晚、
没有早晨、没有繁星、连阴郁的闪电都潜去影踪、
比树脂更浓重的黑暗？
谁能照亮一片昏暗而污浊的天空？

闪耀在客栈玻璃窗上的希望
忽然破灭了，永远地归于破灭！
没有月色，没有亮光，上哪儿去找个地方
让彷徨歧路的受苦人过夜！
魔鬼竟扑灭了闪耀在客栈玻璃窗上的一切希望！①

　　波德莱尔最早认识到"现代性"，同时也对"现代性"失望。他那关于现代人的描述被誉为最为贴切、形象，以至于无论在任何时候，我们只要想到给现代人画像，都不得不回顾波德莱尔笔下的那个人物："他就这样走啊，跑啊，寻找啊。他寻找什么？肯定，如我所描写的这个人，这个富有活跃的想象力的孤独者，有一个比纯粹的漫游者的目的更高些的目的，有一个与一时的短暂的愉快不同的更普遍的目的。他寻找我们可以称为现代性的那种东西，因为再没有更好的词来表达我们现在谈的这种观念了。对他来说，问题在于从流行的东西中提取出它可能包含着的在历史中富有诗意的东西，从过渡中抽出永恒。"② 从此"现代性"几乎通俗地被这样"定义"，关键是"现代人"的形象几乎在这里定格。波德莱尔描述的是一种状态，而不是一种希望。在安托瓦纳·贡巴尼翁看来，"对于普遍认

---

　　① "不可救药的悔根"出自诗集"忧郁与理想"，选自［法］波德莱尔《波德莱尔诗全集》，胡小跃编，浙江文艺出版社 1996 年版，第 86 页。
　　② "现代性"，选自［法］波德莱尔《1846 年的沙龙：波德莱尔美学论文选》，郭宏安译，广西师范大学出版社 2002 年版，第 424 页。

为是由他创造的这一现代性，波德莱尔的态度是矛盾的，他对美重新消失感到高兴，但同时，他又对其消失予以抵触，就像是面临着一条死胡同，面临着与他所厌恶的现代化和世俗化联系在一起的某种衰败"。[①] 科学的发展，技术的进步曾经创造了 19 世纪那个激动人心的年代，马克思说 "瓦特的伟大天才表现在 1784 年 4 月他所取得的专利的说明书中，他没有把自己的蒸汽机说成是一种用于特殊目的的发明，而把它说成是大工业普遍应用的发动机。他在说明书中指出的用途，有一些（例如蒸汽锤）过了半个多世纪以后才被采用。但是他当时曾怀疑，蒸汽机能否应用到航海上。1851 年，他的后继者，博耳顿—瓦特公司，在伦敦工业展览会上展出了远洋轮船用的最大的蒸汽机[②]。然而这一结果被波德莱尔同时代的经济学家怀疑，"约翰·斯图亚特·穆勒在他的《政治经济学原理》一书中说道：'值得怀疑的是，一切已有的机械发明，是否减轻了任何人每天的辛劳'"。[③] 答案是否定的，"1834 年，维尔纳夫—巴热蒙公布了一份关于贫困的调查书。在南特，盖潘博士指出，工人居住在污秽不堪的破屋里，身体受到摧残。维勒梅博士对机械化程度最高、最集中的部门即纺织业中的劳动者进行了广泛调查，他得出的结论比他的前辈更触目惊心，'贫困化'几乎要从肉体上消灭工人阶级。一个男人一天至少劳动十三小时才能挣得两个法郎，而妇女只能挣二十个苏，儿童只挣十个苏，一公斤面包卖三十生丁，一套男人的衣服卖八十法郎。60% 的青年工人由于体力不足而被征兵审查委员会除名。工厂工人的平均寿命不超过三十年"。[④] 如果按此书的译者给出

---

① ［法］安托瓦纳·贡巴尼翁：《现代性的五个驳论》，许钧译，商务印书馆 2005 年版，第 19 页。

② ［德］马克思：《资本论》第 1 卷，中共中央马克思恩格斯列宁斯大林著作编译局译，人民出版社 2004 年版，第 434 页。

③ 同上书，第 427 页。

④ ［法］皮埃尔·米盖尔：《法国史》，蔡鸿滨、张冠尧译，商务印书馆 1985 年版，第 350—351 页。

的换算值，一个儿童每天劳动十三个小时能赚一公斤面包。这与马克思所调查的资料是吻合的："……无论孩子或成年人（152 个儿童和 18 岁以下的少年，140 个成年人）平均每周至少要干 7 天零 5 小时即 78$\frac{1}{2}$小时。在今年（1863 年）5 月 2 日以前的 6 周内，平均时间更长了，每周达 8 天即 84 小时！"① 这是一个让文明人无法想象的生存状态，用罗素的话说，"这些事实不仅让那些充满激情的工人阶级读者愤怒，同时也让那些还没有完全丧尽天良的资本所有者羞愧难当"。② 这样的事实更让像波德莱尔这样诗人难以忍受。波德莱尔的诗塑造了许多巴黎的穷人，成了巴黎曾经被遗弃的一道风景，如果你抬眼望去，你就会看到"波德莱尔笔下的那家衣衫褴褛的穷人从瓦砾背后走出来，站在这景象的中心。麻烦不在于他们感到愤怒或提出要求。麻烦只是在于，他们不愿走开。他们也想有一个有灯光的地方"③。是的，这些一生都待在黑暗里的人们，看到波德莱尔走过去，和他们一起待在黑暗里。他从未离开过，只是偶然把黑暗收集起来，一首一首地讲给路过的人们，然后传诵，好让这一切成为"现代性"抹不去的记忆。

在安托瓦纳·贡巴尼翁看来，"波德莱尔的现代性打一开始就是模棱两可的，因为他的现代性是对社会的现代化与工业革命等作出的反应。美学的现代性就其本质而言是以否定性加以定义的：它否定资产阶级，谴责艺术家在低级趣味主宰下的庸俗且守旧的世界中被异化。为此，要求有一种自主、无用、无偿且论战性的艺术，让资产者为之愕然，就其参与现时的意愿而言，这一要求也是模棱

① 《马克思恩格斯全集》第 44 卷、《资本论》第 1 卷，人民出版社 2001 年版，第287 页。
② ［英］罗素：《自由之路（上）》，李国山等译，文化艺术出版社 1998 年版，第24 页。
③ ［美］马歇尔·伯曼：《一切坚固的东西都烟消云散了——现代性体验》，徐大建、张辑译，商务印书馆 2003 年版，第 195—196 页。

两可的。现代性将其二重性投射到他者，即资产者身上，正如瓦莱里所言，在资产者身上，'艺术家发现并定义了其对立面。此外，人们还给现代性强加了一些矛盾的特性，因为人们让现代性成了常规的奴隶，同时又成了进步的荒谬信徒'。在这种二重性或双重性中，现代性的命运就这样被决定了"。① 是的，现代人接受这两个方面：一方面认为"现代性"本身似乎就规定了自身，即"现代性"本身就自然成了一种规定性，我们所做的努力既让生活显得"与众不同"，同时一定要进入常规；另一个方面就是"进步"是永远的主题，只要时间推移，"新的"出现，一切就都是在进步。除了"现代性"本身的双重性之外，波德莱尔也同时进入艺术与现实的双重性。黑格尔曾经想过艺术让思想在其中和解，但最终他选择了哲学。尼采在摧毁理性之后，也曾希望艺术能够形成一种新的思考。作为诗人的波德莱尔更加希望艺术去完成它永远不可能完成的任务——去抵御宗教和世俗那些虚伪的道德，换句话说就是要创造真正的真实。这让人想到了尼采。不出所料，尼采赞赏波德莱尔，尼采说："……夏尔·波德莱尔，他也是首先了解德拉克罗瓦的人，典型的颓废派，整整一代艺术家，都在他身上重新发现了自己。"② 恩斯特·贝勒尔也指出波德莱尔对尼采的影响："尼采在写作《善与恶的彼岸》时曾仔细研读过他的作品。尼采的游戏概念形成于为艺术而艺术（l'art pour l'art）的时期，这表明这个概念从法国引申而来，尼采本人也是这样认为的。然而，这个概念指的是审美的独立性，指的是把艺术与艺术之外的所有其他东西分离开来……"③ 所以波德莱尔才说，"现代性就是过渡、短暂、偶然，

① ［法］安托瓦纳·贡巴尼翁：《现代性的五个驳论》，许钧译，商务印书馆2005年版，第19页。

② "瞧！这个人"，选自［德］尼采《尼采文集　权力意志卷》，周国平等译，青海人民出版社1995年版，第259页。

③ ［德］恩斯特·贝勒尔：《尼采、海德格尔与德里达》，李朝晖译，社会科学文献出版社2001年版，第98页。

就是艺术的一半，另一半是永恒和不变"。① 在波德莱尔看来，"现代性"必须有"艺术的一半"，其实"现代性"本身就是从艺术的角度提出的。马泰·卡林内斯库清晰地阐释过波德莱尔的"现代性"："现代性不仅仅是在其现时性、短暂特异性和瞬息内在性中被把握的现时，或《现代生活的画家》的作者带着微妙的悖论所说的'现时记忆'（la memoire du présent），在美学上，它还是美（这种美甚至可以在邪恶与恐怖事物中见到）的某种更广泛特性，实际上就是不能从以往大师们那里学到或模仿到的美的本质性的一半，它只能靠人们自己去发现，靠他们感觉的敏锐性，靠他们对新事物的孩子式感受力，靠他们'持久而快乐'的好奇心——艺术的这一半是真正神奇的，它允许人们从现实中提取'变幻无常'（phantasmagoric）的东西。"② 这一定会被尼采认为是一种真正的"认识"而拒绝"理性"的任何参与，包括曾经的因袭，也将不被当作学习的内容，一切都出自一个艺术家本真的"认识"。无论波德莱尔是否受了印象派绘画的启发，这种"从现实中提取'变幻无常'（phantasmagoric）的东西"对艺术的思考是一个绝对的启迪。不仅仅是艺术，这一思维方式竟成了"现代性"本身的一种状态，或者说"现代性"所惯用的大脑。所以"保罗·瓦莱里指出，那些也许较波德莱尔伟大的诗人（浪漫派的拉马丁、缪塞、雨果、维尼）只在法国被阅读，而随着波德莱尔，法国诗歌使它被全世界阅读；它把自己作为现代性的诗歌而强加于人"③。

可以说波德莱尔不仅定义了"现代性"，又将"现时"这一认识问题的方式以"现代性"的名义扩展到了这一概念能够扩展的全

---

① "现代性"，选自［法］波德莱尔《1846 年的沙龙：波德莱尔美学论文选》，郭宏安译，广西师范大学出版社 2002 年版，第 424 页。

② ［美］马泰·卡林内斯库：《现代性，现代主义，现代化——现代主题的变奏曲》，顾爱彬、李瑞华译，选自汪民安主编《现代性基本读本》上，河南大学出版社 2005 年版，第 251 页。

③ 同上书，第 252 页。

部领域。正如马泰·卡林内斯库所指出的，"从波德莱尔到本雅明乃至以后，现代性概念显示出了容纳任何一种对现时及其意义的哲学解释的能力，无论这种解释是美学、道德、科学、技术的，还是更广义的历史—社会的，也无论它是积极的（现代性是好的、合乎愿望的）还是消极的（现代性是创伤的或'悲剧'性的，必须被忘记或被超越）"。①

第二节　恶的深处——救赎

上帝在疲倦的时候无意中播下了一颗"恶"的种子，之后他便小睡了一会儿，等他醒来的时候又后悔了，于是他给了这种子一颗善良的心。这颗种子就是波德莱尔。用波德莱尔的话说，"在任何人身上，在任何时刻，都同时有两种诉求，一种指向上帝；另一种指向撒旦。呼吁上帝，或精神性，是上升的渴望；呼吁撒旦，或兽性，是沉沦的欢乐"。②

就个人而言，波德莱尔无论是以怎样的愤怒与憎恨面对世界——当然他同时又呈现出他全部的爱，但就他内心来讲却是十分脆弱的。"父亲60岁时娶了孤女卡罗琳，她当时还不满30岁，夏尔是他们钟爱的儿子，父亲常常带着孩子散步给他讲各种丰富多彩的知识，给小夏尔的脑海中打下了不可磨灭的印记。6岁时，父亲死了；7岁，母亲改嫁，这是波德莱尔心灵上最初的也是永不愈合的创伤。"③ 这并非人世间极为特殊的经历，但却使波德莱尔的内心无法承受，"他崇拜他的母亲；他被迷住了，备受尊重和关怀，

---

① ［美］马泰·卡林内斯库：《现代性，现代主义，现代化——现代主题的变奏曲》，顾爱彬、李瑞华译，选自汪民安主编《现代性基本读本》上，河南大学出版社2005年版，第252—253页。

② ［法］萨特：《波德莱尔》，施康强译，北京燕山出版社2006年版，第20页。

③ ［美］玛丽·斯帕恩：《世界历代禁书大全》，肖峰译，上海书店出版社1995年版，第427—428页。

还不知道自己是作为一个人而存在的，不过他感到有一种原初的、神秘的休戚与共关系把他与母亲的身体和心灵连成一体；他迷失在他们的相互爱恋之情的甜蜜与温柔之中；他俩只有一个家宅，一个家庭，配成乱伦的一对。他后来在给她的信中写道：'我始终活在你身上，你是惟一属于我的。你既是偶像，又是同志'。"① 这对弗洛伊德来说可能是再正常不过的"思想"，却影响了波德莱尔的一生。"一八二八年十一月，这个被如此热爱的妇人再嫁给一名军人；波德莱尔于是被寄养在别人家里。他那个有名的'裂痕'，始于此时。关于这件事，克雷佩引用了布依松一个意味深长的看法：'波德莱尔是个非常娇嫩、纤细、独特、柔弱的灵魂，遇到生活中第一个撞击便破裂了。'在他的生命中有一个事件他不能承受：他的母亲再嫁。提起这件事，他的话总是说不完，而他那可怕的逻辑永远可以归结如下：'一个人若有个儿子像我这样——"像我这样"是心照不宣的——此人就不会再婚。'"② 他将愤怒、憎恨和不解一股脑地带入了他的生活、对人的态度，带入他整个人生。然而在萨特看来，"虽然在不断的反抗中，他根本不是一个革命者，况且一直流露出内疚的迹象。波德莱尔在反抗继父的时候，从未产生过毁灭家庭的念头。萨特的看法是，波德莱尔始终童心未泯。他的父母变成可恶的偶像，可是他也无从逃脱。他讨厌独自一人，哪怕只有一时半晌。他想惊骇父母，不过萨特并不确信，波德莱尔怀有恋母这层意义上的俄狄浦斯情结。他从未挑战他的评判者的神圣品格。母亲肯定是波德莱尔感到有所眷恋的唯一人物。他喜欢安排和母亲在博物馆里秘密见面，萨特说道，波德莱尔一直以貌似罪人的形象表现自己。波德莱尔'是一个长不大的孩子，一个中年的青少年，始终生活在暴怒和憎恶状态中，虽然处于他人警惕而又令人宽心的保护之

---

① ［法］萨特：《波德莱尔》，施康强译，北京燕山出版社2006年版，第2页。
② 同上。

下'（马丁·特纳尔英译本《波德莱尔》，1950，第66页）"①。就连他的传记作者克洛德·皮舒瓦和让·齐格勒也认为，齐格勒时常想"破坏"，齐格勒引用波德莱尔的话说，"人们总是想破坏。假如一切自然的事都是合法的，那么这一爱好是合法的"。②

　　无论波德莱尔的个人生活给予他后来行为以怎样的源泉，对于他个人来说，生命的河水都是污浊不堪。那是他调皮的性格和放浪行径的结果。他只喜欢往那条河中撒尿，这还不够，他还到处找些垃圾扔进去，直到让这条河臭气熏天他才暗自欣喜。"他看待自己时，怀有一种如此强烈的恐惧，结果他的一生，可以视为漫长的一系列惩罚，迫使自己承受。他开始使自己变得令人憎恶——举例来看，他千方百计促使人们相信，他是一个鸡奸者。他曾经说过：'当我激起天下恐惧和厌恶的时候，我就征服了寂寞。'萨特认为，波德莱尔和青楼相好生活在污泥浊水中，并且身患梅毒，这是他自我惩罚的一个阶段。依照波德莱尔的说法，幸福的人已经失去精神紧张，同时已经堕落。波德莱尔决不会获得幸福，因为他认为幸福违背道德。痛苦，他说道，乃高尚品格。他的痛苦使得自身能够采取并不存在于这个世界的姿态。他的精神品质是彻底否定的。他将自身等同于撒旦，但是萨特认为，撒旦无非只是倔头倔脑，性情乖戾的儿童的一个象征。"③萨特写道："波德莱尔在内心最深处把自己等同于撒旦。可是，人的骄傲从未如贯穿在那个始终被窒息，始终被压制，却响彻波德莱尔作品的那声呼叫中表达得那样深远'我是撒旦！'可是，说到底，撒旦又是什么呢？无非是不听话的、赌气的儿童的象征，他们要求父亲的目光把他们凝固在他们的特殊本

　　① ［美］雷纳·韦勒克：《近代文学批评史　第八卷》，杨自伍译，上海译文出版社2009年版，第264—265页。
　　② ［法］克洛德·皮舒瓦、让·齐格勒：《波德莱尔传》，董强译，上海人民出版社2007年版，第329页。
　　③ ［美］雷纳·韦勒克：《近代文学批评史　第八卷》，杨自伍译，上海译文出版社2009年版，第266页。

质中，他们在善的框架中作恶以便肯定他们的特殊性并使别人确认。"① 为了引起"大人"的注意，波德莱尔一生都在"扮演"一个坏孩子，他喜爱这一形象胜过演员喜爱他的角色，尽管为此付出高昂的代价也在所不惜。只不过波德莱尔将他之外的所有人当作"大人"，这个孩子要做一些"恶"的事情吓坏所有人，然而他没有"恶"的"思想"——因为孩子的本真并不知道怎么去作恶，他冷漠是因为过于自我，而他并不知道那个"自我"只是要攫取他人的目光因此等同于没有"自我"。尽管如此，如果不是波德莱尔有颗艺术的心，他很可能会成为法国的什么杰克②。波德莱尔的孩子气还在于他故意将自己打扮得"高贵"，这与孩子"装扮"成大人有同样的心态。在萨特看来，"波德莱尔毫无自然禀性；他的纨绔作风流于礼俗，表明了一种自我崇拜。他培养了一种特殊的神宇，自视为精英阶层的一员，如同福楼拜，洛特雷亚蒙伯爵，兰波以及凡·高。萨特援引福楼拜的例证作为佐证：他规定了这么一个假设条件：应该逃脱资产阶级，而加入某种虚构的寄生贵族。波德莱尔同样如此，认为自己理所当然而且应该受到供奉，因为有过去的那些作家，特别是埃德加·爱伦·坡"③。在波德莱尔这个"孩子"看来，一切被"大人"看作虚荣浮华的东西，对于他来说越是能吸引人的"动力"，他对"浪荡子"推崇备至，仿佛能照亮他整个人生："浪荡作风甚至不像许多头脑简单的人以为的那样，是一种对于衣着和物质讲究的过分的爱好。对于彻头彻尾的浪荡子来说，这些东西不过是他的精神的贵族式优越的一种象征罢了。"④

---

① ［法］萨特：《波德莱尔》，施康强译，北京燕山出版社 2006 年版，第 71 页。

② 这里的杰克即"开膛手"杰克，是指 1888 年 8 月 7 日到 11 月 8 日间，于伦敦东区白教堂一带以残忍手法连续杀害至少五名妓女的凶手代称。

③ ［美］雷纳·韦勒克：《近代文学批评史　第八卷》，杨自伍译，上海译文出版社 2009 年版，第 267 页。

④ "浪荡子"，选自［法］波德莱尔《现代生活的画家》，郭宏安译，浙江文艺出版社 2007 年版，第 88 页。

他称"浪荡作风是英雄主义在颓废之中的最后一次闪光"① 等等。"对于波德莱尔而言，纨绔作风代表着一种高于诗歌的上层理想。纨绔作风之于他，乃是一个自杀俱乐部，即某种'永久性自杀'的实施。他的头发染色卷曲，戴着粉红眼镜，衣着方面显示出一种女性趣味。大家都以为，波德莱尔属于城市中人，置身人群之中，但是其实他对人群惧怕不已。他极端腼腆，从来就是一个失败的演讲者。但是他依然认为，自己是一个失去社会地位的人，一个波希米亚人；他给自身的定位，不是高于而是低于资产阶级。波德莱尔亲自化装而改形象，以便让自己大吃一惊。"② 或许这更具"现代性"，是"现代性"最为直观且只能向人展示肤浅而耀眼的那一部分，是无论付出什么也不得不拥有的那一部分。或许这更具"艺术范儿"，如果说现代艺术有其浮夸那一面的话。

波德莱尔描述的"现代性"一半是对艺术的感受——或者他直接将"现代性"说成"一半是艺术的"，这可能来源于对印象派的"印象"，尽管他喜欢德拉克洛瓦；另一半则是来源于对"现实"的感受。在萨特看来，这都源于波德莱尔"看"世界的方式："波德莱尔的原初态度是个俯身观看者的态度。俯向自身，如同那喀索斯。在他身上，没有任何直接意识不为一道犀利的目光所穿透。对于我们其他人来说，看见树和房子就够了；我们全神贯注于观看树和房子，忘却了自身。波德莱尔是从不忘记自身的人。他看着自己看见了什么；他看是为了看见自己在看；他观看的是他对树和房子的意识，物件对于他只有透过他的意识才能呈现，显得更苍白、更小、不那么感人，就像他透过观剧镜看到它们似的。物件并不彼此指示，如同箭头指明道路，书签指明书页，而波德莱尔的精神从不

① "浪荡子"，选自［法］波德莱尔《现代生活的画家》，郭宏安译，浙江文艺出版社 2007 年版，第 92 页。
② ［美］雷纳·韦勒克：《近代文学批评史 第八卷》，杨自伍译，上海译文出版社 2009 年版，第 267—268 页。

迷失在物件组成的迷宫里。相反，物件的直接使命是把意识发回它自身。"① 这个"我"是通过另一个"我"来进行观察的。换句话说，波德莱尔是通过观察"自我"来"看"这个世界，他不"直接观看"巴黎，而是"看"那个"观看"巴黎的自我——那个叫波德莱尔的自我。他一边通过那个自我"观看"巴黎，一边"观察"自我的"观看"。所以"他写道：'位于我之外的真实是个什么样子又有什么关系呢，只要它能帮助我活着，让我感到我存在着，感到我是什么'"②。这绝不是贝克莱式的"感知"，因为贝克莱是把审视到的那个作为对象的"自我"和"审视者"混淆了，或者说在贝克莱那里，根本只有一个"感知"的存在。而在波德莱尔这里"审视者"和被审视的"自我"永远是分离的，因为这个"审视者"是通过被审视的"自我"才能"观看"世界，而被"观看"到的世界永远是在"自我"当中的。所以如果这个世界是罪恶的，那么"审视者"看到的可能是"自我"的罪恶，所以这也就是为什么波德莱尔终其一生都认为自己是有罪的。关于这一点，萨特借助克雷佩的观点这样说："克雷佩先生在他为《恶之花》写的传记性导言中很有见地地指出：他的一生中是否有过时间不能抹掉的过失？在人们对他的一生做了那么多的调查之后，很难相信会有此等事。然而他把自己当罪人看待，自称'在各方面'都有罪。他揭发自己'有责任和所有道德义务的观念却又始终背叛它们'。"③ 波德莱尔能否背负这个世界的原因是一回事，而他作出怎样的选择又是另一回事。他选择了背负，因为他作为"审视者"看到了那个由他的"自我""观看"到的社会就是罪恶的，他与世界之间的状态和我们不一样。"波德莱尔与世界之间存在一个原初距

① ［法］萨特：《波德莱尔》，施康强译，北京燕山出版社 2006 年版，第 6—7 页。
② 同上书，第 7 页。
③ 同上书，第 26 页。

离，它不同于我们与世界之间的距离；在物件与他之间始终隔着一种有点潮湿、气味很大的半透明性，犹如夏日热空气的颤动。而这个被观察、受窥视，在其完成自己的习惯操作的同时感到自己被观察的意识，在同一过程中便与在成人眼皮底下游戏的儿童一样，失去其自然。此一为波德莱尔如此仇恨，如此遗憾的'自然'，在他身上根本不存在：一切都掺了假，因为一切都受到侦查，最小的情绪波动，最弱的欲望在其诞生时已被观看、解读。……波德莱尔深刻的特殊性，在于他是一个没有直接性的人。"① 这种"间接性"——虽然这样说并不准确——使得他不可能与"真正"世界产生距离，所以他只能将"审视者"看到的"自我""观看"到的世界照单全收。这使得他只能背负这个世界的肮脏和丑恶，在堕落与救赎之间苦苦而无望地挣扎。这也就理解了为什么他在诗集《恶之花》的开篇诗"致读者"中就将自己和世界推到了一个无望的悬崖边：

> 愚蠢和错误，还有罪孽和吝啬，②
> 占有我们的心，折磨我们的肉身，
> 我们在培养我们喜爱的悔恨，
> 就像乞丐们赡养他们的白虱。
>
> 我们的罪孽顽固，我们的后悔无力；
> 我们想让我们的忏悔获得厚报，
> 我们快活地走回泥泞的小道，
> 以为廉价的眼泪会洗尽一切污迹。

---

① ［法］萨特：《波德莱尔》，施康强译，北京燕山出版社 2006 年版，第 7 页。
② 这些可憎的动物象征现代人的卑劣的罪恶。

三位伟大的魔王①在恶之枕边，
总把我们迷惑的精神摇入睡乡，
而我们的意志，像贵金属一样，
被这位高明的化学师化成轻烟。

正是恶魔，拿住操纵我们的线!②
我们从可憎的物体上发现魅力；
我们一步步堕入地狱，每天每日，
没有恐惧，穿过发出臭气的黑暗。

像一个贫穷的放荡子，狂咬狂吻
一个老妓女的受折磨的乳房，
我们一路上把秘密的欢乐偷尝，
拼命压榨，像压榨干瘪的香橙。

一群恶魔，仿佛数不清的蛔虫，
麇集在我们的脑子里大吃大喝，
我们一透气，死亡，看不见的大河，
就发出低沉的呻吟，流进我们肺中。

如果匕首、毒药、放火以及强奸，
还没用它们那种有趣的构图
装点我们可怜的命运③的平凡画布，

---

①　三位伟大的魔王，即智慧、学问、魔术、炼金术之神，古代希腊人对埃及大神托特的尊称。

②　波德莱尔在 1860 年 6 月 26 日写给福楼拜的信中说："我对于人类的某种突然的行动和思想总不能不假定为人类外部的邪恶之力的介入来理解。"这种邪恶之力即指恶魔。

③　命运，指不能成为大罪人的、可怜而平凡的命运。

那是由于我们的心，唉，不够大胆。①

可是，就在那些豺狼、豹子、猎犬、
猴子、蝎子、秃鹫、毒蛇②，就在那些
在我们罪恶的污秽的动物园里
尖啼、怒吼、噪叫、爬行的怪物里面，

却有一只更丑、更凶、更脏的野兽！
尽管它不大活动，也不大声叫嚷，
它却乐意使大地化为一片瓦砾场，
在它打哈欠时，一口吞下全球。

这就是无聊！③ ——眼中噙着难忍的珠泪，
它在抽水烟筒④时梦见断头台。
读者，你认识它，这难对付的妖怪，
——伪善的读者，⑤ ——我的同类，——
我的兄弟！⑥

波德莱尔"审视"了"自我"也"审视"了世界，同时也揭示了"现代性"的罪恶与无力。所以在内心当中，波德莱尔总是在

---

① 这个主题在第十八首诗《理想》中得到发挥。
② 这些可憎的动物象征现代人的卑劣的罪恶。
③ 无聊，一种世纪病，即厌倦、厌恶、萎靡不振、失意、忧郁等，为缠住浪漫派诗人的妖怪。下文指出读者也受到它的纠缠。
④ 水烟筒，从印度传入西方的烟具。
⑤ 不仅诗人自己，读者也是伪善者。
⑥ 此行诗令人想到拉马丁的《信仰》中的诗句："像我一样的人，我的友伴，我的兄弟。"英国诗人托马斯·艾略特的名诗《荒原》第七十六行曾引用此行诗句。"致读者"，选自［法］波德莱尔《恶之花 巴黎的忧郁》，钱春绮译，人民文学出版社1991年版，第5—7页。为了更好地理解这首诗，将书的注解一并引入。

忏悔且表现出深深的无助。托·斯·艾略特认为，"十九世纪中叶是（最多也只是）歌德所预见到的时代，是一个吵吵闹闹、充满种种设想、探讨、科学进步，以及丝毫无济于事的人道主义与革命的时代，一个不断堕落的时代；这样一个时代，波德莱尔认识到真正重要的是罪和赎罪。他能诚实地走多远，他就走多远，这是他的诚实的一个证明。波德莱尔具有这样一颗心灵：它细心地观察伏尔泰（伏尔泰……看门人的传教士）之后的法国社会，对'小拿破仑'统治的世界看得比维克多·雨果还要清楚，同时对当时的圣绪尔比斯修道会没有任何亲近感；对于这样一颗心灵，认识到罪过的存在是一种新生活的开始；在一个充满选举改革、公民投票、性改革和服装改革的世界里，受到诅咒的可能性是一个巨大的解脱，因此诅咒本身成了一种直接得救的形式——从现代生活的倦怠中解脱出来，因为它最终给了生活以某种重要意义。我相信这正是波德莱尔所要表现的，也正是这一点使波德莱尔不同于拜伦和雪莱的现代新教。占据波德莱尔心灵的，表面上是斯温伯恩所指的那种罪，但实际上却是基督教永恒意义上的罪"。① 艾略特在这里区分了斯温伯恩和波德莱尔。斯温伯恩这位与波德莱尔几乎同时期的英国诗人，简直就是波德莱尔的2.0版。在卡米拉·帕格利亚看来，"通过将圣母置入一段乱伦的罗曼史中，他将雪莱从日神转向阴暗冥界"。② 在性和暴露等方面的描写他决不输给波德莱尔，"他不放过每一件生物学武器，来武装他的邪恶面具。维纳斯是性侵略者，'哦，她搂着我躺下，她的嘴分开我的唇齿，直入我的嘴内，如同灵魂注入躯体'"。③ 然而斯温伯恩所指的罪，只是在"形象"之中的，没有

---

① ［英］托·斯·艾略特：《现代教育和古典文学：艾略特文集·论文》，李赋宁、王恩衷等译，上海译文出版社2002年版，第196—197页。

② ［美］卡米拉·帕格利亚：《性面具　艺术与颓废：从奈费尔提蒂到艾米莉·狄金森》下，王玫等译，内蒙古大学出版社2003年版，第495—496页。

③ 同上书，第500页。

在世界之内。所以"T. S. 艾略特评论斯温伯恩的诗歌说：'对象不再存在，因为意义仅只是幻觉的意义，因为这些无根的语言，把自身投入一个无滋养物的、不可依靠的生命之中'。"① 卡米拉·帕格利亚也强调说："我特意提出斯温伯恩缺乏唯美主义，这在晚期浪漫主义艺术家中是特异的。在斯温伯恩的诗中，客观对象确实不存在，因为同样的原因，在他的生活中具象艺术也不存在……斯温伯恩无根的语言是晚期浪漫主义的一个特征……意象从社会和道德体系中分离出来，成为无具体内容的纯粹的形式。"② 英国颓废派用形式将"罪"的空壳推向了高峰或许展示了"现代性"的"反面"——以区别波德莱尔作为"现代性"另一面——虚假的"现代性"。波德莱尔则是纯粹的真实，他无时无刻不在宣布自己的"罪"，以便让"现代性"感到羞愧。难道"现代性"不该自责吗？在它所创造的一切面前，在不仅仅是以它的名义所做的一切面前。或者它应该为它自己踏上"现代"这一不归路而感到无奈或忧郁。

第三节　恶的花朵——善的果实

萨特说："波德莱尔是这样一个人，为了观看自己，他选择了把自己好像当作另一个人，他的一生，只是这一失败的历史。"③ 但泰奥菲尔·戈蒂耶不这样认为，在他看来人们对波德莱尔的看法主要是由偏见构成的："人们想方设法将这位诗人描写成恶魔，说他的品性中满是罪恶与堕落的东西（关于文学上的表现，但愿能得到正确的理解！）。实际上，他最懂得热爱和钦敬别人。人所共知，撒旦的突出特点是，他不能敬重或热爱人家。光明会伤害他，荣耀

---

① ［美］卡米拉·帕格利亚：《性面具　艺术与颓废：从奈费尔提蒂到艾米莉·狄金森》下，王玫等译，内蒙古大学出版社2003年版，第506页。
② 同上。
③ ［法］萨特：《波德莱尔》，施康强译，北京燕山出版社2006年版，第10页。

对他来说是不可置信的景象。于这些，他要以蝙蝠似的翅膀遮盖住自己的双眼。然而，即使在狂热的浪漫主义时代，也没有人像波德莱尔那样，对大师们表示了那么崇高的敬意和赞美之情。他总是毫不迟疑地给予那些值得赞扬的人们以合理的赞扬，没有因此而产生做学生的卑屈感，也没有迷信盲从的成分；因为，他自己就是一位大师，有自己的王国，自己的臣民，自己的珍贵创造物。"① 看来波德莱尔这朵恶的花朵却结出善的果实，所以有人看到了"花"，有人看到了"果实"。

"我有一种幸福的个性，我可以从恨意中感到快乐，可以从蔑视中找出赞美。我对蠢事那种恶魔般的激情喜好，使我在歪曲的诽谤中找到了快乐。"② 波德莱尔毫不掩饰地表达了自己"受虐狂"的倾向。萨特认为："确实无疑，波德莱尔从他的过失中感到快乐。不过需要解释这种快乐的性质。当勒梅特尔补充说波德莱尔主义乃是'智力和感情伊壁鸠鲁主义的最高努力'时，他完全搞错了。对于波德莱尔来说，问题不在存心加强自己的快乐；他甚至可以真诚地回答说，相反的，他败坏了自己的快乐，他连想都没有想过如伊壁鸠鲁主义者那样去寻求快乐。"③ 伊壁鸠鲁哲学的主旨是通过简单的特质生活去追寻精神的快乐。他说："当我靠面包和水而过活的时候，我的全身就洋溢着快乐；而且我轻视奢侈的快乐，不是因为它们本身的缘故，而是因为有种种的不便会随之而来。"④ 所以罗素说伊壁鸠鲁更重视心灵的快乐："他告诉我们说，心灵的快乐就是对肉体快乐的观赏。心灵的快乐之唯一高出于肉体快乐的地方，就是我们可

---

① ［法］泰奥菲尔·戈蒂耶：《回忆波德莱尔》，陈圣生译，辽宁人民出版社 1988 年版，第 14—15 页。

② ［法］菲利普·索莱尔斯：《情色之花》，段慧敏译，南京大学出版社 2010 年版，第 82 页。

③ ［法］萨特：《波德莱尔》，施康强译，北京燕山出版社 2006 年版，第 50 页。

④ ［英］罗素：《西方哲学史》（上），何兆武、李约瑟译，商务印书馆 1963 年版，第 307 页。

以学会观赏快乐而不观赏痛苦；因此比起身体的快乐来，我们就更能够控制心灵的快乐。"① 但是罗素也指出伊壁鸠鲁是"最早提出了一个人被鞭挞的时候也可以幸福的……"② 然而勒梅特尔真的"完全搞错了"，还是萨特没有去了解"受虐癖"的内在含义？勒内·基拉尔提出了"介体"的概念。"介体"是在"主体"和"欲望"之间的一个媒介，我们还是先看看他关于主体与欲望之间一个形象的比喻，以此来理解"介体"："某人认为有宝物藏在石头下，他翻了一块石头，又翻一块石头，一无所获。这样徒劳地翻找，他感到太累了，可是又舍不得放弃，因为宝物太珍贵。他于是决定找一块重得抬不动的石头，他把希望全赌在这块石头上，他要在这块石头上耗尽最后的气力。"③ 如果我们注定要失败，我们无法或根本不去接受这一失败的结果呢？我认为那就会产生心理学意义上的"固着"状态。"弗洛伊德则进一步提出'固着'的概念：固着是一种一旦人们在某一发展阶段受到某种心灵创伤，这部分心理力量就停留在这一阶段而得不到释放的现象。也就是说，固执观念是一种强迫性思考的心理学概念，固着则是一种具备时间性的发展性概念。"④ 这种"时间性的发展性"对个体而言没有一个准确期限，换句话说它可能是一生。关键是我们的行为。在勒内·基拉尔看来，如果我们无法接受注定的失败，那么我们就会去寻求在失败之间的一个东西——介体。我们不再面对那个最大的石头——那个最终的失败，我们到处去寻找"麻烦"——勒内·基拉尔称之为"障碍"——以便去寻求存在感。因为在面对最终的失败时我将毫无存在感，所以我要去找

---

① ［英］罗素：《西方哲学史》（上），何兆武、李约瑟译，商务印书馆1963年版，第309页。

② 同上书，第307页。

③ ［法］勒内·基拉尔：《浪漫的谎言与小说的真实》，罗芃译，生活·读书·新知三联书店1998年版，第186页。

④ ［日］冈田尊司：《怪癖心理学 发现潜伏在你身体里的另一个你》，颜静译，湖南文艺出版社2014年版，第130页。

中间的"介体"，而"介体"的主要功能一定是制造"麻烦"，在"麻烦"带来的心灵或肉体的打击中我不断地感受到存在感，"他大发雷霆，私下里却又觉得受这样的惩罚是罪有应得"。① 现在的关系是"主体"—"介体"—"欲望"，"主体"将直接面对"介体"。勒内·基拉尔进而描述了"受虐狂"的状态："在内中介的初级阶段，主体自轻自贱到这种程度，以至绝对信不过自己的判断。他认为自己距离孜孜以求的至善十分遥远，不相信至善能够影响到他自身。他因此没有把握能够将介体和一般人区别开。只有一个客体，受虐狂觉得能够判断其价值，这个客体就是他自身，其价值则等于零。受虐狂判断其他人，根据的是他感觉此人对他究竟洞察到几分。对他表示友善和温情者，他避之唯恐不及；对以蔑视或似乎以蔑视表示与他那个遭诅咒的族类无关者，他奉迎唯恐不周。一个人选择介体，倘若不是根据介体令他产生的钦佩之情，而是根据他令介体或者似乎介体产生的厌恶之情，那么此人就是受虐狂。"② 他将所有人都视作"麻烦"，情愿得到蔑视和遭到诅咒。这几乎就是波德莱尔的心愿吧。萨特并非没看清波德莱尔的这一状态，在他看来，"过失引向感官享乐，感官享乐因过失而得益。它首先是一切享乐中首选的快乐；既然它是被禁止的，它就是无用的，它是一种奢侈。可是，此外，由于它是为一个自由在与既定秩序对抗中寻求的，而且这个自由为了使它得以产生不惜把自己罚入地狱，它就好像与一种创造相似了。粗俗的快乐无非是欲望的简单满足，它们把我们锁定在自然本性上，同时使我们变得平庸。可是波德莱尔称之为感官享乐的东西，是妙不可言的稀罕之物：既然犯罪者在他获得感官享乐的下一个瞬间便陷入悔恨之中，他的感官享乐就是他投入此道的惟一的

---

① ［法］勒内·基拉尔：《浪漫的谎言与小说的真实》，罗芃译，生活·读书·新知三联书店1998年版，第187页。

② 同上书，第188页。

幸运瞬间。由于得到感官享乐，他便成为有罪的，而且在他堕落的过程中，他的审判官们的目光没有离开他：他当众犯罪。而且，他理应遭受的道德谴责把他转化为物，从而带给他一种残酷的安全感；在他体会这一安全感的同时，他因感到自己是创造者，是自由的，而萌生自豪感。此一反省必定伴随他的过失，阻止他一直抵达快乐的核心。他从不让自己陷得太深，以致迷失方向。相反，他正是在最尖锐的感官享乐中找到自己：他整个儿待在那里，既是自由的又被定罪，既是创造者又是罪人。"① 我们明知道某些"禁忌"是有害的，但我以自由为借口去打破它，我既品尝"打破"的快乐又享受"禁忌"本身，然而我的这种"打破"从来就知道这是有害的——这正是我"打破"的原因，因而我是自愿进入"地狱"。这一行为带来的"惩罚"，把我变成一个"东西"——"物"，让我不是人，这反而增加了我的安全感——因为我作为"物"既不能再"坠落"了，也可以不在乎任何的责难。与此同时我会"悔恨"，"悔恨"是将作为"物"的我拯救为"人"的过程。所以我"既是自由的又被定罪，既是创造者又是罪人"。这一下我们就理解了一个通常的说法——"受虐者"把自己看作上帝。勒内·基拉尔说"受虐者"把自己看作上帝并称为"屈辱的奴隶的主人"，"受虐狂企求自主和神圣的主人地位，企求自尊和他人的尊敬，但是，由于他对形而上欲望的直觉（尽管仍不全面）比所有为他诊病的医生都深刻，所以他只希望从他将成为其屈辱的奴隶的主人身上找到这些不可估量的财富"②。这一切都是波德莱尔所寻求的。"天堂的玫瑰消失了，大教堂变成了棺椁，淫逸成为了主宰，我是一间装满了凋零玫瑰的小客厅，我不再记得自己是否已有一千岁，痛苦肆虐，必须在别处找到美丽，在下

---

① ［法］萨特：《波德莱尔》，施康强译，北京燕山出版社 2006 年版，第 50—51 页。

② ［法］勒内·基拉尔：《浪漫的谎言与小说的真实》，罗芃译，生活·读书·新知三联书店 1998 年版，第 193 页。

面，或在那边，在别处的天穹下，在另一个世界里"①，或者我就借助魔鬼的帮助，或者我干脆就把它变成我自己。

　　　　恶魔老是在我身旁不断地蠢动，
　　　　像摸不到的空气，在我四周飘荡；
　　　　我把他吞了下去，觉得肺部灼痛，
　　　　充满了一种永远的犯罪的欲望。②

　　　　他有时化作最娇媚的美女之姿，
　　　　因为他知道我对艺术非常爱好，
　　　　他以伪善者的似是而非的遁词
　　　　使我的嘴唇习惯于下流的媚药。③

　　　　他就这样领我远离天主的视线，
　　　　把疲惫而喘气的我带到了一片
　　　　深沉而荒凉的"无聊"的旷野中央，
　　　　而且向我的充满混乱的眼睛里，
　　　　投入污秽的衣裳和剐开的创伤④，
　　　　还有用于"破坏"的血淋淋的凶器⑤里⑥

---

　　①　[法]菲利普·索莱尔斯：《情色之花》，段慧敏译，南京大学出版社 2010 年版，第 82 页。
　　②　看不见的恶魔作为诱惑者飘荡在诗人四周，诗人不知不觉把恶魔跟空气一同吞下，遂成为恶之诗人。
　　③　诗人被骗上钩，成为恶魔主义的诗人。
　　④　剐开的创伤，参看《忧郁与理想》第四十六首《给一位太快活的女郎》倒数第二节。
　　⑤　凶器，诗人为了自我分析而使用的武器。
　　⑥　"破坏"，选自[法]波德莱尔《恶之花　巴黎的忧郁》，钱春绮译，人民文学出版社 1991 年版，第 255—256 页。为了更好地理解这首诗，将译书的注解一并引入。

　　这个"魔鬼"恰巧是个诗人，追求美胜过一切——虽然他追求的是恶之美。波德莱尔所追寻的形象符合萨特给予他的"精神分析"，即上面我们所说的他通过"观察"来"观看"世界，而不是目光直接对世界进行反映。正如德雅尔丹所说，"更接近于把形象嵌入记忆之中，而非精心修饰它"[①]。在奈格尔·J. 斯里夫特看来，"19 世纪以来，在波德莱尔这样的作家看来，城市的职能是产生震惊（shock）效果，它可以消解固有的认知方式并影响主体再现自身的能力。城市因而预示了显现（epiphany）的宝贵时刻。这种姿态充其量只是一种男性的英勇品质，游手好闲之人在大街上闲逛，'遭遇，眼睛茫然地环顾着城市景象'，有时会不寒而栗……"[②] 这是波德莱尔的"眼球"，已经被"观看"的城市是波德莱尔想作为主体"再现自身"，所以本雅明说，"波德莱尔既不写巴黎人也不写城市。这样的描绘的高明之处在于它能够借此说彼。他的大众总是城市里的大众，他的巴黎也总是人口过剩。……当波德莱尔注视着满布尘埃的塞纳河岸上待售的解剖学著作的标签时，死去的大众代替了这些页面上的单个的骨架。在这种'死神之舞'的形象里，他看见了拥挤的大众在晃动着"[③]。那是摇曳城市的面孔，波德莱尔的大都市，他们是"现代性"的"恶"吗？如果不是，那为何她们会老去，会衰败？或许这是一切繁华与美丽的结局？犹如美丽少女最终变成"小老太婆"：

　　　　在古老都城的弯弯曲曲的皱褶里，
　　　　在一切、连恐怖都变为魅力之处，[④]

---

　　① ［德］本雅明：《发达资本主义时代的抒情诗人　论波德莱尔》，张旭东、魏文生译，生活·读书·新知三联书店 1989 年版，第 138 页。
　　② 奈格尔·J. 斯里夫特："和孩子一起看怪事：城市日常生活"，雷月梅译，选自汪民安、陈永国、马海良主编《城市文化读本》，北京大学出版社 2008 年版，第 197 页。
　　③ ［德］本雅明：《发达资本主义时代的抒情诗人　论波德莱尔》，张旭东、魏文生译，生活·读书·新知三联书店 1989 年版，第 138—139 页。
　　④ 波德莱尔描写城市风光的独特的表现手法。

我受制于我那改变不了的脾气，
窥伺那些衰老、奇妙、可爱的人物。

这些老朽的怪物，从前也是埃波宁①、
拉伊斯②一样的女性！让我们爱这些
弯腰曲背的怪物！她们都还有灵魂。
她们穿着破旧的裙子，寒冷的布衣，

低头前行，忍受无情的北风的鞭打，
轰隆的马车震得她们战栗惊慌，
在她们的腋窝下面夹紧着绣花、
绣字的小提包，像夹着圣物一样；

她们行色匆匆，全像木头人一样；
像负伤的野兽，拖着沉重的步子，
又像无情恶魔吊着的可怜的铃铛，
不愿跳而跳跃一下！她们虽然是

老迈龙钟，却有锐利如锥的眼睛，
像水洼里的储水在夜间光华闪闪；
她们拥有小姑娘的神圣的眼睛，③
看见发光的东西就露出惊奇的笑脸。

---

　　① 埃波宁（Éponine），高卢人萨比奴斯之妻。她丈夫为了反抗罗马暴政，被捕入狱。她跟丈夫一起在地牢度过九年。夫死后，她痛骂罗马皇帝，于公元78年被处死刑。为烈女的典型。
　　② 拉伊斯（Lais），古希腊的绝世美人，名妓。当时希腊妓女起此名者有数人，故常相混。
　　③ 小的老太婆，不但个子像小姑娘，眼睛也像小姑娘的眼睛一样。

> ——你可曾注意到许多老妪的寿材
> 却跟童棺保持同样小小的尺寸？
> 聪明的死神赋予这种类似的棺材
> 一种相当奇异饶有情趣的象征，
>
> 而当我看见一个衰弱的幽灵
> 穿过巴黎的熙熙攘攘的画面，
> 我总像觉得这个脆弱的生命
> 在静悄悄地走向着新的摇篮；①
> ……

  然而在诗人的眼里，走向棺椁，犹如走向摇篮中，波德莱尔看到了"新生"，然而这一新生的前提一定是死亡，一定是丑陋与恶的形象。在本雅明看来，"组诗《小老太婆》所集中描写的枯萎的老女人的英雄主义表现在她们独立于大众之外，不再保持它的步态，不再让思想参与当前的事情。大众是一幅不安的面纱，波德莱尔透过它认识了巴黎"②。认识大都市的步伐，不仅仅是飞快的马车，还有蹒跚的"小老太婆"，那些失去光辉的女性，标志着"现代性"伊始就开始消退的光晕。

  按照齐美尔的观点，"现代性"有两重性，而现代人"在一种清晰而理智的意识的优势和向现代人的胜利形象报复的内在焦虑之间，产生了'一种没有对象和忧郁的紧张和怀旧感'"③。紧张和怀

---

  ① "小老太婆"，选自［法］波德莱尔《恶之花　巴黎的忧郁》，钱春绮译，人民文学出版社 1991 年版，第 207—209 页。为了更好地理解这首诗，将译书的注解一并引入。

  ② ［德］本雅明：《发达资本主义时代的抒情诗人　论波德莱尔》，张旭东、魏文生译，生活·读书·新知三联书店 1989 年版，第 139 页。

  ③ ［法］达尼洛·马尔图切利：《现代性社会学　二十世纪的历程》，姜志辉译，译林出版社 2007 年版，第 305—306 页。

旧感加起来，对于波德莱尔而言就是"恶"的形象——他的追求。

爱人，想想我们曾经见过的东西，
在凉夏的美丽的早晨：
在小路拐弯处，一具丑恶的腐尸
在铺石子的床上横陈，

两腿跷得很高，像个淫荡的女子，
冒着热腾腾的毒气，
显出随随便便、恬不知耻的样子，
敞开充满恶臭的肚皮。

太阳照射着这具腐败的尸身，
好像要把它烧得熟烂，
要把自然结合在一起的养分
百倍归还伟大的自然。

天空对着这壮丽的尸体凝望，
好像一朵开放的花苞，
臭气是那样强烈，你在草地之上
好像被熏得快要昏倒。

苍蝇嗡嗡地聚在腐败的肚子上，
黑压压的一大群蛆虫
从肚子里钻出来，沿着臭皮囊，
像黏稠的脓一样流动。

这些像潮水般汹涌起伏的蛆子

哗啦哗啦地乱撞乱爬，

好像这个被微风吹得膨胀的身体

还在度着繁殖的生涯。

这个世界奏出一种奇怪的音乐，①

像水在流，像风在鸣响，

又像簸谷者作出有节奏的动作，

用他的簸箕簸谷一样。②

……

　　萨特说："为恶而作恶，这恰好是故意去做与人们继续肯定为善的事情相反的事情。这是想要人们不要的东西——既然人们继续痛恨恶的势力——同时又不想要人们不要的东西——既然善始终被定义为深层意志的对象和目的。而这正好就是波德莱尔的态度。"③人们不想要的"恶"我要，但你们丢弃的那个"善"我不要——你们不丢的那个"善"我也不会要。

　　无论是波德莱尔个人还是"现代性"本身，都不乏"恶"的形象。波德莱尔以展示"恶"去寻求真的善。而"现代性"所展示的"恶"，却是"善"的彻底泯灭。这就是为什么发生在半个多世纪之前的奥斯维辛的苦痛难以轻易地抹去。恐怖的记忆就像深沉的海洋般无边无际，我们怀疑这一切都与现代性的"恶"有关，用鲍曼的话说："大屠杀弥散于我们集体记忆中的那种无言恐怖（它时常让人们产生强烈的愿望，不要去面对那场记忆）就是要令人痛苦地去怀疑大屠杀可能远不仅仅是一次失常，远不仅仅是人类进步

----

　　① 指苍蝇嗡嗡地飞，蛆虫窸窸窣窣地钻动。

　　② "腐尸"，选自［法］波德莱尔《恶之花　巴黎的忧郁》，钱春绮译，人民文学出版社1991年版，第70—71页。为了更好地理解这首诗，将译书的注解一并引入。

　　③ ［法］萨特：《波德莱尔》，施康强译，北京燕山出版社2006年版，第47页。

的坦途上的一次偏离，远不仅仅是文明社会健康机体的一次癌变；简而言之，大屠杀并不是现代文明和它所代表的一切事物（或者说我们喜欢这样想）的一个对立面。我们猜想（即使我们拒绝承认），大屠杀只是揭露了现代社会的另一面，而这个社会的我们更为熟悉的那一面是非常受我们崇拜的。现在这两面都很好地、协调地依附在同一实体之上。或许我们最害怕的就是，它们不仅是一枚硬币的两面，而且每一面都不能离开另外一面而单独存在。"① 现在我们反倒觉得波德莱尔所展示的"腐尸"完全可以刻在硬币另一面的一个角落里，或者说波德莱尔在大屠杀之前就看到了尸体的样子。

艾略特在谈到波德莱尔时说："他的人生观是一种具有宏伟气度，表现了英雄气概的人生观；无论是对他的时代还是对我们的时代来说，这都是一种福音。他这样写道：'真正的文明不在煤气中，不在蒸汽中，也不在转桌上。它存在于原罪的痕迹的不断缩小中。''不断缩小'一词在这里的确切含义并不很清楚，但是波德莱尔思想的趋势是清楚的，其中传达的意念仍然只为极少数人所接受。半个世纪之后，托·伊·休姆写了一段话，如果波德莱尔还活着，他肯定会同意休姆的这一看法：根据这些绝对价值，人类本身被判定在本质上有局限性而且并不完美。他的身上带有原罪。偶尔他也能完成一些相当完美的事业，但是他本人永远不是完美的。我们由此可以得到某些关于人类社会行为的次要结论。人在本质上是坏的，他只有在伦理或政治的约束下才能完成任何有价值的工作。因此秩序不仅只是消极的，而且还带有创造性和解放性。制度是必要的。"②

---

① ［英］齐格蒙·鲍曼：《现代性与大屠杀》，杨渝东、史建华译，译林出版社2002年版，第10页。

② ［英］托·斯·艾略特：《现代教育和古典文学：艾略特文集·论文》，李赋宁、王恩衷等译，上海译文出版社2002年版，第200—201页。

　　我始终觉得波德莱尔的内心中会有一个最简单的问题——我们能达到善吗，除了通过虚伪？用我们的真诚该怎样去做呢？那就让所有的人看到我的"恶"吧，然后和你们推崇的"善"作比较，自己去定义虚伪，这就是我——波德莱尔——恶的花朵。

第三章

尼采的现代性——虚无

在海德格尔看来，"对尼采形而上学的深入思考成了一种对现代人的处境和位置的沉思"，① 尼采的哲学没有体系，不是出于个性而是源于思考。在尼采看来，哲学"更多的是考虑如何激发起严肃的思想，而不是拿出一本正经的答案来回答问题。在这一点上，他更像苏格拉底和柏拉图而不是斯宾诺莎、康德或黑格尔。他没有构造形式上的体系，因为他认为，要构造体系就得假设我们已经有一些自明的真理，然后才能在其上构造体系。他认为，建造体系是不诚实的行为，因为诚实的思想正是要质疑那些被大多数体系倚为基础的自明真理"②。因此"尼采打造了一把哲学'锤子'，用来'试探'各种偶像"③ 或者直接砸碎他们。在尼采看来，那些体系过于高傲和自负，不是要解释世界就是要理解所有问题，而"尼采认为，哲学家应该少一点自命不凡、多关注人的价值问题，而不是抽象的体系。哲学家应该不受他所处文化的主流价值的束缚，以一

---

① ［德］海德格尔：《林中路》（修订本），孙周兴译，上海译文出版社 2008 年版，第 193 页。

② ［美］撒穆尔·伊诺克·斯通普夫、詹姆斯·菲泽：《西方哲学史：从苏格拉底到萨特及其后》（修订第 8 版），匡宏、邓晓芒译，世界图书出版公司北京公司 2009 年版，第 352 页。

③ ［英］尼古拉斯·费恩：《尼采的锤子：哲学大师的 25 种思维工具》，黄惟郁译，新华出版社 2010 年版，第 124 页。

种勇于尝试的态度，关注当下的人的问题"①。可以说尼采的现代性是最为直接而彻底的。"让世界'人化'，即这个世界日益使人感到自己是地球的主人"，② 他以唤醒式的语言催促着这个世界，旨在让人们认识到"现代"的来临。我们认为尼采对理性的批判，以及上帝死后的"虚无主义"，一切价值的重估和审美现代性的开启，都是哲学面对现代性思考的一个无须指出的例证。

第一节　上帝死了——开启"虚无"之门

在 R. R. 帕尔默所写的《现代世界史》中，将 19 世纪末称为"新工业革命"时期："在 1914 年之前那 20 年里，内燃机（亦即汽油机）和柴油机的发明，给这个世界带来了汽车、飞机和潜水艇。"③ 不仅如此，"立宪和议会政府的力量，五花八门的自由主义、人道主义、社会主义和改良主义运动的力量……"④ 占据着欧洲。可以说"19 世纪 80 年代是一个乐观主义、进步和发展的年代"。正是在这样的背景下，尼采宣布了他的惊人发现："近来最重要的事件——'上帝死了'，即对基督教上帝的信仰是毫无价值的——已经开始对欧洲投下了第一道阴影。"⑤ 这哪里仅仅是阴影，对于全世界思想的天空来说就是阴云密布。尼采阴沉着脸高声说道："上帝死了！上帝真的死了！是我们杀害了他！我们将何以自

① ［美］撒穆尔·伊诺克·斯通普夫、詹姆斯·菲泽：《西方哲学史：从苏格拉底到萨特及其后》（修订第 8 版），匡宏、邓晓芒译，世界图书出版公司北京公司 2009 年版，第 353 页。
② 《权力意志——重估一切价值的尝试》，转引自［德］尼采《尼采文集　权力意志卷》，周国平等译，青海人民出版社 1995 年版，第 12 页。
③ ［美］R. R. 帕尔默、乔·科尔顿、劳埃德·克莱默：《现代世界史》（插图第 10 版），何兆武等译，世界图书出版公司北京公司 2009 年版，第 480 页。
④ 同上书，第 472 页。
⑤ ［挪］G. 希尔贝克、N. 伊耶：《西方哲学史——从古希腊到二十世纪》，童世骏等译，上海译文出版社 2004 年版，第 477 页。

解。最残忍的凶手？曾经是这块土地上最神圣与万能的他如今已倒卧在我们的刀下，有谁能洗清我们身上的血迹？有什么水能清洗我们自身？我们应该举办什么样的祭典和庄严的庙会呢？难道这场面不会对我们显得太过于隆重了吗？难道我们不能使自身成为上帝，就算只是感觉仿佛值得一试？再也没有比这件事更为伟大的了——而因此之故，我们的后人将生活在一个前所未有的更高尚的历史之中。"① 对于没有一神教传统的中国人来说，我们或许并不十分理解上帝对西方意味着什么。爱因斯坦就说："我信仰斯宾诺莎的那个在存在事物的有秩序的和谐中显示出来的上帝，而不信仰那个同人类的命运和行为有牵累的上帝。"② 然而斯宾诺莎却被他的同辈人看作无神论者，那是因为"斯宾诺莎的神并不是一种独立于万物之外的智能主体（an intelligence），他也无法通过意志力来开天辟地，或是创造支配万物的物理定律，从另一个方面来看，他的神是一套完整的物理定律。不像《圣经》中的上帝，这位神采取行动时漫无目的"③。上帝在西方世界不仅是作为宗教的信仰的"唯一"神，同时也有自然神和最高理性的含义。黑格尔在论述"苦恼意识"时也曾说过"上帝已经死了"④，但那只是描述自我主体意识的一种状态，或者说自我绝望的一种感受。

"尼采关于上帝之死的话指的是基督教的上帝。但不无确定地，并且首先要思索的是，在尼采思想中，'上帝'和'基督教上帝'这两个名称根本上是被用来表示超感性世界的。上帝乃是表示理念

---

① "快乐的科学"转引自［德］尼采《尼采文集　悲剧的诞生卷》，周国平等译，青海人民出版社 1995 年版，第 246—247 页。
② ［美］A. 爱因斯坦：《爱因斯坦文集》第 1 卷（增补本），许良英等编译，商务印书馆 2009 年版，第 365 页。
③ ［美］罗纳德·M. 德沃金：《没有上帝的宗教》，於兴中译，中国民主法制出版社 2015 年版，第 30—31 页。
④ 参见［德］黑格尔《精神现象学》（下），贺麟、王玖兴译，商务印书馆 1979 年版，第 231 页。

和理想领域的名称。自柏拉图以来，更确切地说，自晚期希腊和基督教对柏拉图哲学的解释以来，这一超感性领域就被当作真实的和真正现实的世界了。与之相区别，感性世界只不过是尘世的、易变的因而是完全表面的、非现实的世界。尘世的世界是红尘苦海，不同于彼岸世界的永恒极乐的天国。如果我们把感性世界称为宽泛意义上的物理世界（康德还是这样做的），那么，超感性世界就是形而上学的世界了。'上帝死了'这句话意味着：超感性世界没有作用力了。它没有任何生命力了。形而上学终结了……"①如果在我们的文化中，有人宣布说几千年中华文明终结了，无论此人有多么的清醒，都会被认为是医院没看住跑出来的；而在欧洲当尼采这样做的时候，他被尊为哲学家，得到了广泛的赞誉和尊敬，尽管最终他真的疯了。"一八八九年初，当尼采精神崩溃的消息从都灵和巴塞尔传布开来之时，对这位命运多舛的伟大天才已有所闻的、散布于全欧洲的人们中的一些人可能会暗自重复'奥菲莉娅'的哀叹：

O，What a noble mind is here O'erthrown

啊，多么高尚的一个灵魂给毁灭了！

接下来的几行诗对这可怕的不幸表示悲伤：这个为狂热的空想所摧毁的——'blasted by ecstasy'——令人折服的理性，现在宛若走调的钟在发着不协和音……"② 其实托马斯·曼并不理解尼采，如果不是翻译有误的话，尼采是绝对不会同意将他的思想说成是"理性"的，他或许宁愿自始至终都称自己为"不协和音"，那才

---

① ［德］海德格尔：《林中路》（修订本），孙周兴译，上海译文出版社2008年版，第198—199页。

② ［德］托马斯·曼：《多难而伟大的十九世纪》，朱雁冰译，浙江大学出版社2013年版，第167页。

是他的主基调。"尼采以前，哲学家们一直认为历史和世界是有意义的、合理的和正义的。生存是有一个目标、一种意义的。它不是盲目的和偶然的。存在着一个由上帝确立的世界秩序。世界不是混沌，而是一个秩序化的宇宙，人在其中拥有一个有意义的位置。随着尼采的出现而崩溃的，就是对人类和生存这种观念。对于他来说，这种观念并不是实在的一个真实图景：哲学和宗教的世界观只是表达了人逃避混沌的需要。没有一种对世界的持续的'伪造'，人类无法生存。这种把世界视作混沌的观点，反映了尼采哲学的一种基本情绪。世界是没有计划的；它是一场命运的游戏。换言之，我们的思想总是要求一种严格的逻辑形式和结构，但实在却是没有形式的，它是混沌的。混沌的威胁促使我们创造意义，我们因此而成为'形而上学的艺术家'。为了活下去，我们赋予我们的生存以形式，并添加上'意义'和'目的'。哲学体系和世界观只是一些虚构，为的是给我们的生存以安定感。但是，人却有一种特别的遗忘能力：我们赋予世界的结构渐渐地被理解为世界自身的结构，一种上帝创造的秩序。这是和平和安全的前提。"①

　　尼采思考的武器是锤子。尼采一锤子下去，与其说是把人敲醒了，不如说是直接将人打晕了，或者说把人打入了现代性的状态。现代性是怎样的状态呢？用尼采的话说："……没有上帝；没有目的，力量有限。"② 一切都要靠我们自己了，上帝给我们的指引，那些关于善的因果，都要靠我们去检验，而不再是上帝的标准。因为"神性的辩证法是来自善的辩证法"③，宗教的善恶判定其实就是世俗的标准。那么我们可以运用思维吗？不行，思考远不如不思

---

① ［挪］G. 希尔贝克、N. 伊耶：《西方哲学史——从古希腊到二十世纪》，童世骏等译，上海译文出版社 2004 年版，第 477—478 页。

② 《权力意志——重估一切价值的尝试》，转引自［德］尼采《尼采文集　权力意志卷》，周国平等译，青海人民出版社 1995 年版，第 12 页。

③ 同上书，第 82 页。

考，无意识的思想行为可能更接近于人本身，真正有意识的思考反倒可能出问题——哲学家的思考本身就是个问题，因为"有意识的、尤其是哲学家的思考是最为虚弱的，因此相对地也是最温和、最宁静的一种思考模式；如此说来，对于知识的本质最易误解的正是哲学家"①。好了，上帝死了，哲学家几乎是错误的根源，理性变得一文不值，我们的"意义"和"目的"都不过是在我们头脑中不断杜撰出来并且反复加固的"故事"而已，只是因为我们太相信那是我们身外的或者是被给予的东西，或者说从未想过这一切就是源于我们自身。那我们还有什么？我们依据什么"故事"，进行怎样的"叙事"才能让我永远身处其中的具有现代性质的"情节"延展下去？"【上帝死了 God is dead!】上帝一死，这一悲壮事件本身就明确无误地告诉人类：该自己照料自己了。"② 问题是我们在自己虚构的"影视"当中如何照料自己？或许我们可以是"伪造的自我"③，毕竟"自我是由它的'表演'定义的"④。表面上尼采在砸碎了一切偶像之后，失去了所有的路，其实他开启了一扇门，那是现代的大门，尼采使现代性拥有无限的可能，因为"倘若自我不因性格、灵魂、历史给定的身份而固定不变，那么自我就不受过去所累，具有了更广阔的可能性"⑤。难道我们真的需要苦苦思索上帝或者理性？不，"'只要有欢乐和笑声在，思考就不值一文'"。⑥"欢乐和笑声"的代价就是理想的崩溃。"对尼采来说，虚

---

① "快乐的科学"转引自［德］尼采《尼采文集 悲剧的诞生卷》，周国平等译，青海人民出版社 1995 年版，第 327 页。

② ［英］费欧文：《新牛津魔鬼辞典》，郭力安译，光明日报出版社 1997 年版，第 143 页。

③ ［美］伊库·阿达托：《完美图像 PHOTO OP 时代的生活》，张博、王敦译，北京大学出版社 2015 年版，第 29 页。

④ 同上书，第 28 页。

⑤ 同上书，第 29 页。

⑥ "快乐的科学"转引自［德］尼采《尼采文集 悲剧的诞生卷》，周国平等译，青海人民出版社 1995 年版，第 323 页。

无主义是价值和理想崩溃的必然结果。价值的贬值，对它们的虚构本性的揭示，将我们推向了我们从未经历过的虚无之中。"[1] 何去何从成了现代性的一种常态，即使我们讨厌它成为现代性无奈的关联。"你们都是迷惘的一代"[2]，我们似乎又听到了海明威的声音，而且在他之后的每一代人几乎都认为这句话是在说自己。斯坦[3]在和海明威的一次交谈中把参加过第一次世界大战的青年称为"迷惘的一代"，现在看来似乎把尼采之后的现代性状态指称为"迷惘"更为恰当，虽然表面意义上这样概括会令人惊讶，但"迷惘"不失为陷入尼采的"虚无主义"之后一个挥之不去的心理现实。深度"迷惘"之后的愤怒与残忍——1972年斯坦利·库布里克所执导的犯罪片《发条橙》；极度"迷惘"之后的终极颓废——1996年由英国导演丹尼·博伊尔执导的剧情片《猜火车》（*Train Spotting*）都使得我们无法将"迷惘的一代"作为一个文学流派或某种时代特定的专属指称。"迷惘"让人想起波德莱尔的"现代人""走啊，走啊"的状态。如果说到波德莱尔，那自然应该让人想到"忧郁"——那似乎让人挥之不去的心理阴霾。不知道"迷惘"是否可以作为"忧郁"的心理表象，它用表面的平静来装饰内心的不知所措，而与不知所措交替的除了行为上急躁，一定是"性格"上的"忧郁"。"忧郁"几乎成了现代性的"性格"。

　　"忧郁"不经意地与尼采本人相遇了。也许是童年阴影加之身体的原因，尼采是"忧郁"的。"他继承了父亲的虚弱的体质——神经痛、近视、眩晕性头痛。这种间发的眩晕夺去了他父亲的生命。一天晚上，佩斯特·尼采踏上家门的石阶时，突然晕倒在地，头部

----

① ［挪］G. 希尔贝克、N. 伊耶：《西方哲学史——从古希腊到二十世纪》，童世骏等译，上海译文出版社2004年版，第477页。

② ［美］欧内斯特·海明威：《大阳照常升起》，赵静男译，上海译文出版社1984年版，第1页。

③ 格特鲁德·斯坦（Gertrude Stein，1874—1946），美国小说家、诗人、剧作家和理论家，犹太人，曾为海明威的老师。代表作《三个女人》。

重重地磕在石头上。佩斯特·尼采患了脑组织麻痹症，不到一年就死了。刚刚 7 岁的小弗里德里希惊恐地注视着整个悲剧的发生。他看到人们把受伤的父亲抬进屋里，放到床上。他看到父亲经历了长达数日的痛苦的折磨，脑组织逐渐坏死，然后是死亡、入殓、下葬。他注视和铭记着这一切。父亲去世后，弗里德里希和他的妹妹伊丽莎白受到四位妇女——他们的母亲、祖母和两位姑母——的忧郁情绪的影响。"① 这种忧郁可能隐约地伴随他的一生，或许已经成为他的气质。"我的血液流动缓慢"②，他在他的自传《瞧！这个人》中这样描述自己，"无论如何，我对颓废问题是内行的，这还需要多说吗？我对此了如指掌。甚至那种领悟和理解的精巧技艺，那种有敏锐感的触觉，那种'明察秋毫'的心理……"③ 说到"颓废"，这又让人想起波德莱尔以及所有的"现代性"病症。可惜尼采不是个医生，他只是个身体羸弱的病人，勉强用最后一点力气打开"现代"之门，他的身后一片废墟，眼前满目"虚无"。"人们获得了直面已知物的勇气为时已晚。我以前一直是个虚无主义者，前不久我才承认这一点，我作为虚无主义者借以前行的能量是激进主义，但能量在这基本事实上欺骗了我。假如人们迎着一个目的走去，那么似乎就不能说'自在的无目的性'这是我们的基本信条。"④ 尼采一边要激进地前行，一边还要去除自身的目的性，因为带着目的性，他就无法称自己是虚无主义者。这不单单是尼采，恐怕任何人都要疯掉。他宣称"虚无主义的极端形式认为：任何信仰，任何自以为真实的行为一定是谬误。因为根本就没有真实的世界。这就是说：这样的

---

① ［美］亨利·托马斯、达纳·李·托马斯：《大哲学家生活传记》，武斌译，书目文献出版社 1992 年版，第 257 页。

② "瞧，这个人"，转引自［德］尼采《尼采文集 权力意志卷》，周国平等译，青海人民出版社 1995 年版，第 234 页。

③ 同上。

④ 《权力意志——重估一切价值的尝试》，转引自［德］尼采《尼采文集 权力意志卷》，周国平等译，青海人民出版社 1995 年版，第 106 页。

世界乃是源于我们头脑的远景式假象（因为我们一直离不开一个严谨的、压缩的、简化的世界）——这是力的标准，要想不毁灭，就要尽量承认表面性，承认撒谎是必然的。在这个意义上说，虚无主义否定了真实的世界、存在和神圣的思维方式"，① 甚至将抛弃"虚无主义"本身。只有尼采作为独行侠，行走其中，这一定需要一个"强力意志"才使得自己不至于变成"空气"而获得一种"实在"。尼采病弱，就幻想强大的"精神"和"意志力"，这似乎又不知不觉中与"现代性"契合了。"'虚无主义'乃是至高无上的精神威力、精力最充沛的生命的理想——部分是破坏性的，部分是嘲弄性的"——② "现代性"何尝不是以"现代"名义藐视一切并将狂妄当作唯一行为方式，幻想以"现代"作为谎言来抚平所有的创伤，其实无非是一个更加虚无的指向罢了。

洛维特说："作为欧洲的命运，尼采是我们这个'时代'的第一个哲学家。"③ 而到了今天已经不仅仅是"欧洲的命运"了。当"虚无主义"的结果已经成了现代性的状态和心理结构，"虚无主义"就不再是"虚无"本身了，可以说它的衍生物——它的对象——既是自身又不是，它在更加实在当中更加飘忽不定。是尼采使这一切成为可能，将我们推入现代性的"深渊"，不是让我们坠落而是飘浮。他中断了形而上学的传统，拒绝了理性的延续，接受了所有的断裂。尼采赞赏"虚无主义"，在他看来，"虚无主义是迄今为止对生命价值解释的结果"④。

---

① 《权力意志——重估一切价值的尝试》，转引自［德］尼采《尼采文集　权力意志卷》，周国平等译，青海人民出版社 1995 年版，第 132 页。

② 同上书，第 134 页。

③ ［德］卡尔·洛维特：《从黑格尔到尼采：19 世纪思维中的革命性决裂》，李秋零译，生活·读书·新知三联书店 2006 年版，第 254 页。

④ "权力意志——重估一切价值的尝试"，转引自［德］尼采《尼采文集　权力意志卷》，周国平等译，青海人民出版社 1995 年版，第 76 页。

第二节 "意志"的最后的审判——
重估一切价值

当我死后，上帝，你可怎么办？

当我死后，上帝，你可怎么办？
我是你的壶（我要碎了呢？）
我是你的酒（我要坏了呢？）
是你的衣服是你的手艺，
你失去我就失去了你的意义。

我死后你就没有了家——
那里有亲近温暖的话欢迎你。
你若失去我，天鹅绒软鞋
就要离开你疲倦的脚底。

你的大衣从此把你遗弃。
你的目光，以我的面颊作枕，
现在能享受一片温馨；
将来会久久地把我找寻，
直到日落时分，只得投身
于陌生的岩石的怀里。

你可怎么办，上帝？我真担心。①

尼采一定会喜欢里尔克②的这首《当我死后，上帝，你可怎么

---

① 参见飞白主编《世界诗库第四卷 德国 奥地利 瑞士·北欧》，花城出版社
1994 年版，第 317 页。
② 赖内·马利亚·里尔克（1875—1926），奥地利诗人。代表作有《杜伊诺哀歌》等。

办?》，在这里人是上帝的宿主，是神的依托。这里的"上帝"可以理解成宗教的，也可以理解成"理性""信仰"。不是尼采想扮演"超人"，是尼采认为人本真就应该是"主人"。按尼采的说法，"人们不该向理性屈服，不该满足于理性"①。现在另一个问题是，回过头来看，我们该怎样改写尼采这句话呢，我们应该满足于向"虚无主义"屈服? 因为"虚无主义"不会再是"真正的虚无"，我们还有别的选择吗? 而且"在尼采看来，虚无主义决不只是他所处的时代的一个简单事实，也不只是十九世纪的一个简单事实。虚无主义在前基督教的世纪里就已经开始了，也并没有结束于二十世纪。这个历史性的过程还将延续到我们之后的几个世纪; 即便兴起了一种抵御，而且恰恰在有了这种抵御的时候，这个过程仍将延续下去"②。问题是怎样抵抗——面对虚无本身，留给我们的路还在寻找之中，就如现代性是一个永远未完结的状态一样。

　　然而还有另一个问题，那就是现在无论有没有伊甸园的知识之树——我们有"虚无主义"——我们都只能受尼采这条"蛇"的引诱吞下"虚无"的禁果，选择再次降临"虚无"的人间，问题是混乱还是原来的混乱，"现代性"面纱从未遮掩住战争、贫困和饥荒包括大屠杀。这一神话到底对知识预示了什么，有着怎样的寓意? "按照沃丁顿对这则神话的解读，人类通过一个涉及美好与邪恶的知觉判断从而获得了社会传播的知识积累的渠道——我们付出的代价是沉重的。如果我们要成为社会传播信息的接受者，权威角色似乎必不可少; 而该角色似乎是由一个易于过度扩展的机制产生的。要是没有一个能被接受者内化的外部权威系统，智人是不能转化成人类的。而所付出的代价则是这一权威的过度扩展，不论是作

---

　　① "权力意志——重估一切价值的尝试"，转引自［德］尼采《尼采文集　权力意志卷》，周国平等译，青海人民出版社1995年版，第88页。

　　② ［德］海德格尔:《尼采》(上、下)，孙周兴译，商务印书馆2002年版，第27页。

为外部权威还是在其被接受者内化之后，结果便是产生负罪感、焦虑感和绝望感。沃丁顿引用了克尔恺郭尔（Kierkegaard）《致死的疾病》一书中对人类进退维谷的窘境的描述，'随着意识的深化，绝望感也愈发深刻：更多的意识就产生更深的绝望。'"① 我们还无法进入纯粹的"虚无主义"，我们还要实证的，"造神"几乎成了我们的"本能"，"造人"则不同程度地被放弃——看看我们的出生率，就很容易理解了。我们还没法完全走入尼采这扇"虚无主义"的大门——除了少数人。绝大多数人还停留在门前望而却步，或者是死守住实证旁边还想留住或者寻找到什么"根基"。真正的"虚无主义"的确吓坏了太多的人，也真的让人以"现代性"的名义去盲从，去任意妄为——"俄国小说家陀思妥耶夫斯基（Dostoyevsky）曾说：'如果没有上帝，一切都是被容许的'"。② 那么人什么事做不出来呢？这反过来证明了尼采的正确，我们所有对道德与善的信仰，难道不是虚伪的吗？"虚伪属于有强大信仰的时代"③，尼采一针见血。信仰生在幻想的巢穴，而"幻想的破灭不会产生真理。而只要多一分'无知'，就意味着'虚空'的扩大，意味着我们'荒漠'的增长"④。问题是"荒漠"一直在增长，在"现代性"的状态下从未停止过。尽管我们一直处在"虚无"之中，而且还将持续下去，无论我们是否愿意，无论我们怎样"造神"、摧毁它，怎样信仰然后破灭，而后任其蔓延，毫无头绪。是尼采制造的混乱还是世界本来就是这个样子恰巧被尼采发现了？的确，尼采发现了："'假象'的世界是唯一的世界；'真正的世界'

---

① ［澳］查尔斯·伯奇、［美］约翰·柯布：《生命的解放》，邹诗鹏、麻晓晴译，中国科学技术出版社 2015 年版，第 120 页。

② ［美］弗洛姆：《自我的追寻》，寻孙石译，上海译文出版社 2013 年版，第 214 页。

③ "偶像的黄昏"，转引自［德］尼采《尼采文集 查拉图斯特拉如是说卷》，周国平等译，青海人民出版社 1995 年版，第 359 页。

④ "权力意志——重估一切价值的尝试"，转引自［德］尼采《尼采文集 权力意志卷》，周国平等译，青海人民出版社 1995 年版，第 32 页。

只是一个词汇造出来的。"① 那么我们就生活在"假象"的世界可以吗？不行，"我们业已废除真正的世界；剩下的是什么世界？也许是假象的世界？……但不！随同真正的世界一起，我们也废除了假象的世界！"② 难道不是吗，没有了真正的世界哪里还有假象的世界？尼采走得太远了，总能超出我们能够"想象"的范围。难道现代性不是这样吗？我们还能进入"真相"的世界吗？换句话说，世界还有那种"本体"的本真吗？然而我们又怎样进入"假象"的世界，这本身就是个二律背反，即我不可能知道我进入"假象"，即便知道了，我也不能言说。一切都一无是处，一切都"虚无"的世界似乎有些恐怖，至少叶芝是这样看的，他在"二次圣临"这首诗中这样描绘：

> 飞旋飞旋在渐渐广阔的旋锥中，
> 猎鹰再听不见驯鹰人的召唤，
> 万物离散，中心难再结联；
> 世界上遍布着一派狼藉，
> 血染的潮水四处泛溢，
> 把纯真的礼俗吞食，
> 优良的人们缺少坚定的信念，
> 而卑微之徒却狂暴一时。③

　　在叶芝看来即使有"二次圣临"，即"神圣"再度重生，也终将是个怪物。换句话说，叶芝似乎在暗示我们，如果你再次呼唤

---

　　① "偶像的黄昏"，转引自［德］尼采《尼采文集　查拉图斯特拉如是说卷》，周国平等译，青海人民出版社 1995 年版，第 313 页。

　　② 同上书，第 319 页。

　　③ 参见冯国超主编《英国诗歌经典》（1—4 册），内蒙古少年儿童出版社 2001 年版，第 1071 页。

"神圣"，即便它会来临，那将是一个十分可怕的形象。诗的下半部写道：

> 坚信有天启近在眼前，
> 坚信二次圣临近在眼前。
> 二次圣临！这几字尚没出口，
> 蓦地里一庞大形象奔出"世界之灵"
> 闯进我的眼帘：在无际的沙漠里，
> 有狮身人面的行踪，
> 目光如太阳淡然而冷酷，
> 正慢慢挪动着巨腿。它四周处处
> 飞舞着野鸟愤慨的阴影。
> 黑暗重新来临，但现在我已知
> 那两千年僵死的昏睡
> 被那摇篮搅拌成一场噩梦，
> 因此何等恶兽，它的时辰最终到来，
> 懒散地走向伯利恒来投生？①

其实在海德格尔看来，"……尼采眼里虚无主义也决不只是崩溃、无价值和摧毁之类；相反地，它乃是历史性运动的一个基本方式，这种历史性运动在漫长的道路上并不排除——而倒是需要和要求——某种创造性的上升"。②尼采认为就在崩溃的状态下，新的立场才有可能"通过对一切基督教道德区分的批判性否定，通过无条件地肯定而非否定自我意愿的生命，尼采发起了一种

---

① 参见冯国超主编《英国诗歌经典》（1—4 册），内蒙古少年儿童出版社 2001 年版，第 1071 页。

② ［德］海德格尔：《尼采》（上、下），孙周兴译，商务印书馆 2002 年版，第 27 页。

‘逆向运动’（Gegenbewegung）的趋势，反对以信仰虚无的方式对上帝信仰的纯粹‘反弹’，重新评估那些已经毫无价值的价值。尼采试图以此克服虚无主义”①。一定要有一种“强力意志”②，或者说要“重估一切价值”。上帝不在了，理性变成了谎言，道德就是虚伪，我们只能靠自己让我们的“意志”强大，凭借自己的力量来建立价值系统，我们还有什么指望呢。尼采“……总是抓住危险的兽角，价值重估……从毒药中提炼出了救药”③。那么我们该怎样理解，尼采写下的名字是“强力意志——重估一切价值的尝试”，“其中的副标题道出了对强力意志的沉思真正必须完成的事情，即：重估一切价值。所谓价值，尼采理解为生命的条件，亦即生命提高的条件。‘重估一切价值’意味着：为生命（即存在者整体）设定一个新的条件，通过这个条件，生命将重新回到自身，也就是说，生命将受到驱迫而超出自身，并且因而才可能处于其真实的本质中。所谓重估，无非就是那个最大的重负（即永恒轮回思想）所要完成的事情。因此，这个副标题（它表明强力意志具有何种广大的联系）同样可以有 1884 年那样的叫法：‘一种关于永恒轮回的哲学’”④。尼采对哲学就如我们对待“日常”的生活一样，只不过尼采追求的是“本真”。他努力让哲学不成体系，让哲学发挥它更大的功效，而孤独哲学家的宿命已定，因为“只要有任何种类的暴政，都憎恨孤独的哲学家；因为哲学给人们打开了一处暴政所不能到达的避难所：内心的洞穴，胸中

---

① ［德］卡尔·洛维特等：《基尔克果与尼采——对虚无主义的哲学和神学克服德·洛维特》，选自刘小枫编《墙上的书写——尼采与基督教》，田立年、吴增定等译，华夏出版社 2004 年版，第 101 页。

② 又译作“权力意志”，在本文中一律用“强力意志”，但在引文中可能出现“权力意志”，对引文不作改动。

③ ［奥地利］茨威格：《与魔鬼作斗争：荷尔德林、克莱斯特、尼采》，徐畅译，西苑出版社 1999 年版，第 247 页。

④ ［德］海德格尔：《尼采》（上、下），孙周兴译，商务印书馆 2002 年版，第 408 页。

的迷宫，这些触恼了所有的暴君。那就是孤独者的存匿之地"①。不仅仅是暴政，他让人一定重新看待哲学，重新定义思考，所以他的想象散乱在各种"形象"中，比如狄俄尼索斯有时是放纵寻求的形象，有时是权力的化身。"尼采的哲学采用了两种表现手法：箴言和诗。这些形式本身包含了关于哲学的新观念、关于思想家和思想的新形象。尼采用解释价值判断代替认识的理想（ideal）、真实（vrai）的发现。用解释来固定现象的那些常是部分的和片断的'意思'；用价值判断来决定意思的级别的'价值'，并把这些断片总合在一起，既不减弱、也不消除它们的多样性。箴言恰好是解释的手段，同时也是解释的对象；诗是价值判断的手段，同时也是价值判断的对象。解释者是生理学家或医生，他把现象看作症状，然后用箴言来描述。价值判断者是艺术家，他从'各种视角'进行观察和创造，并用诗来表达。未来的哲学家是艺术家和医生，简言之，是立法者。"②尼采艺术化的思想，碎片化的阐释，最直接地呈现了现代性最为自然的表象。箴言是古老的形式，而描述现代性的症状又是新内容，一种全新而独特的表现形式又将他的思想送到未来。所以在洛维特看来"尼采哲学上的实存的这种含混性也说明了他与时代的关系：他既是来自'今天和过去'，但也是来自'明天、后天和未来'。在对过去和未来的这种认识中，他才能在哲学上解释自己的当代。作为'出自（基督教）后世历史的一种片断'，他的哲学同时也是出自希腊前世的一种残余。因此，尼采不仅是最新时代的哲学家，而且也是最古老时代的哲学家，因而是一个'时代'的哲学家"③。所以在

---

① "不合时宜的考查"，转引自［德］尼采《尼采文集　悲剧的诞生卷》，周国平等译，青海人民出版社1995年版，第120页。

② ［法］都鲁兹：《解读尼采》，张唤民译，百花文艺出版社2000年版，第23—24页。

③ ［德］卡尔·洛维特：《从黑格尔到尼采：19世纪思维中的革命性决裂》，李秋零译，生活·读书·新知三联书店2006年版，第257页。

我们理解尼采的时候，应该总是想到他"箴言"的判断和艺术的"表达"，这就是思想本身了。就如"现代性"用形象、现象、一句诗的片段和哲人们零散的思索，当然还有各种"故事"和"影像"进行剪接——总之"现代性"的一切就是它本身，我们无法"整体"地描述它，正如我们只能以"现代性"贯之，这一含混称谓即是它"模糊"而又"清晰"的全部。它的"模糊"不仅仅是因为我们正处在并且可能永远处在"当下"这一"现代性"永远无法完成的语境中，而且正是因为它的"模糊"才能让它的"本真"显露出来。换句话说，"模糊"能够带着我们以跳跃的方式艺术地——也是最适合它的方式——来展现它，而不是让它在我们讨论之前就已经形成了"概念"，或者在我们讨论之后也没有"概念"。尼采的哲学就以此种方式去阐述他的思想，因为尼采清楚，只有此种表述方式——现代性的方式，才能将思想发送到未来。

这样我们就很容易理解尼采的一些表述，如"强力意志"、尼采的古今跳跃以及艺术式的表达了。因为尼采认为生命本该就是这种形式。"1883 年，尼采曾在《查拉图斯特拉》中写道：在我找到生灵的地方，我就找到权力的意志，以此他归纳了他寻找权力意志痕迹的全部史前史。在尼采的著作中追寻这段史前史，人们首先会遇到艺术和艺术家的意志的观点。倘若尼采分析希腊文化中的狄俄尼索斯和阿波罗力量的共同作用，那么，他谈的其实不是任何别的什么东西，而是这类艺术的生命权力。什么是艺术的权力？它创造出一个由图像、表象、音调、观念组成的魔圈。它们产生出不可抗拒的力量，改变每个陷入这个圈子里的人。艺术的权力是一种生命的权力。它让人预感到那隐秘的、悲剧性的生命关联，但同时又给出可生活性的一道光明。因为人类的生命在意识中破碎，而生命自身包含着敌视的潜能，所以艺术的权力总是对抗的权力：它保护生命免遭可能的自我毁灭。"① 当然尼采的"权力意志"不仅仅指艺术的权力，在尼采那里它还是一种能动的力量："重估一切价值。兴趣不再放在肯定上，而是放在怀疑上；感兴趣的不再是'原因和结果'，而是坚忍不拔的创造性；不再是自我保存的意志，而是权力意志；不再是'一切都只是主观的'这种恭顺的用语，而是'一切都是我们的事业！——让我们为之自豪吧！'"②

尼采的"权力意志"原本是对叔本华思想的一种独特解读，他们都认为："我们现象世界的'背后'只有一个真理，那就是一个恒常有力的斗争或'意志'的存在，只有少数坚定的个人才能选择去避免。尼采对此表示赞同，但他还认为，这个决定一切的'意志'就是'权力意志'。所有的东西都处在一场绵延的斗争中，但这个冲突是有创造性的、健康的和能够产生结果的"③，并且一定能够抵抗"虚无主义"。体弱的尼采幻想着"意志"能战胜虚弱的身体，并把这个"幻想"扩大到他的哲学。"这是一种从病房中产生的思想。"④ 但却给人以极大的鼓舞。躺在床上尼采开始思考人类的问题："人类的行为可以归纳为单一的基本冲动——权力意志。只有在非常特殊的贫乏环境中，生命才会被高度重视，仿佛它就是终极目的；……人类所渴望的不仅仅是对存在状态的保持，而是对存在的加强，也就是获得更大的权力。在竞争中取胜（这是古希腊文化和教育中的突出因素）、打动他人的能力、艺术创造力和哲学家对宇宙的理智征服都是这种权力的例证，禁欲者的自我征服和殉

---

① ［德］吕迪格尔·萨弗兰斯基：《尼采思想传记》，卫茂平译，华东师范大学出版社 2007 年版，第 334 页。

② "权力意志——重估一切价值的尝试"，转引自 ［德］尼采《尼采文集 权力意志卷》，周国平等译，青海人民出版社 1995 年版，第 24 页。

③ ［英］戴维·罗宾逊：《尼采与后现代主义》，程炼译，北京大学出版社 2005 年版，第 38 页。

④ ［美］亨利·托马斯、达纳·李·托马斯：《大哲学家生活传记》，武斌译，书目文献出版社 1992 年版，第 260 页。

道者的所理解的不朽，也都是如此。这种观点与对快乐原则的明确拒绝相一致。人们最终欲求的不是快乐——如果这一词语意味着没有痛苦的话。为了获得更大的权力，人们自愿地牺牲快乐并招致痛苦；在创造性活动中得以表现的权力提供了终极的幸福，这是所有人都渴望的，尽管它包含有巨大的痛苦和不适。幸福——从终极欲求状态的意义上讲——并不是对于没有痛苦的快乐时刻的主宰，而是对权力的占有和创造性的应用。追求这样的幸福需要一种高度的自律，因为只要我们依然为动物性欲望所支配，我们就无法拥有伟大的权力。通过升华自身的冲动并创造性地运用它们，人们就可以将自身超脱于禽兽之上，并获得人类所独有的尊严，在先前的哲学家看来，这种尊严是人们与生俱来的权利。那些达到这种状态的人就是‘超人’……”①

谁都可以做“超人”，只要他不去追求享乐，当然尼采或许已经放入“超人”的名单上了。在“权力意志”和“超人”观点的笼罩下，至少和叔本华比较起来，尼采应该以“乐观”的表情出现。然而我认为那或许不是真正的尼采，或者仅仅是尼采的形象之一。另一个尼采的表情是带些“忧郁”的，拖着病重的身体靠在窗前，去感受属于他的“当下”：“生活在这一片混乱的街道、日常必需品和噪音之中，常带给我一种阴恺的愉快。有多少的享受、焦急和欲念，又有多少饥渴或酩酊的人生显现在此处的每一刻！对所有这些嘶喊、活跃而热爱生命的人们，它很快就会变得宁静！每个人的影子——他那黯淡的旅伴——总是站在他后面！就像是移之船将要启航前的最后一刻：人们彼此之间有着更多的话要说，而时间分分秒秒在催促，孤独沉默的大海在嘈杂的喧嚷声中已经等得不耐烦了——对它的俘虏竟是如此贪婪和肯定！就整个生命的历程来

---

① ［美］弗兰克·梯利：《西方哲学史》，贾辰阳、解本远译，光明日报出版社2014年版，第467页。

看，如果说过去是一片空白，或者只是不值一提的小插曲，那么最近的将来便是一切……"①

这里即使没有"超人"，"权力意志"也呈消退的状态，只有"现代性"的忧郁无尽的延绵……

第三节　与"艺术"在一起

对于网络来临之后的"现代性"而言，其本身可能就是"艺术"的，然而"艺术化"的生活却没有使生活"艺术化"——"网红"的出现可能就是一种例证。"浪漫"在其自身的名义下被滥用，以"自我"为标榜的奇异造型的图片花样翻新。然而我们还仍然无法确定我们生活在"艺术"当中——或者是"现代性"当中，因为"艺术"一方面作为古老的"涵意"神秘地隐藏在某个地方；一方面又作为标签贴得满身满街到处都是。有一点可以肯定，我们不会死于"真理"了——因为在尼采看来，"艺术与我们在一起，我们也许就不会死于真理"②。至于说尼采是否高估了"艺术"，在今天看来应该是有争议的。一种观点认为艺术已经失去了"凝聚力"，在这种观点看来，自 20 世纪 20 年代初以来，"……从前被认为具有凝聚力的艺术，显而易见都已经遭到彻底粉碎。"③ 然而这也许是"艺术"自身的理解，并不是哲学对艺术的"期望"。哲学早就想从艺术中得到启示，祈求"艺术"的救赎或许可以追溯到黑格尔。黑格尔最初试图用"艺术"来弥合"现代性"的裂缝，但他最终认为"艺术"不该高于哲学，他还是用他

---

① "快乐的科学"，转引自［德］尼采《尼采文集　悲剧的诞生卷》，周国平等译，青海人民出版社 1995 年版，第 291—292 页。

② ［美］门罗·C. 比厄斯利：《西方美学简史》，高建平译，北京大学出版社 2006 年版，第 251 页。

③ 参见［英］坎普主编《牛津西方艺术史》，余君珉译，外语教学与研究出版社 2009 年版，第 514 页。

的理性去完成这项工作了。而"继费希特与谢林之后尼采作为一个精力弥漫的美学家是最引人注目的代表人物，他将万事万物——真理、认识、伦理学，现实本身——都归于一种工艺品（artefact）。'只有作为一种审美现象'，他在一段著名的文字中写道，'存在与世界才会永恒无误地相吻合'"①。看来尼采眼里的是一种"大艺术"，换句话说一切作为"艺术本身"，他视"伦理"为审美，在他看来，"关键的伦理学术语与其说是善与恶，毋宁说是高贵与卑贱，与其说是道德判断问题，不如说是方式与趣味的问题。真正的生活关涉的是艺术上的统一性，就是把人们的存在锤炼成一种紧密结合的式样"。② 用艺术将人的存在连接在一起，从审美中寻求价值，在"艺术化"当中生存，这就是"现代性"的表象，换句话说，就是在表象的"现代性"中"艺术化"地生存，因为"艺术引导我们领悟深刻的真理，使我们痛感生活是多么得肤浅，我们不是去追寻那深藏不露的迷惑人的本质，而是停留在生活的感情表层。或许表面性就是生活的真正本质，所谓的深层次仅只是覆盖在真正平庸的事物上面的一块面纱"③。表面无他物是一种"现代性"的领会，它让"本质主义"再次没有藏身之地。我和我的表面是不可能分开的，所谓内在的本质是被制造的，而这一切或许起源于某些"哲学家"。

所以尼采才称："从总体上说，我更喜欢的是艺术家，而不是自古至今的任何哲学家。"④ 或许尼采有资格说这样的话，因为尼采的影响力爆棚——"尼采的代表作在印刷数量上都超出以前任何

---

① ［英］特里·伊格尔顿："真实的幻觉：弗里德里希·尼采"，选自汪民安、陈永国主编《尼采的幽灵——西方后现代语境中的尼采》，社会科学文献出版社 2001 年版，第 421 页。

② 同上书，第 421—422 页。

③ 同上书，第 422 页。

④ ［美］门罗·C. 比厄斯利：《西方美学简史》，高建平译，北京大学出版社 2006 年版，第 251—252 页。

哲学家的许多倍"①。尼采当然不知道这一点，他视自己为"不祥之人"，他了解自己面对的一切，他说："我知道我的命运，总有一天，我的名字要同那些对可怕事物的回忆联系在一起——对那史无前例的危机的回忆，对那最深刻的良心冲突的回忆，对那挑起与迄今为止一切被信仰的、被要求的、披上神圣外衣的东西对抗的、决断的回忆。我不是人，我是炸药——尽管如此，我的骨子里却没有了任何教主的意味——宗教是庸众的事。同信教人接触以后，我必须洗手……我不要任何'信徒'。我想，我不至于阴险到信仰自己的程度，我从来不同庸众说话……我很害怕，有一天人们会尊我为圣人……我不想当圣人，宁愿当傻瓜……也许我就是傻瓜……而尽管如此，或者，宁可尽管如此——因为以前，没有比圣哲更具欺骗性的了——我是真理的呼声。——但我的真理是可怕的，因为过去你们称谎言为真理。——重估一切价值：这就是我给人类最高自我觉悟活动的公式，这一活动在我身上已成为血肉和精神了。我的命运要我一定作一个规规矩矩的人，我应当知道，我是流行了千百年的虚伪的冤家对头。是我首先发现了真理，因为我认为谎言就是谎言——用鼻子闻出来的……我的天才在我的鼻端……我反对的东西，从来没人反对过，尽管如此，我却是否定精神的敌人。……我不可避免要成为不祥之人。因为，假如真理同千百年来的谎言相争，我们一定会感受到梦想不到的强烈震撼，地覆天翻。"② 其实这个"地覆天翻"现在看来并不难理解。尼采要翻过来的无非是上帝、理性、道德。因为在他看来："'真正的世界'是一个不再有任何用处的理念，也不再使人承担义务，——是一个已经变得无

---

① ［德］卡尔·雅斯贝尔斯：《尼采——其人其说》，鲁路译，社会科学文献出版社 2001 年版，第 485 页。
② "瞧，这个人"，转引自［德］尼采《尼采文集 权力意志卷》，周国平等译，青海人民出版社 1995 年版，第 280—281 页。

用、多余的理念，所以是一个被驳倒的理念，让我们废除它！"①这是一个问题；再一个问题就是："如果上帝自身成为我们最执拗的谎言呢？"②那我们就用另一个谎言替代它，包括理性和道德——这个谎言就是艺术。"因为，世上只有一个世界，它是虚假的、残暴的、矛盾的、诱惑的、无意义的……具有如此特性的世界乃是真实的世界。要想通过这种现实性和'真理'达到胜利之目的，我们就离不开谎言，因为这是出于求生存的目的……出于求生存的目的就需要谎言，这也属于生命的恐怖和可疑这种性格的范围。"③如果我们接触的形而上学、道德、宗教都是谎言，都是以"艺术"的形式包装了自己，那我们还不如自己"说谎"。"形而上学、道德、宗教、科学——本书认为这些东西只是谎言的不同形式而已，借助于它们，生命才会受人信仰。'生命应该得到信仰'：这样的任务过于庞大。为了解决这项任务，人天生就应该是说谎者，人应该超过一切别的艺术家。而人就是如此的。因为形而上学、宗教、道德、科学——这一切只不过是人要艺术的意志，要说谎的意志，要畏惧'真理'的意志，要否定'真理'的意志，它是怪物。才能本身只因靠了这头怪物才用欺骗的办法强奸了现实性的。这头怪物乃是人的真正的艺术才能——人和所有现存的东西都具备此种才能。人本身的确就是现实、真理、自然的一部分。人，难道不是说谎天才的一分子吗！"④尼采让人既惊讶又无奈，在有意与无意之间道出了人最不愿意承认却无法回避的"真实"。然而尼采是善良的，他并未因此而指责人，反而是对人寄予希望；他让

---

① "偶像的黄昏"，转引自〔德〕尼采《尼采文集　查拉图斯特拉如是说卷》，周国平等译，青海人民出版社1995年版，第319页。

② "快乐的科学"，转引自〔德〕尼采《尼采文集　悲剧的诞生卷》，周国平等译，青海人民出版社1995年版，第339页。

③ "权力意志——重估一切价值的尝试"，转引自〔德〕尼采《尼采文集　权力意志卷》，周国平等译，青海人民出版社1995年版，第228页。

④ 同上。

我们说的"谎言"是希望我们去"艺术"地认识世界，而不是在道德上肆意妄为。在海德格尔看来，"对于实在性来说，真理与艺术是同样必然的。作为同样必然的东西，它们处于彼此不和的纷争关系中。但只有当我们考虑到，在最伟大之事件——即伦理的上帝已经死去——的事实已经被认识之际，创造，亦即作为艺术的形而上学活动，还获得了另一种必然性……"① 这种"必然性"亦即一定是作为人的存在，人在"当下"一切的状态中，自主不自主地在生活中显现，也自然而然地被归入"现代性"，并几乎成为"现代性"的一个"标识"或无意的"标准"。在我们无须"衡量"的时候，"艺术"俨然被默认在那里，尽管它本身也没有"尺度"，但我们总是似乎理解它，通俗与高雅，传统与现代，它给予我们或者说我们自身创造的远比我们想象的要多。19世纪后半叶到20世纪初，法国涌现出一大批印象派艺术大师，他们最初的想法是"……希望探究出人们是如何观看这个世界的，以及他们实际看见了什么"②。他们几乎第一次都用"自己"的眼睛去看这个世界而让这个世界变得不同。"现代进化论倾向于将似乎相互并列地引导一个独立生命的灵魂的各种不同功能归入总体生命过程。从美学的或理智的、从实践的或宗教的活动中产生的内容或结果构成分离的、按照各自的法则运作的领域，每一种活动都以自己的方式，用自己的语言创造着世界或者创造着一个【自己的】世界……"③ 再没有整体的世界，也没有整体的眼光，甚至透过"印象派"的眼睛，你看到的一切都是"模糊"的，但你如果去感受它，却又再清晰不过。"现代性"的审美是瞬间，这一风景在哲学上最早由尼采描绘出

① ［德］海德格尔：《尼采》（上、下），孙周兴译，商务印书馆2002年版，第240页。

② ［荷］曲培醇：《十九世纪欧洲艺术史》，丁宁、吴瑶、刘鹏、梁舒涵译，北京大学出版社2014年版，第384页。

③ ［德］格奥尔格·西美尔：《叔本华与尼采》，宋雁冰译，上海人民出版社2009年版，第79页。

来，所以哈贝马斯说："尼采第一个将审美现代性概念化。他赞美瞬间，颂扬动力，推崇现实性和新颖性，所有这一切都表达出一种具有美学动机的时间意识，表达出一种对于未被玷污的断裂的当下的渴望。超现实主义者具有一种无政府主义的意图：打破沉沦历史的连续性，而这种意图在尼采这里已经露出端倪。"① 尼采了解身处"现代性"当中的人那种不安的状态，"生活中的每一瞬间都要向我们透露什么，但我们不想倾听这一精神的声音……因此我们仇视宁静，要喧嚣不停"。② 我们追求躁动的音乐，即便在行走的时候也要让耳机把耳朵塞满。尼采说："现在，我们必须勇往直前，跃入艺术哲学的领域。……只有作为一种审美现象，人生与世界才显得合情合理。"③ 我们现在几乎每一分钟都在尝试进行着"审美体验"，我们的体验好比一条无尽的河，时而缓缓流淌，时而死水一潭。我们让"人生与世界显得合情合理"了吗？我们自恃身处"现代性"当中，似乎什么都了解，又似乎什么也不懂。"艺术是对行为者的拯救，也就是对那个不仅见到而且正在体验、想体验生命的恐怖和可疑性格的人的拯救……"④ 我们获救了吗，还是更深地沦陷？现在看来无论"艺术"是否能承担那被给予的厚望，它都被给予了。包括叔本华在内的很多哲学家——黑格尔也曾想过，但他放弃了——几乎都把救赎的期望放在"艺术"身上，就连悲观的韦伯也不例外，在韦伯看来，"艺术变成了一个越来越自觉把握到的有独立价值的世界，这些价值本身就是存在的。不论怎么来解

① ［德］哈贝马斯：《现代性的哲学话语》，曹卫东等译，译林出版社 2004 年版，第 142 页。

② ［德］卡尔·雅斯贝尔斯：《尼采——其人其说》，鲁路译，社会科学文献出版社 2001 年版，第 368 页。

③ "悲剧的诞生"，转引自［德］尼采《尼采文集 悲剧的诞生卷》，周国平等译，青海人民出版社 1995 年版，第 111 页。

④ "权力意志——重估一切价值的尝试"，转引自［德］尼采《尼采文集 权力意志卷》，周国平等译，青海人民出版社 1995 年版，第 229 页。

释，艺术都承担了一种世俗救赎功能。它提供了一种从日常生活的千篇一律中解脱出来的救赎，尤其是从理论的和实践的理性主义那不断增长的压力中解脱出来的救赎"①。站在今天的角度上来看，"从日常生活的千篇一律中解脱出来的救赎"未必是由"艺术"来完成，通常情况下"娱乐"就解决了所有的"问题"，除非在更宽泛的意义上将所有的"娱乐"都称为"艺术"，目前来看，即便是"艺术"被滥用到何种程度也无法将"娱乐"纳入它自身的领域，我们通常说"娱乐"包含着"艺术性"或含有"艺术"的意味，以此来和"艺术"本身加以区分。现在我们说"现代性"是"艺术"的，其实是在说"现代性"是"艺术化"的，或者说更多是"娱乐"的。其实更多是分不清的，按尼采的理解："我们完全清楚……可以对死亡作新的解释！我们同现实和解，就是同死寂的世界和解！"② 事实是和解一直在持续。"现代性"不是一服药，相反它更像是感染了很多病症，并且多数具有传染性。这一点几乎成了"现代性"广为人知的一面。这也就是波德莱尔为什么把忧郁与颓废作为"现代性"一个表征的原因。"一个典型的颓废者，他在他堕落的趣味中觉得自己是不可缺少的，他用这种趣味占有一种更高的趣味，他善于把他的堕落表现为法则，表现为进步，表现为价值的实现。人们却毫无抵抗。他的诱惑力大得惊人……"③ 尼采不会同意这种"现代性"，他会把"颓废"贴在"理性"身上，把它们一同清除掉——在尼采眼里，"颓废"应该属于苏格拉底或者是康德，而不是属于那种追求或已经拥有权力意志的人。然而"现代

---

① H. H. Gerth and C. W. Mills, eds. , *From Max Weber*：*Essays in Sociology*（New York：Oxford University Press, 1946），342，转引自周宪《审美现代性批判》，商务印书馆2005年版，第157页。

② ［德］卡尔·雅斯贝尔斯：《尼采——其人其说》，鲁路译，社会科学文献出版社2001年版，第136页。

③ "瓦格纳事件"，转引自［德］尼采《尼采文集 查拉图斯特拉如是说卷》，周国平等译，青海人民出版社1995年版，第272页。

性"的颓废却被广泛传播，甚至在某些时候得到宣扬。即便抛开这一点，"救赎"自身就限定了范围。不是所有人都能得到"救赎"，用伽达默尔的话说，"艺术作品其实是在它成为改变经验者的经验中才获得它真正的存在"。①

无论如何我们仍然可以信赖"艺术"，"艺术"能带给我们的，似乎永远比我们想象的多。用约翰·拉塞尔的话说，"……艺术告诉我们所处的时代，也正是艺术使我们认识了自己。艺术提供娱乐，同时，而且更主要的是，它揭示真理。数百年来，在对许多至关重要的事件的影响上，艺术发挥的作用大于其他一切。它揭示了当今世界和未来世界之真理，它包罗了整个人类历史，告诉我们比自己更加聪明的人们在想些什么，它讲述人人都想听的故事，并永远固定了人类社会进程中的多次关键性时刻。艺术解答了重大疑难，填补了我们常识中的空白，提供了永恒真理的证据。尤其重要的是，艺术使人消除疑虑，告诉我们想听的东西，告诉我们经验不是无形的和难以辨认的，人与人之间的交流不受语言的障碍，我们在世界上是安逸自在的、相互依存的。"② 这个美好世界应该是尼采以及所有人对艺术的寄托以及艺术一直以来的追寻。

---

① ［美］理查德·舒斯特曼：《生活即审美——审美经验和生活艺术》，彭锋等译，北京大学出版社 2007 年版，第 24 页。
② ［美］约翰·拉塞尔：《现代艺术的意义》，常宁生等译，中国人民大学出版社 2003 年版，第 1—2 页。

第四章

"小"现代性——
去整体化的齐美尔

如果说黑格尔让具有主体性的理性包容一切来试图弥合现代性的分裂，韦伯却是在更宏观的意义上让现代性的合理性诊断成为一个问题。"而齐美尔则闻名于他对小问题特别是对个体行动和互动的研究。齐美尔最初扬名，是因为他来源于康德哲学的关于互动形式（例如冲突）和互动者类型（例如局外人）的观点。"① 所以李·雷尼（Lee Rainie）和巴里·威尔曼（Barry Wellman）都认为齐美尔"是首位阐述连续的网络视角，并且将这与工业革命的巨大变化联系起来的人"②。如果说尼采主动避免让自己的哲学形成体系而用箴言和诗的方式来阐述自己的哲学观点，齐美尔则根本无须这样做就解决了体系的问题，他根本就不在一个学科进行阐释他的问题，这使得人们想归纳他的体系都几乎不可能。虽然他在大多时候被称为"社会学家"，但他对哲学论述，历史学的观点，通过对货币的研究来探究整体文化支配个体，以及他对于大都市看法是网络化的，等等，这都使得他自然而然地不会在所谓"一个体系"内

---

① ［美］乔治·瑞泽尔：《古典社会学理论》第 6 版，王建民译，世界图书出版公司北京公司 2014 年版，第 28 页。

② ［美］李·雷尼、巴里·威尔曼：《超越孤独：移动互联时代的生存之道》，杨伯溆、高崇等译，中国传媒大学出版社 2015 年版，第 38 页。

来完成他的思考。

回头看他对网络化的看法,与他自身的经历不无关联。"齐美尔的这种网络化的思考视角部分是由于在德国反犹主义时代时他自身作为一个犹太人的立场。虽然齐美尔的才华得到了广泛的认可,但他并没有得到任何一个大学的永久教职。他永远不是局内人的一部分,因此,他的关注点是那些与不同群体相连的边缘人群;而不是那些深植于某个单一群体的人。当社会的劳动分工越发引起人们之间相互依靠互补性的活动时,他则全力探讨人们在现代社会中如何保持个体独立性。"① 然而在达尼洛·马尔图切利看来这反而成就了齐美尔,使"齐美尔相继成为研究大城市的卓越思想家,现代性的标准形象的学者,波德莱尔的现代冲动在社会学分析中的引入者。……我们应该重新对他进行定位和解释,以便把他当作社会一开始就包含的现代性的主要解释之一的创始人"②。虽然黑格尔认为他的主体性是客观化的,然而他最终与具体的人缺乏关联,而齐美尔关注的对象是最为真切的"人"作为个体生存的意义,"齐美尔认为,在现代世界中。大规模文化的膨胀导致了个体意义的贬损"。③ 现代性进入真实的个体,我们无须再指称"它",因为个体本身就"代表"了现代性,并对它——现代性——不是直接纳入而是就在其中。我们再不能忽视、隐藏现代性,当然我们可以永远滥用它,或者在虚假的表象上否定它。

现在来看"尽管齐美尔主义者不多,但齐美尔常常被认为是一个'思想革新者和理论领路人'"④。

---

① [美]李·雷尼、巴里·威尔曼:《超越孤独:移动互联时代的生存之道》,杨伯溆、高崇等译,中国传媒大学出版社 2015 年版,第 38 页。

② [法]达尼洛·马尔图切利:《现代性社会学 二十世纪的历程》,姜志辉译,译林出版社 2007 年版,第 296 页。

③ [美]乔治·瑞泽尔:《古典社会学理论》第 6 版,王建民译,世界图书出版公司北京公司 2014 年版,第 30 页。

④ 同上书,第 276 页。

第一节　个体分裂的状态——
流动现代性的描述

当黑格尔"将'哲学就是以思想来把握时代'这一名言作为临别赠言留给了后人"①之后，青年黑格尔派以及之后的哲学家对黑格尔的批判就成了自然。行为上这是谨遵黑格尔的教诲，并且每个人都有他自己的时代。齐美尔则是在以思想来把握他的时代中最为独特的一位思想家。"人们常说，齐美尔是一个'印象派'式的社会研究者，他像印象派画家如莫奈、雷诺阿、修拉一样，试图把握自发的体验。作为一个社会学的印象主义者，他是把握社会现象的直接、第一的印象的大师。因此，他对现实的描绘，就是由这类瞬间的印象所组成的。在许多方面，齐美尔是社会学的'探路人'，努力勘测现代生活的碎片地块。他关于社会生活的'流动'画卷也影响他的表述方式。结果是，他的论证常常是假设性的和试探性的。没有一个社会学家或哲学家像齐美尔那样频繁地使用'也许'。因此，他之所以被称作一个'也许——思想家'不是没有理由的。"②正是这个"也许——思想家""把哲学家称作对于存在的整体具有接受性和反应性的感官的人"③。把哲学家当"人"的确有点儿奇怪，因为哲学家通常被理解为说着"人"之外的语言，通常的人通过概念和逻辑什么的才能进入哲学家所构造"思想世界"，而在那个世界里一般情况下也没有哲学家"本人"什么事，你不可能通过《纯粹理性批判》看到康德的情绪，更不可能通过

---

① ［日］北川东子：《齐美尔：生存形式》，赵玉婷译，河北教育出版社 2002 年版，第 4 页。

② ［挪］G. 希尔贝克、N. 伊耶：《西方哲学史——从古希腊到二十世纪》，童世骏等译，上海译文出版社 2004 年版，第 535 页。

③ ［德］格奥尔格·西美尔：《哲学的主要问题》，钱敏汝译，上海译文出版社 2006 年版，第 13 页。

《逻辑学》了解黑格尔的感受。与普通人不同，他们都谈"整体"的世界和思想等等，然而齐美尔则不这么认为。他以个体来体验来看待哲学家从而也以此来体验哲学。"齐美尔使用的'共同体验的理解'这一德语表达，通过将'体验'和'理解'这两个词并列，意想不到地暗示了'体验'和'理解'的同时性。理解哲学是一种可以称之为思想性体验的特殊体验。齐美尔追求哲学成为体验的场所，试验性地尝试了'货币哲学''性哲学'等。"① 这样尝试再不需要以"现代性"的概念来说明了，这就是现代性本身了。所以普通人于哲学家在体验的基础上没什么不同，哲学只不过是把个体"感觉"转化成了"整体的思想"，在齐美尔看来"人一般——这是生活实践所致——总是关注某些琐事；不究它们的巨细：日常的生计或者教会的信条，一件风流韵事或者化学元素周期的发现，总归是些琐事在激发思索、兴趣、活动。但是哲学家却对万物和生命的整体有一种感觉。并且，只要他富有创造力，就有把这种内心的观察或者这种对整体的感觉转化成概念及其联结形式的能力。当然，他并不需要总是去谈论整体，甚至在精确的意义上他也许根本做不到这一步；但是无论他处理哪些逻辑的或者道德的，美学的或者宗教的专门问题，他作为哲学家，只是在与全部存在的那种关系以某种方式出现在这些问题中时，才去做此事"②。换句话说，他还是以个体加偶然的方式去作所谓对"整体"的思考。这个整体是构造的整体，其实不仅作为哲学家，任何身处现代性当中的人，都产生了这样一种分裂，即个体的"感觉"与"客观文化"的分裂。"齐美尔比其他人更好地理解现代的两难困境的本质，在其一生中，

---

　　① ［日］北川东子：《齐美尔：生存形式》，赵玉婷译，河北教育出版社2002年版，第12页。
　　② ［德］格奥尔格·西美尔：《哲学的主要问题》，钱敏汝译，上海译文出版社2006年版，第13—14页。

他致力于用现代性的所有主观焦虑来突破最客观的理性。"① 他把哲学看成艺术——这不禁让我们想起前面谈到黑格尔想把哲学变成神话，当然黑格尔不把神话看成艺术，或者是某种心灵上的东西。"如果人们愿意的话：作为'理念'或者也仅是作为向往，这样才能引发哲学思辨悟性的反应。"② 如果黑格尔活着的话，一定会被齐美尔气死，这岂不是让艺术站在了哲学之上。而尼采在一旁却露出了笑容。哲学本该就是如此，无非就是心灵将现实的碎片以思维的方式整合，"用客观现实的片断来以哲学的方式制造一个客观的总体，并在这样制造出的构成物的基础上继续构造，只是一种普通方法的最高升华。这正如历史学家从流传下来的断编残简中领悟出一种特性的整体，将此作为他自己的描述的基础；甚至，即使最完整的传世之物在这里也不能够含有那种对全部本质的内心观察，而是这样的内心观察始终是一种奇特的能量之自发的、即使是由外部的琐事激发和引导的行动，为让这种能量有个名字，我们可以称之为心灵的总合能力。这一能力超然于任何分野，全然成为一切哲理推究的共同前提，尽管它向着个性的——已经在哲学的那些定义中表达出它们个性的——构成物发展。"③ 或者倒不如说它本该就是个性，那就无须再说明它是"个性的构成物"，所以齐美尔将哲学家分成四个范畴"……第一个是听事物的心跳声。第二个是只听人的心跳声。而第三个是只听概念的心跳声。第四个（哲学教授们）则是只听文献的心跳声"④。齐美尔应该属于第二类哲学家，通过听人的心跳声去把握时代的脉搏。他将哲学与艺术一道看作是人对

———————

① ［法］达尼洛·马尔图切利：《现代性社会学 二十世纪的历程》，姜志辉译，译林出版社 2007 年版，第 296 页。

② ［德］格奥尔格·西美尔：《哲学的主要问题》，钱敏汝译，上海译文出版社 2006 年版，第 14 页。

③ 同上。

④ ［日］北川东子：《齐美尔：生存形式》，赵玉婷译，河北教育出版社 2002 年版，第 13 页。

生命最为直接的体验。"人们曾把对艺术的理解解释为，观看者以某种方式重复着艺术家的创造过程。犹如这件伟大的艺术品能够真正令人感觉到它的形成便成为其顶峰的生命发出的整个光束，并以此方式几乎是将艺术创造的浓缩和升华过程移入我们的内心那样，伟大的哲学思想也同样是一个包罗万象的生命之最精纯的结果，那种思想促使我们再度体验这个生命，直到它融入那种思想本身。"① 尼采用箴言和诗展示哲学的这一过程，就如现代性的所有过程一样，极为个体，且令人胆战心惊。齐美尔则用最简单的行文方式，平实的语言讲述着一直以来都被人认为是深奥晦涩的哲学。尼采虽然用他自己的方式打死了上帝并扫除了"理性"，但没有使哲学变得更加接近人，虽然他有太多的格言能够打动人。齐美尔则默不作声地将哲学还给人，让人去体验它，没有比这种方式更为贴切展示"现代性"本身了。他将费希特的话延伸，他说"费希特（Fichte）曾说，一个人有一种什么样的哲学，取决于他是一个什么样的人。这句话的有效范围远远超出了哲学，并且远远超出了个人。人类在某一个已知的时刻拥有一种什么样的科学，取决于它在此时此刻是一种什么样的人类"②。

齐美尔本人是怎样一个人？对于他的描述，充满了差异，"他是一个矛盾性的因此也是令人费解的人：如果我们把亲属、朋友、学生和同时代人的评价放在一起，我们会发现关于齐美尔的很多有时是矛盾性的说明。他被有的人描述为高大而修长的，被另一些人描述为矮小的并带有绝望的表情。他的长相被说成是没有吸引力的典型的犹太人长相，但也被说成是极其聪明而高贵的。他被看作勤勉刻苦之人，也被说成幽默而表达能力极强的演说家。最后，我们听

---

① ［德］格奥尔格·西美尔：《哲学的主要问题》，钱敏汝译，上海译文出版社2006年版，第3页。

② 同上书，第20页。

说，他是一个思想天才［Lukucs，1991：145］、友好人士、乐于助人的人，但也被说成内心是非理性的、晦暗的、狂野的人"。① 从今天来看我们至少乐于将他看作内心狂野的人。"哲学的思维使个性的东西成为客观的，并使客观的成为个性的。"② 拥有这种哲学的人，也应该是极具个性的。或许齐美尔和他周围的环境总有若即若离关系，或者说他自身的边缘状态，使他能够更深地感觉到一种"疏离"——或者说成是现代性的分裂。这不禁让人想起了哈贝马斯对黑格尔的看法，"老黑格尔还认为，'随着突然升起的太阳'，我们到了'历史的最后阶段，进入了我们的世界和我们的时代'。当下从新的时代的视界把自己看作是现实之中的当代，但它必须把与过去的分裂视为不断地更新"③。黑格尔感受到的"分裂"是新旧时代更迭，工业革命带来了新的技术和思想，法国大革命打破了旧制度的宁静，将整个欧洲推向动荡的旋涡；宗教越来越无法满足人的思想，只有推崇人的理性并将其放大到整个客观世界，才能满足人们或者说哲学自己把握世界的愿望。所以面对这种"分裂"，黑格尔欢欣鼓舞，他感受到现代性的到来。尼采认为他所面临的是一次彻底的"崩塌"，因为欧洲所拥有的宗教、理性、道德，几乎是整个文化都被他彻底的"颠覆"，这听上去已经足够让人发疯了，更何况尼采真的这么去做了。而齐美尔所处的时代则完全不同，在这里，上帝已经被尼采"干掉"了，理性也被尼采撕掉了面纱扔进了虚伪的垃圾箱。作为个体的人所感受到的孤寂是一种"现代性"长远的忧郁，已经不是时代之间的交替，而是我与我所处的世界的"分裂"。在齐美尔看来，现代性的个体作为自身的主体已经是一种客观化了，"齐

---

① ［美］乔治·瑞泽尔：《古典社会学理论》第 6 版，王建民译，世界图书出版公司北京公司 2014 年版，第 252 页。

② ［德］格奥尔格·西美尔：《哲学的主要问题》，钱敏汝译，上海译文出版社 2006 年版，第 29 页。

③ ［德］哈贝马斯：《现代性的哲学话语》，曹卫东等译，译林出版社 2004 年版，第 8 页。

美尔意识到，意识本身的反省性就是与自己本身拉开距离，就是反思作为客体的自己本身的能力。人的本质之一，即人的自我分裂能力，就源于这种开创性的和不可克服的分裂：'人把自己分裂为各个部分，把自己的任何一个部分感知为能构成其真正自我的东西——它与其他部分发生冲突和为决定其活动而进行斗争——的能力。通常把人——因为人意识到自己是一个社会存在——置于一种与外在于人的社会属性的自我冲动和利益对立的关系中：社会和个体之间的冲突，就像个体的各个部分之间的斗争，发生在个体身上'"①。人把自身的能力和各种与人的关系，以及与社会的联系等许多地方都分成自己的一部分，那个有专业能力的"我"和那个与个人交往的"我"，还有那个在社会上默默无闻的"我"，都是分别的"个体"，虽然都在"我"之中，却很可能都是随时"分裂"的。电影《蝙蝠侠》和《蜘蛛侠》所塑造的主人公是以这种分裂为基础来展开情节的，然而就生活在他们之外的普通"观众"而言，同样分裂成多个部分。因此人总是有整体性愿望——整合"分裂"的"我"为整体来感受伟大，碎片的"我"显然是渺小的——尽管我们无时无刻不处在"分裂"之中。或许正是忍受不了这种分裂，人总是喜欢归纳、整理、统一，以此来建立联系。"在齐美尔看来，个体始终受制于把各种领域、对象和事件连接在一起的人的愿望"②，对现今而言，智能手机恐怕能提供在齐美尔时代无法想象的例证。"连接"变得极为简单，上网浏览、消费、经商、交友，联系的扩大也是分裂的扩展，同时也越来越缩小在一个作为简单的物——手机——的制约之中。网上流传的一幅漫画则更为形象。漫画一：一群古代攻城士兵正要爬上城墙，墙上面的守卫正在向下倒油，并大喊"倒

---

① ［法］达尼洛·马尔图切利：《现代性社会学　二十世纪的历程》，姜志辉译，译林出版社 2007 年版，第 297—298 页。

② 同上书，第 298 页。

油"。漫画二：一群古代攻城士兵手里都拿着手机，狂躁而骚乱，显然无法攻城。墙上面的守卫大喊"断 Wi-Fi"。斩断了"连接"就斩断了一种需求，那是对整体性的需求，在齐美尔看来"人和世界之间的这种开创性断裂引起一种重组整体性的要求。这种要求通常是不可抗拒的。但是，和许多现代学者不同，齐美尔其实并不接受对原始统一性的怀旧意识，也不指望被重新找回的整体性，尽管在他的著作中到处存在着紧张。在他看来，最重要的东西可能是统一性，但是，统一性是无法挽回的，特别是不可能用整体性来代替统一性"①。然而，没有"统一性"和"整体性"，我们的生活和生命，我们的知识、思想甚至道德都是零散的。"各种社会领域整体性几乎都按照事先想象的规定摆在我们周围。……我们不管是主动、还是被动经历的全部精神内容都只是世界的片断。其中每一片断都是一个按照特殊方式形成的世界内容的整体。鉴于理论上所能理解的'现实'世界，这种行为举止谁都熟悉。我们大家都明白，我们的知识是不完整的。我们大家都知道，在道德问题上也是如此，一小部分可以而且也应当形成有价值世界的东西，同样不仅由我们的行为，甚至还由我们的责任感来描绘。在这些情况下，一种既加之于每个人头上、又超越每个人的要求就给我们推荐一种我们生命内容的零碎性格……正因为如此，所以在我看来，经常感觉到的生命'片断'似乎在揭示一种超出纯粹忧伤内之省的、合乎世界观的性格。"② 现代人的思想方式、性格、行为特点都是由各个已经形成的零星碎片组成，道德中或许包含着责任感，并没有纯粹的道德本体。而这些"零碎性格"一旦感觉到"生命片断"它就不再是原本的"自我"也不是已经成形的观念，一种新的组合会产生不同的个体，而这些

---

　　① ［法］达尼洛·马尔图切利：《现代性社会学　二十世纪的历程》，姜志辉译，译林出版社 2007 年版，第 298 页。
　　② ［德］格奥尔格·西美尔：《生命直观——先验论四章》，刁承俊译，生活·读书·新知三联书店 2003 年版，第 31—32 页。

新个体的体验也是短暂的"当下"完成。那些"主要的、永久的、无可怀疑的信念正越来越失去它们的影响力。从而,生活中短暂的与变化的因素获得了很多更自由的空间"①。现在来看已经不用齐美尔再提醒我们这一切了,因为没人会相信不朽了,短暂而"自由的空间"几乎成了人们唯一的追求。"不朽"都是在遥远的年代流传下来的"故事",它将生于古老之中,落于当下,并将传向未来。所以它是"不朽"的。而现代就是现在,它将永远转瞬即逝,但又立刻到来。"现代性"使这两个特性同时存在于它自身,使自己具有"流动性"的特点。而用鲍曼的说法"'流动的'现代性的到来,已经改变了人类的状况,否认甚至贬低这种深刻的变化都是草率的"②。齐美尔生在一个宏大叙事刚刚开始消解的年代,尼采之后喜欢"整体"的思想家为数不多,追寻个体是多数思想者的兴趣所在。而鲍曼担心的是,宏大叙事再次到来和怎样彻底埋葬它,"伴随着生活政治非结构化的、流动的状态这一直接背景,以一种激进的方式改变了人类的状况,并且要求我们重新思考那些在对人类状况进行宏大叙事时起构架作用的旧概念。像还魂尸一样,这些概念虽死犹存。尽管它以一种新的形态或者换个化身出现,现在,现实性的问题是,这些概念是否行得通;或者——如果行不通,我们又如何去给它安排一个体面、有效的葬礼"③。鲍曼认识到了叶芝"二次圣临"的可怕;而在齐美尔看来个体主观文化或许在客观文化扩张面前就已经衰落了,这或许已经暗含了"二次圣临"的原因。当"整体"已经将"个体"不断压缩后,还有什么不可能呢?"当客观文化、其实质内容的多样性和活力通过劳动分工达到了最高程度的时

---

① [德]齐奥尔特·齐美尔:《时尚的哲学》,费勇、吴䜣译,文化艺术出版社2001年版,第77页。

② [英]齐格蒙特·鲍曼:《流动的现代性》,欧阳景根译,上海三联书店2002年版,第12页。

③ 同上。

候，这一文化的各个代表和参与者，却往往由于这样的劳动分工而沦落到单调的专业化、眼界狭窄和丧失活力的地步——个体越不全面发展，整体就越是完美而和谐。"① 然而齐美尔坚信个体的意义，"齐美尔声称：'可以触及的存在其实只有作为个体的人，以及他们的境遇和行动：因此我们的任务只能是理解它们，反之，社会的本质纯粹是产生自理念的合成，是永远无法把握的，不应该构成以考察现实为取向的思考的对象'"。②

当齐美尔将哲学当成一种心理活动，用他的话说是"心灵的总合能力"时，他同时也将认识论碎片化了，他觉得哲学家都"如历史学家从流传下来的断编残简中领悟出一种特性的整体"一样悟出了哲学的体系。"我们所得到的世界是种种片断的总合，以整体来代替部分是哲学作出的努力；而它之所以做得到这一点，是采用以部分来代替整体的办法。"③ 这无疑促使哲学家和他的哲学去认识个体，以及个体的分裂。个体由于分裂得以形成，同时也因此而受到客观世界的压制，这是"现代性"最为切实的状态，或许也是现代性忧郁的一种心态，"特有的现代情感：生活没有意义，我们在一种形成于初级阶段和手段的机制驱迫下四处奔忙，永远不可能把握构成生活报偿的终极与绝对"。④

第二节　货币的时代——货币的哲学

房龙是这样描述中世纪的："中世纪的骑士是乡村里的大地主，

---

① ［德］G. 齐美尔：《货币哲学》，许泽民译，贵州人民出版社 2009 年版，第166页。

② ［澳］马尔利姆·沃特斯：《现代社会学理论》，杨善华等译，华夏出版社 2000年版，第23页。

③ ［德］格奥尔格·西美尔：《哲学的主要问题》，钱敏汝译，上海译文出版社2006年版，第32页。

④ ［英］戴维·弗里斯比：《现代性的碎片——齐美尔、克拉考尔和本雅明作品中的现代性理论》，卢晖临等译，商务印书馆 2003 年版，第58页。

他们几乎用不着用钱来支付物品。他的庄园生产他和他家人吃、喝，以及穿在身上的每一样东西。他房屋的砖块是在附近河流的岸边制造的。大厅橡子的木头是从男爵的森林里砍伐的。少数必须从国外弄来的物品以货物（蜂蜜、鸡蛋、柴薪）交换。"① 这样一来，自然而然"竞争在中世纪是没有市场的。为什么要竞争呢？这会使世界充满骚乱，善良的农奴将进入天堂的黄金之门，而罪恶的骑士将送入地狱最深的深渊去苦行赎罪"②。很少有人知道货币在这个时候有什么用途。按马克思的说法"世界贸易和世界市场在 16 世纪揭开了资本的现代生活史"③。此时中世纪已经进入宗教改革时期，也就是在这个时候莎士比亚表述了人们对金钱复杂的心态。比起之前的恬淡状态，人们对金钱的情绪溢于言表。金子与其说是在流通领域的经济学意义，还不如说是包含了更为广泛的社会意义和更为深刻的人性思考，所以莎士比亚借泰门的口感慨道："这是什么？金子！黄黄的、发光的、宝贵的金子！不，天神们啊，我不是一个游手好闲的信徒；我只要你们给我一些树根！这东西，只这一点点儿，就可以使黑的变成白的，丑的变成美的，错的变成对的，卑贱变成尊贵，老人变成少年，懦夫变成勇士。嘿！你们这些天神们啊，为什么要给我这东西呢？嘿，这东西会把你们的祭司和仆人从你们的身旁拉走，把壮士头颅底下的枕垫抽去；这黄色的奴隶可以使异教联盟，同宗分裂；它可以使受咒诅的人得福，使害着灰白色的癫病的人为众人所敬爱；它可以使窃贼得到高爵显位，和元老们分庭抗礼；它可以使鸡皮黄脸的寡妇重做新娘，即使她的尊容会使身染恶疮的人见了呕吐，有了这东西也会恢复三春的娇艳。来，该死的土块，你这人尽可夫的娼妇，你惯会在乱七八糟的列国之间

---

① ［美］房龙：《人类的故事》，周炎译，中国档案出版社 2001 年版，第 168 页。

② 同上书，第 185 页。

③ ［德］马克思：《资本论》第 1 卷，中共中央马克思恩格斯列宁斯大林著作编译局译，人民出版社 2004 年版，第 171 页。

挑起纷争……"① 显然金钱的意义在莎士比亚这儿已经有了"穿越"性的认识，因为直至今天人们也不得不为莎翁的这种描述而发出同样的慨叹——难道不是吗？

我们的问题是：从不"认识"货币的价值，到"充分"了解其经济外的价值，货币剩下的只是莎士比亚笔下那种充满罪恶和神奇的东西吗？然而到了齐美尔这里货币显然从另一个角度——哲学的角度——得到了认识。"在从经济价值的这一概念之中推演出货币的概念，以作为其巅峰和最纯粹的表达之前，我有必要把经济价值本身安放在一种按原则确立的世界观之中，以便以之为基础对货币的哲学意义进行考量……"② 这一哲学意义的考量其实是对人的考量，在没有人与人之间的关系的状况下货币又是什么？货币集中了人与人之间的交往，"……货币完全是一种社会性现象，是人与人之间互相交往的一种形式"③。这一形式或许反过来决定了交往的所有内容，或者说所有内容可能因这一形式的不同而变换，"人曾经被说成是政治动物、制造工具的动物、建立目的的动物、具有等级之分的动物，事实上，在一位严肃的哲学家看来，人还可以被定义为妄自尊大的动物。也许，我们可以给这一系列称谓再添上一笔：人是进行交换的动物"④。以货币作为形式的人与人之间的交换，形成了货币的含义。齐美尔的《货币哲学》"虽然书名明确显示了齐美尔所关注的是货币，但他对货币现象的兴趣乃嵌入在一系列更为广泛的理论与哲学关注点中。例如，像我们已经看到的那样，齐美尔感兴趣的是广泛的价值问题，而货币可以被看作一种具体的价值形式。另一方面，齐美尔的兴趣不在于货币本身，而是其

---

① ［英］莎士比亚：《莎士比亚全集》第4卷，朱生豪译，人民文学出版社2010年版，第142—143页。

② ［德］G. 齐美尔：《货币哲学》，许泽民译，贵州人民出版社2009年版，第53页。

③ 同上书，第135页。

④ 同上书，第271—272页。

对诸如行动者的‘内心世界’与整体性的客观文化等众多现象的影响。此外，他将货币看作与众多其他生活要素相连的具体现象，这些要素包括‘交换、所有权、贪欲、奢侈、玩世不恭、个体自由、生活方式、文化、人格价值等’（Siegfried Kracauer 引自 Bottomore and Frisby，1978：7）。最后，一般而言，齐美尔将货币看作有助于我们理解生命整体性的具体的生活构成要素。正如巴特莫尔和弗瑞斯比所言，齐美尔正是试图‘从他对货币的分析中概括出整个时代精神’（Bottomore and Frisby，1978：7）”①。巴特莫尔和弗瑞斯比几乎把齐美尔说成了黑格尔，至少看上去有点儿像了——似乎“时代精神”只属于黑格尔。然而齐美尔的“时代精神”不是理性而是“交换、所有权、贪欲、奢侈、玩世不恭、个体自由、生活方式、文化、人格价值等”，这几乎是对一个时代所有关于人的问题的思考，或者说是对“现代性”本身的思考。“现代性”不仅仅是包含了一个时代的问题，还囊括了时代的状况、心态、感受，时代的颓废、忧郁、冷漠。用齐美尔的话说“现代性普遍的本质是心理主义。就是依照我们内心的反应来体验世界、解释世界。不仅如此，而且原本就是将世界作为一个内部世界来体验、解释的”②。货币可以带着我们去做各种体验，或者说各种体验都集中在货币当中。“货币使一切形形色色的东西得到平衡，通过价格多少的差别来表示事物之间的一切质的区别。货币是不带任何色彩的，是中立的，所以货币便以一切价值的公分母自居，成了最严厉的调解者。货币挖空了事物的核心，挖空了事物的特性、特有的价值和特点，毫无挽回的余地。事物都以相同的比重在滚滚向前的货币洪流中漂流，

---

① ［美］乔治·瑞泽尔：《古典社会学理论》第 6 版，王建民译，世界图书出版公司北京公司 2014 年版，第 266 页。

② ［日］北川东子：《齐美尔：生存形式》，赵玉婷译，河北教育出版社 2002 年版，第 54 页。

全都处于同一个水平，仅仅是一个个的大小不同。"①

如果"全都处于同一个水平"那么价值该怎样衡量呢？换句话说既然是中性，那么它就不可能用来衡量所有的价值，那么个体如何来衡量价值。齐美尔认为"'距离、障碍、困难'（Simmel，1907、1978：66）"②是价值的决定性因素。获得东西难度大、困难多、阻碍越大，东西就越有价值，"越容易获得，就不是很有价值，必须要费些劲，某物才被认为有价值。反之，物离得太远、太难于获得或几乎无法获得，也没什么价值。最抗拒我们——如果不是完全抗拒的话——努力获取它们的物，对我们来说没有价值，那些最有价值的物是那些既不太远也不太近的物"③。用齐美尔的话说"价值并不是起源于享受的时刻主客体浑然合一的统一，而是来自于享受的内容作为客体跟主体相分离。来自于享受的内容作为主体现在所追求的东西而闯到主体面前来，并成为了需要通过征服距离、克服障碍和困难才能获得的东西"④。在齐美尔看来任何追求——包括爱情——的过程，包括对惊险的刺激的追寻，对名贵物品的审美取向，都受"阻碍"的影响。"取得某些东西所必需的波折，往往是这些东西让人感受到其价值的良机，而且常常还是它们让人感受到其价值的因由。在人与人之间的关系中，最常见、最明显的是在爱情关系之中，我们注意到，矜持、冷漠或者拒绝，恰恰激发出最强烈的战胜这些障碍的欲望，而且也是我们作出努力和牺牲的原因。没有这样的阻力，目标无疑往往就显得不值我们一哂。在许多人看来，如果不是强行索要超乎寻常的艰辛和危险的代价，

---

① ［德］G. 齐美尔：《桥与门——齐美尔随笔集》，涯鸿、宇声等译，生活·读书·新知三联书店 1991 年版，第 265—266 页。

② ［美］乔治·瑞泽尔：《古典社会学理论》第 6 版，王建民译，世界图书出版公司北京公司 2014 年版，第 266 页。

③ 同上书，第 267 页。

④ ［德］G. 齐美尔：《货币哲学》，许泽民译，贵州人民出版社 2009 年版，第 12 页。

不是唯有因此才得到重视，才具有吸引力和神圣性，那么，重大登山运动的审美成就就不再令人瞩目。古玩珍品的魅力也常常与此别无二致。"①

这样一来，任何用货币来衡量的价值就是主体的了，而货币需要做的就是作为手段。所谓什么是物有所值，其实是货卖识家，货币可以消除你和可得到的"物"之间的距离，但货币不是价值本身，价值在你的心里。货币所能做只是"推开和拉近"你和"物"之间的距离，它超脱在价值之外。所以货币"由于其自身超脱于任何固有的规定性，货币可以把内心生活与外部生活当中运行方向完全相反的关系牵扯在一起，并在任何关系所特有的发展方向上，成为决定性地催生并表现每一种关系的工具。这就是货币对心灵的实际发展历程无与伦比的意义"②。内心的梦想和外部世界或许总是相反的，然而以"钱"为理由硬和某些"外部生活"扯上关系，并走向了另一条路，原因不在"钱"而在你的内心。货币没有那么大的功能，他不能成为你任何的"规定性"。在内心和外部世界的"互动"中货币似乎总是有一种力量，"这种情形在货币中变成了一股实在的力量。这股力量跟交易客体及其心理影响的一切对立关系，既可以被解释为服务关系，也可以被解释为支配关系"。③你可以让钱支配你，你也可以让钱服务于你，选择权在你，而不是"货币"。身处现代社会中的人，总是把自己选择的权利推给某种"关系"和如货币这样的中介物中。"现代性"是对人内心的追寻，其实是人自身追寻内心的过程。这一过程并非只是心理的，它包含了"客观世界"，或者我们内心当中的"实体"，这一追寻过程无论始于黑格尔还是尼采，终将永远"流动"在"现代性"当中。

---

① ［德］G. 齐美尔：《货币哲学》，许泽民译，贵州人民出版社2009年版，第37页。

② 同上书，第192页。

③ 同上。

它可以任何形式出现，比如说超脱于"物"和"物"的概念的货币。

然而在直观的货币层面，换句话说，对于我们任何人而言，货币并非仅仅是一个中介物，而是一个"中心"。货币"改变"了人，而不是人去运用货币。"我"在货币面前受到了极大的限制，"我"与人的交往或许因货币而变得不同。在齐美尔看来"……无论货币对个人自由可能有多大程度的促进，一旦一张严密地编织起来的人际交往网一股脑儿把人们缠结包围起来，从自由、自立、自给自足的生活角度看，用财产和劳动交换金钱，必然会使人觉得生活失去人情味"①。也许身处齐美尔的时代还有"人情味"可以去提及，而"真正的"现代性则使得这一切不再被记忆。人生来的接触与情感无关，人与人之间先是通过抽象的概念接触，后来的关系是通过"物"作为媒介进行交流。概念或物和货币的中介——多数情况下我们把它当作主导。我们上学向老师学习概念和公式，之后是漫长的概念公式，公式概念；我们工作，借助"物"构建起人的关系去获得货币，然后用货币再构建；超市购物，我们人和人最简单的交谈也被货币或货币的另一种形式——信用卡——代替了。因此我们购物被延伸了——或许在齐美尔那里货币早就被延伸了，什么都是一种购物，"对新的改进了的生活榜样和生活诀窍的急切的、永无休止的追求也是一种购物，而且确切无疑地是一种最为重要的购买行为。有许多领域需要我们变得更有能力，并且每一个领域都需要我们'逐店寻找'（shopping around）。我们'购买'谋生必备的技能，购买如果拥有它就能确保我们将成为老板的方法；购买具有良好形象的方法和使他人相信我们就是那种具有良好形象的人的方法；购买如果我们需要就能交到新朋友而如果不再需要就能把老

---

① ［德］G. 齐美尔：《货币哲学》，许泽民译，贵州人民出版社 2009 年版，第 405页。

朋友清除掉的方法；购买能吸引注意力的方法和躲过监督与检查的方法；购买从友爱（love）中获得最大的满足而又避免变得依赖于我爱的人和爱我的人的方法；购买赢得心爱的人的爱情，而又能在爱情褪色、关系不和时，能以最小的代价来终结这种结合的方法；购买最为合算的应付不测的存钱方法和在我们赚到钱之前最为便利的花钱方法；为更快地做好需要做的事情，为做那些做是为了打发空虚的时间的事情，而购买资源；购买那些令人垂涎三尺的食物，和最为有效的能消除因吃了它们而引起的副作用的减肥方法；购买音量最大的音响和最有疗效的头痛片。需要购买的东西是没完没了的。但是不管这张购物清单有多长，能够让人决定不再购买的方法，却无法在它上面找到。在我们这个目标明显无限的世界中，最为需要的能力本领是，能成为熟练的、孜孜不倦的购物者"①。我们能买到那个去认清人与物关系的那个"我"吗；或者是出于情感上的最简单的交流，购买到在家人之间，不是在谈什么样的产品更优秀，而是彼此的内心怎样去面对这个世界。无论如何货币促进了这一物化的过程，这一"现代性"的不归路。"货币作为一般存在形式的物化，事物据此而从其相互关系中获得各自的意义。这就是货币的哲学意义，即货币是一般存在表达形式在实践的世界之中最明确的形实，最清晰的实在"，② "最清晰的实在"将人排斥在一边，去除人内心的情感，让人不再与人交流，这让人想起鲍曼引用沙龙·裘金的一句话"任何人都不知道该如何与其他所有的人进行交往"③。物化在卢卡奇定义它的时候包含了两个方面，首先是"人自己的活动，人自己的劳动，作为某种客观的东西，某种不依

① ［英］齐格蒙特·鲍曼：《流动的现代性》，欧阳景根译，上海三联书店2002年版，第113—114页。

② ［德］G. 齐美尔：《货币哲学》，许泽民译，贵州人民出版社2009年版，第85页。

③ ［英］齐格蒙特·鲍曼：《流动的现代性》，欧阳景根译，上海三联书店2002年版，第167页。

赖于人的东西，某种通过异于人的自律性来控制人的东西，同人相对立"①。人的劳动和活动都被某种非人的自律所控制。其次是主观化的一面"在主观方面——在商品经济充分发展的地方——人的活动同人本身相对立地被客体化，变成一种商品……"② 如果这样，人与人之间该怎样进行交流呢？人作为物的存在就只能对"物"的话题进行诉说，没有关于人的事件，有人的事件也只是和"物"相关联的人的事件。在货币催化物化这一过程的同时，货币的消极意义显露无遗，这也使"现代性"蒙上阴影。

从现在的角度上来看，第欧根尼不仅是哲学家诗人还是行为艺术家，他那和亚历山大关于"别挡住我的阳光的故事"，其行为是他思想的写照。第欧根尼曾拜师安提斯泰尼，"'是欧济尼河上西诺普地方的青年，最初他［安提斯泰尼］并不喜欢他；因为他是一个曾因涂改货币而被下过狱的不名誉的钱商的儿子。安提斯泰尼命令这个青年回家去，但是他丝毫不动；他用杖打他，他也一动不动。他渴望'智慧'，他知道安提斯泰尼可以教给他智慧。他一生的志愿也是要做他父亲所做过的事，要'涂改货币'，可是规模要大得多。他要涂改世上流行的一切货币。每种通行的印戳都是假的。人被打上了将帅与帝王的印戳，事物被打上了荣誉、智慧、幸福与财富的印戳；一切全都是破铜烂铁打上了假印戳罢了'。他决心像一条狗一样地生活下去，所以就被称为'犬儒'，这个字的意思就是'像犬一样'。他拒绝接受一切的习俗——无论是宗教的、风尚的、服装的、居室的、饮食的、或者礼貌的"③。第欧根尼用自己的行为、传说以及思想尽其所能"涂改的货币"被"现代性"

---

① ［匈］卢卡奇：《历史与阶级意识——关于马克思主义辩证法的研究》，杜章智、任立、燕宏远译，商务印书馆1992年版，第147页。
② 同上。
③ ［英］罗素：《西方哲学史》（上），何兆武、李约瑟译，商务印书馆1963年版，第294页。另"别挡住我的阳光的故事"见第295页。

再次"涂抹",在这里曾经的一种价值神话成为不可思议的笑柄,在"物"与"物"——其实是曾经的人与人——之间交流的社会,货币成为绝对的价值中心,"货币自身越是成为那里唯一的关注中心,人们越是频繁地看到荣誉与信念、才能与美德、美与灵魂的救赎跟金钱相交易,面对这些高贵的生命财产就像集市上的商品一样遭受同样被转手买卖的价值磨难,而且最终还因此有了'市场价格',一种愈加尖刻、轻佻的态度就产生了"①。齐美尔将之称为"现代犬儒主义"。他们或许将第欧根尼或者自己同时视为"狗",因为他们有着愤世嫉俗心态,金钱是他们衡量一切标准。所有标价的都是"暂时"的价值,"获得"成为目标而不是所求"物"的本身。在"获得"并在"暂时"拥有后立刻贬值,去追寻"另一个"目标,"另一个"目标永远是"另一个",即目标本身或许都不重要,重要的是"获得"。不知道这是否与波德莱尔的"跑啊,跑啊"的现代人形象有多少联系。然而"获得"的前提是货币的获得,这样货币永远是中心的地位。

由于几乎获得的同时就是"获得"的贬值,那曾经的"暂时"会越来越被缩短。金钱也随之在极富价值的同时失去价值,这种成功与破灭几乎是同时状态还要不断地轮回,或者说被"物化"的欲望驱动的轮回。因为我本身就是"物化"的,生命的目的也只剩下对"物"的欲望,即这样才使我们作为"物"活着,不然就一点生的感受都没有了。既然这样可以称为"活着",只要还有一丝作为人的感受,就会偶然窥视到我作为纯粹"物"的一面,只要那么一点时间,就会使我感到对生命极度的恐慌。这或许解释了我们经常的感叹和追问:活着有什么意思呢?然而这样或那样的追问经常缠绕着"我",这也是"现代性"既麻木又不得不追问

---

① [德] G. 齐美尔:《货币哲学》,许泽民译,贵州人民出版社 2009 年版,第 233 页。

还不愿意的状态。对认识货币天上人间的轮回，又经常被"感受"偷袭。不断地慌乱焦虑之后，就是极度厌倦。"货币文化表明，生活已经深深地陷入了其手段的困扰之中，以至于使生活从困境中解脱出来的途径，显然还是只得从一种把其最终意义隐藏起来的手段之中、从不折不扣的'刺激性'事物之中寻找。"① 而刺激之后的迷惘与困惑成为生命的常态时，一种忧郁的情绪就会久久地飘荡在空中。

第三节　大都市——人的状态

我们该怎样描绘现代的大都市——如何交织的公路、多大名气的品牌、多么高的商贸楼、哪里的金融中心。对了，现在的标准还加了什么都可以加上的"文化"。将巴黎的文化叫作"面包"，北京的文化是"烤鸭"。其余的都将被涂抹、被色彩覆盖。如果你能够走近大都市的背面，灰色的背景下就有跪在街边的乞丐，街角的醉鬼，霓虹灯下的"小姐"，针管和白色粉末。这些大都市的炎症，永远化脓的伤口，疼痛到麻木。

1927 年德国画家奥托·迪克斯②的名作《大都市》用三幅画作描绘了当时德国的城市。第一幅："这幅作品采用仰视的角度，倾斜的构图，锐角形地描绘了街头的景象。我觉得这幅作品中有一种令人恐怖的手法。因为它让我们清晰地看到人类内在的欲望和城市的景观呈现出的是同样的姿态。双眼闪着光芒，挥舞着拐杖的男人。化着刺眼的浓妆、穿着刺眼的服装的女人仰着头面向着这边。打扮寒酸的男人和狗毛倒立的狗并排走着。如果仔细看，你会发现

---

① ［德］G. 齐美尔：《货币哲学》，许泽民译，贵州人民出版社 2009 年版，第 235 页。

② 关于奥托·迪克斯参见刘建一、刘邦一《世界画坛百年　20 世纪杰出画家生活与创作》，中国文联出版社 2009 年版，第 197 页。

所有人物的眼睛都被涂成了黑色。有脸，有眼睛，但从他们的眼睛里看不到他们的内心。城市人没有内心世界。似乎只要有露在外面的脸孔就足够了似的。包围着这些人的是耸立的三角形大楼，所有的建筑物都是一副攻击性的险峻的样子。与人们的险峻的脸是同样的模样。街道隆起着，与人们统一着步调朝着画面外，似乎马上要动起来了。在这里，建筑物没有非生物应有的沉静。我们完全感觉不到外部世界的自立性，即与人的内心世界完全无关地形成的物质性。外部的建筑物和着人们的内心一起叫着、吼着、呻吟着、激烈地运动着。外部与内部的界限已经消失，人的内心世界成为了外部景观。"① 第二幅：舞厅里的乐队和裸露疯狂的舞步。第三幅：舞会结束。女人们走出房门，旁边坐着醉倒的酒鬼。② 这是齐美尔去世之后9年的德国。此时的"大都市"只能更加"都市"化了，换句话说，它或许添了一些"新病"。

　　然而，我们宁可相信齐美尔的《大都市》是永恒的"大都市"，作为"现代性"心态永远凝固在那里。在北川东子看来，"对齐美尔而言，城市……在它们成为特定国家的都市之前的'大都市'，是指'现代性'这一哲学意义上的生活空间"③。现在他不是被人而作为"物"的人占据着，而对这个"物"的人的指引就是货币。"大量以货币为基础的关系则持续不断地涌现，一个人对另一个人的意义越来越追根溯源到金钱利益之上，尽管往往是以隐而不显的方式。这样一来，正如常言所说的，人与人之间就构筑起了一道心理屏障，尽管唯独这样一道屏障才使现代生活方式成为可能；因为缺了这样的心理距离，大都市交往的那种摩肩接踵的拥挤

---

① ［日］北川东子：《齐美尔：生存形式》，赵玉婷译，河北教育出版社2002年版，第53页。

② 参见唐译编《一生不可不知道的世界名画》，企业管理出版社2013年版，第216页。

③ ［日］北川东子：《齐美尔：生存形式》，赵玉婷译，河北教育出版社2002年版，第42页。

和色彩缤纷的杂乱简直就令人不堪忍受。现代都市文化在商业、专业和群体交往上所产生的效果，使人们跟大量其他人进行近身的接触，这很容易就使敏感而神经紧张的现代人信心尽失，假若这种客观化性质的交往不随之为人们设下一道心理防线并留下一个心理保护区的话。各种关系的或公开或以千奇百怪的形态隐藏起来的金钱性，在人与人之间拉开了一段无形的功能性距离，成为了对抗我们在文化生活当中过度挤迫的接近与摩擦的心理保护措施和抗衡手段。"①筑起"心理屏障"使得人产生距离的是货币，而"心理屏障"又是大都市生存的必需。必须依赖"心理屏障"的"物化"的人以货币为中心支撑了"大都市"的行为。人的彼此防范与隔离、物化，货币成了大都市或者说"现代性"最稳定的形象。"在整个现代，尤其是，正如看起来的情形那样，……似乎到处都弥漫着一种紧张、期待、无以排解的渴望的感觉——好像有什么大事，终极性的东西，即生活与事物的本真意义和中心焦点就要降临似的。这种感觉显然跟在此多次强调过的一个现象有关，即随着文化的发展，生活手段压倒了生活目的。"②而这种手段，即永远的货币中心主义成了赤裸裸的永远的目的本身，"大都市"才使得"现代性"有了它自己的"灵魂"——或者说失去了灵魂。问题是我们没有时间看一眼空荡荡躯壳就继续前行了，因为我们被驱赶，就像车上倾倒下来的货物，瞬间滚落下来，又被抓紧打包，再次发往另一个中转站。

"现代性"有它自己的脚步，但不是我的。个体总是在追赶，或者被推搡着，跌跌撞撞。"对生命现象的理解方式引起我们感觉到在我们生存的每一个点上有很多力量，而且每一种力量实际上都

---

① ［德］G. 齐美尔：《货币哲学》，许泽民译，贵州人民出版社 2009 年版，第 482 页。

② 同上书，第 485 页。

努力越过真正的现象之外，充满着无限性，最终转化成纯然的紧张与渴望。"① 太多的渴望让我们绷紧神经以免跌倒，大都市就如穆西尔笔下的维也纳"……街道上是参差不齐，变动不居，向前滑行。步调不一，事物和事态的冲突，深不可测的静默点，有节奏的搏动与所有非韵律的永久的不和谐音和变位之间的抵触。从整体上看，街道仿佛是在一个由坚实的建筑物、法律、规章制度与历史传统组成的容器里的川流不息的沸腾的流体（Musil［1930］，1995：4）。"② 个体在这个"沸腾的流体"中穿梭、闪躲，古老与现代，"不和谐音和变位"，噪音和陌生的面孔，"都会性格的心理基础包含在强烈刺激的紧张之中，这种紧张产生于内部和外部刺激快速而持续地变化。人是一种能够有所辨别的生物。瞬间印象和持续印象之间的差异性会刺激他的心理。永久的印象，彼此间只有细微差异的印象，来自于规则与习惯并显现有规则的与习惯性的对照的印象——所有这些与快速转换的影像、瞬间一瞥的中断或突如其来的意外感相比，可以说较难使人意识到。这些都是大都市所创造的心理状态"③。我们的眼睛如摄像机一样切换，我们的大脑如同影片一样剪接，感觉上家用台式计算机刚刚"接近"我们，移动设备的众多功能又将之取代，在我们开始向往虚拟现实的时候，人工智能又将人类的棋手打败，我们的习惯被改变，规则不断被修改。存在的意义再也无法概括，"我们觉得存在的整体意义跟我们相距得如此遥远，以至于我们对它根本就无从寻找，因而总是陷入了一种危险之中，使我们觉得自己正在日渐远离而不是接近于它。然后，我们又仿佛觉得，人生的意义清楚地展现在我们面前，只要我们一伸

---

① ［德］齐奥尔特·齐美尔：《时尚的哲学》，费勇、吴蕈译，文化艺术出版社2001年版，第70页。

② 本·哈莫：《方法论：文化、城市和可读性》，雷月梅译，载汪民安等主编《城市文化读本》，北京大学出版社2008年版，第84页。

③ ［德］齐奥尔特·齐美尔：《时尚的哲学》，费勇、吴蕈译，文化艺术出版社2001年版，第186—187页。

手就能一把抓住它，如果不是因为我们总是刚好缺乏那一点点微薄
的勇气、力量和内心的稳当感的话"①。然而我们不会再有勇气或
者根本就放弃去追问存在的意义了，面对瞬息的变化与危机，与其
向前去思考存在，还不如退后做保守的防御更为稳妥。"都市
人——当然他以成千上万的变体出现——发展出一种器官来保护自
己不受危险的潮流与那些会令他失去根源的外部环境的威胁。他用
头脑代替心灵来作出反应。在此过程中，不断增加的对外界的知觉
与观察呈现出心灵上的优越性。这样，都会生活以都市人中增长的
知觉与观察以及理智优势为基础。对都市现象的反应使器官变得麻
木不仁，毫无个性。智性已被视为用来保留个性生活以抵御都市生
活的强大威力，它亦扩展到很多方面并统合了许多离散的现象。"②
关闭我们纷乱的感官，让心智中最懒惰的方式——理性——再次到
来，它将它能够做的都尽量做尽，即一切的合理化。其实不单单是
齐美尔，滕尼斯也认为"乡村这样的共同体是一个自然意志（nat-
ural will）主导的礼俗社会，都市则是一个理性意志（rational will）
主导的法理社会"③。现代性又回到了理性的问题的确让人沉重，
好像我们从未踏入过现代，好像思想在很久以前遭遇的现在，又如
尼采所说，再次轮回。"沉重的现代性时代，竟然是一个模仿建筑
或园艺的方式，来形塑现实的时代；服从理性裁定的现实，它的
'建设'（built）是在严格的质量控制下，并按照严格的程序规则进
行的，而且最为重要的是，在这种建设开始之前，所有的一切都被
设计好了。这是一个制图板和蓝图的时代论——与其说是为社会的
领土绘制地图，还不如说是要把社会领土提高到一个只有地图才能

---

① ［德］G. 齐美尔：《货币哲学》，许泽民译，贵州人民出版社 2009 年版，第489
页。
② ［德］齐奥尔特·齐美尔：《时尚的哲学》，费勇、吴曹译，文化艺术出版社
2001 年版，第187 页。
③ ［美］塔尔科特·帕森斯：《社会发展的普遍特征》，郭乙瑶译，载汪民安等编
《现代性基本读本》（上），河南大学出版社 2005 年版，第9 页。

夸耀和拥有的清晰性和逻辑性的水准。这是一个希望用立法手段来让理性进入现实的时代……"① 无论鲍曼与齐美尔所处时代相距多远,"现代性"都是同质的,理性并非仅在齐美尔时代,在我们的时代存活得更加精致。它永远在那里,让人类挥之不去。

以货币推动的"理性"大都市必将付出冷酷、斤斤计较的代价,这几乎成为"现代性"的一个无法掩饰的表情,这一表情张贴在街道和商场的墙上,用广告栏使之矗立在路旁。这当中突出了服装更突出了表情,或者服装本身也朝着这一表情的方向发展,我们的服装要"cool",其实无意中表露了我们的"cold hard",我们无视这些表情,因为我们了解这是"大都市",与我们一样麻木而呆滞,就像每张招贴画。或是它在表现我,或是我在学习它,无所谓了,这是唯一的"态度"。我关心的只是我兜里的钱——银行卡或信用卡,我想支配它,迅速浏览着价格和样式,搜寻、选择、比较,在性价比高的前提下讨要赠品。"货币经济与理性操控一切被内在地联结在一起。在对人对事的态度上,它们都显得务实,而且,这种务实态度把一种形式上的公正与冷酷无情相结合。理智上世故的人对所有的真正个性都漠不关心。在相同的方式中,各种现象的个体与金钱原则并不相称。金钱只关心对所有人都共有的事:它要求交换价值,它把所有的品质与个性都转换成这样的问题:多少钱?人与人之间所有的亲密的关系都是建立在个性之中,然而在理性的关系中的人被视作如同一个数字、一种与他自身无关的因素一样来考虑。只有客观上可以定量的成就才有利益价值。这样,都市人会和商人、顾客、家庭的仆人,甚至会和经常交往的朋友斤斤计较。"②

---

① [英]齐格蒙特·鲍曼:《流动的现代性》,欧阳景根译,上海三联书店2002年版,第72—73页。
② [德]齐奥尔特·齐美尔:《时尚的哲学》,费勇、吴曹译,文化艺术出版社2001年版,第187—188页。

　　"精明"这一概念最能表达货币"与理性操控一切被内在地联结在一起"的思维方式。"精明的人"，这也是"现代性"当中没有时间性的做人标准。"精明"的程度在于"度"，而"度"正是在运用货币时理性潜在的衡量而不是显现的标准。这一潜在的"度"——理性的衡量——在"交易"当中，在朋友之间，甚至在家人中都是需要把握的。"精明"就在于把握的过程中找准而是不是拓宽适用性，精度不在尺上而在货币上，然而又不是完全在货币上，在理性衡量和货币的松紧之间，每次都找到一个点，几乎是艺术的。齐美尔将这些精明的人称为"无根的人"，这些"无根的人们尤其喜欢从事这些'职业'——它们恰恰没有'职业存在'，人并不与某种谋生活动之间存在着固定的观念联系——并且，同样可以理解的是，他们备受不可靠之嫌。……在大都市里，有些人要做的仅仅是以任何完全不拘一格的方式挣钱，为此，他们也就愈发需要理智作为其一般功能了，因为专业知识对于他们并不合适。他们构成了那类不安定人员的主要部分。人们很难摸透他们的底细并给他们准确地'定位'，因为他们的灵活性和多才多艺可以说使他们避免了在任何情况下作出承诺。货币和理智性都具有不拘一格或者说缺乏特色的共同特点，是上述各种现象的前提条件"①。如果说在齐美尔那里这些"无根的人"还是一个特殊的群体，而现在"精明"就变成了人们不得不拥有的一部分，我"精明"的程度不够，那只能说明我智力和能力的问题了。身处"现代性"当中，谁还知道自己的"根"，谁还在乎自己的"根"，"根"——这种滑稽的想法是否会将我们带到泥土旁，而那里有的是麦子的根而不是我们的。

　　无所谓吧，有什么分别呢？广告牌上的服装，我的脸，城市的

---

① ［德］G. 齐美尔：《货币哲学》，许泽民译，贵州人民出版社2009年版，第433页。

表情，麦子的根，只有它们把"我"和货币——或者我们称为"生活"的那个东西偶然连在一起的时候，才"突然"显出它的"意义"，其实我们从不会去理解这个"意义"的意义——它本来也没有意义。情感与名誉，豪车和住房，如果这一切都能用货币"解决"，那么事物之间差别是什么呢？"所有事物好像都晦暗不明，好像都不值得为之感到兴奋（Simmel，1907/1978：256）。"①在齐美尔看来"厌世态度的本质在于分辨力的钝化，这倒并非意味着知觉不到对象，而是指知觉不到对象的意义与不同价值，对象本身被毫无实质性地经验，这与白痴与事物之间的关系一样。厌世的人充满单调灰色的情调，对什么事都提不起特别的兴趣"②。"厌世"不仅仅作为一种心态、行为、表情，更是对价值的一种抛弃，甚至失去追问的力气。"大城市——货币交换的主要中心——将事物的买卖推到了令人印象深刻的前台。这就是为何城市是厌世态度的真正场所。在厌世态度中，人与物的集中刺激个体的神经系统达到最高度的实现，并使它趋于巅峰。相同的条件因素只是在量上的强度，使这种实现走向自己的对立面并显得特别地顺应厌世态度。在此现象里，神经在拒绝对刺激物作出反应中发现了适应都会生活的最后可能性。一定个性的自我保全是以减低整个客观世界的价值为代价的，这种减低最终不可避免地把自己的个性也拖向毫无价值的感觉。"③一定在"我"的认同里整个客观世界都是无价值的，这个"我"的无价值就和世界扯平了，这样对任何"意义"的追问"我"就可以嘲笑了。也可以反过来，"我"越是嘲笑任何"意义"，越是把这一过程变得有趣，"艺术"感就貌似暂时将"我"

---

① ［美］乔治·瑞泽尔：《古典社会学理论》第6版，王建民译，世界图书出版公司北京公司2014年版，第269页。

② ［德］齐奥尔特·齐美尔：《时尚的哲学》，费勇、吴蕐译，文化艺术出版社2001年版，第190页。

③ 同上书，第191页。

抽离于这"物化"——或者异化——的旋涡，然而"我"还是在里面，因为"我"从来不可能抓住自己的头发将自己从大海的旋涡中拔出来。所以"我"似乎总是在循环，在大都市中来来回回地游荡，"这个带点忧郁的不安的'我'，充满着单调的生活，窒息着意志力的发挥。……海带着泡沫等待着潮起潮落，无目的地循环回复，只是太痛苦地唤起我们自己的内在生活"。①

虽然齐美尔用他的散文对大都市进行了多方位的描绘，但我们还是认为恩格斯的描述更为形象和自然：大都市当中的人与人"相对立"的状态，"……他们彼此从身旁匆匆地走过，好像他们之间没有任何共同的地方，好像他们彼此毫不相干，只有一点上建立了一种默契，就是行人必须在人行道上靠右边走，以免阻碍迎面走过来的人；同时，谁也没有想到要看谁一眼。所有这些人愈是聚集在一个小小的空间里，每一个人在追逐私人利益时的这种可怕的冷淡，这种不近人情的孤僻就愈是使人难堪，愈是可恨"。② 这是一种"文化悲剧"，如果说"现代性"有它失败的一面那一定是文化上的，科学和技术似乎取得了永远的成功，或者说成功到永远。而面对这一切，"……齐美尔认为这些基本问题是人类生活所固有的，没有在未来得到改进的希望"③。在这一点上他的观点更接近于韦伯的"铁笼"。

无论是研究哲学、货币、大都市、时尚还是妇女，齐美尔把他的思想"碎片化"，"散乱"在他所有的著作中，"齐美尔最为人所诟病的是其著作的碎片化特征。他被指没有一贯的理论分析，只有一系列碎片化或'印象主义'的方法（Frisby，1981）。"④ 现在看

---

① ［德］齐奥尔特·齐美尔：《时尚的哲学》，费勇、吴蕾译，文化艺术出版社2001年版，第202页。

② 《马克思恩格斯全集》第2卷，人民出版社1957年版，第304页。

③ 同上书，第266页。

④ ［美］乔治·瑞泽尔：《古典社会学理论》第6版，王建民译，世界图书出版公司北京公司2014年版，第276页。

来正是这种方法，以"现代性"本身的方式，让人看到"现代性"真正的状态。还是曼海姆对齐美尔的评价十分中肯，在他看来"西美尔以过去的图解描述或插图文学方式来描述日常生活。他喜欢精细入微地描述最普通的日常经验，就像当今的印象派绘画试图反映过去被忽略了的明暗变化和光影效果。西美尔也许可以被称为社会学中的'印象主义者'，他的才华不在于建构关于整个社会的理论，而在于分析前人未予注意的各种社会中间的现象意义。西美尔着重描述感觉的社会意义，比如穷苦人卑微的眼神和心态，社会化的各种形式，在西美尔笔下，社会生活中千姿百态而又不易觉察的关系都变得耀眼起来"①。这也使齐美尔本人在关于"现代性"的思考中变得耀眼夺目。

然而这不是齐美尔本人的意愿，他希望将自己"碎片化"，分给后来的现代人，他说"我知道我死后不会留下思想的继承人（这是件好事）。我留下的遗产将会分赠给很多继承人，每个继承人都将把他所得的那份按照自己的天性予以使用，而使用之后，人们将忘掉遗产是从何而来的"②。

---

① ［德］西美尔：《金钱 性别 现代生活风格》，顾仁明译，学林出版社2000年版，第236页。
② ［美］乔治·瑞泽尔：《古典社会学理论》第6版，王建民译，世界图书出版公司北京公司2014年版，第276页。

第五章

本雅明：忧郁的都市浪游人
与碎片收藏者（上）

  "过去的二十年的一大明显标志是逐渐发现了本雅明。"[1] 学者伊格尔顿曾对本雅明作出这样的评价："他奇妙地把唯物主义'生产美学'一切强有力的捣毁偶像之举与迷人的犹太教奥秘学说糅为一体。有谁比这样一位作家对西方马克思主义者更具吸引力呢？确实，当我们在媒体技术与唯心主义冥思默想之间感到左右为难之际，谁能更加令人信服地教导我们呢？我们发现，在劫数难逃、辛酸尖刻的本雅明这一人物身上，反映出了我们自身的某些矛盾欲望：我们希冀意外的解放，我们对偶然性怀有恒久的喜悦。"[2]

  苏珊·桑塔格也把本雅明称为"欧洲最后一位文人"[3]。本雅明在逝世 20 年后重新被发现——仿佛一个新近被发现的星座。

  然而当我们剥去这光环，真正地深入研究本雅明的时候，首先映入脑海的，却是一张悲苦抑郁的脸，还有他的颠沛流离，他的苦命。他的生活与他的思想是一个东西，波希米亚式的生活铸就了波希米亚式的思考。如果说不合时宜是一种对本雅明的外部评价，那

---

  ① ［英］特里·伊格尔顿：《沃尔特·本雅明或走向革命批评》，郭国良、陆汉臻译，译林出版社 2005 年版，第 3 页。

  ② 同上。

  ③ 参见朱朱《晕眩》，解放军文艺出版社 2000 年版，第 33 页。

么成为波希米亚式的人就是他的生活方式，而且，他处在一种双重的变动不居的状态："成为"本身就意味着尼采意义上的"生成"，"波希米亚人"则意味着一种鲍曼眼中"流动的现代性"①，"波希米亚人"还为如何在韦伯所说的"合理化"的铁笼中生存提供了一种可能性。而本雅明他的生活他的经验与思想从某种程度上是一体的，精神的颠沛流离，造就了他生活上四处漂泊、游荡。本雅明的身份丰富而多样。正如理查德·卡尼所描绘的："他既是诗人神学家，又是历史唯物主义者，既是形而上学的语言学家，又是献身政治的游荡者……在纳粹德国，他是一个犹太人；在莫斯科，他是一个神秘主义者；在欢乐的巴黎，他是一个冷静的德国人。他永远没有家园，没有祖国，甚至没有职业——作为一个文人，学术界不承认他是他们中的一员。他所写的一切最终成为一种独特的东西！"②

本雅明一生致力于在文化的废墟中收集"碎片"。显然卡夫卡关于"废墟的寓言"紧紧地跟随着他："凡是活着的时候不能对付生活的人，都需要有一只手挡开笼罩在他命运之上的绝望，……但用另一只手记录下他在废墟中的见闻，因为他所见所闻比别人更多，且不尽相同。毕竟，他生时已死，是真正的幸存者。"③

第一节　本雅明其人：不合时宜的人

在本雅明看来，"历史主义心满意足地在历史的不同阶级之间确立因果联系。但没有一桩事实因其自身而具备历史性。它只在事

---

① 参见［英］鲍曼《流动的现代性》，欧阳景根译，上海三联书店2002年版。

② ［爱尔兰］理查德·卡尼：《论瓦尔特·本雅明》，转引自刘北成《本雅明思想肖像》，上海人民出版社1998年版，第326—327页。

③ ［奥］弗兰茨·卡夫卡：《日记》，转引自［德］汉娜·阿伦特编《启迪　本雅明文选》，张旭东、王斑译，生活·读书·新知三联书店2008年版，第38页。

后的数千年中通过一系列与其毫不相干的事件而获得历史性。以此为出发点的历史学家该不会像提到一串念珠似的谈什么一系列事件了。他会转而把握一个历史的星座。这个星座是他自己的时代与一个确定的过去时代一道形成的。这样，他就建立了一个'当下'的现在概念。这个概念贯穿于整个救世主时代的种种微小事物之中"。①

这些"微小事物"也贯穿了本雅明的思想与作品，如果我们忽略这种"微小"，发现本雅明就是艰难的。在《本雅明〈文集〉导言》中阿多诺对此有这样的描述："由于时代的历史灾变，本雅明的著作无法达到任何完整性，而是成碎片状，不仅他后期倾注了一切的惟——项研究课题成如此状，他的整个哲学也都是碎片状。"②至少在他所处的时代，甚至是在死后若干年，碎片化的东西都是不适合出版的。

即便在生前，本雅明预言自己的作品有望在死后若干年出版，但他对精神修复的努力依然不抱希望，对此，阿多诺认为："没有人比本雅明体会得更深刻了，他早已英勇地摆脱了任何对精神作品的非历史的稳固性和永久性的幼稚信仰。"③

或许正是因为阿多诺看到了本雅明摆脱了"对精神作品的非历史的稳固性和永久性的幼稚信仰"，才让阿多诺发现了本雅明作品散发出的独特光芒，这光芒在本雅明身处的黑暗时代显得更为珍贵，以至于阿多诺把对本雅明的追忆当成一个承诺："一个由于既成现状的强大力量已经清楚地发誓不再允许任何能与本雅明的独特魅力相媲美的事物再发生而更加急需追忆的承诺。这个魅力不仅来

---

① ［德］汉娜·阿伦特编：《启迪 本雅明文选》，张旭东、王斑译，生活·读书·新知三联书店2008年版，第276页。

② ［德］西奥多·阿多诺：《本雅明〈文集〉导言》，转引自［法］德里达《论瓦尔特·本雅明：现代性、寓言和语言的种子》，郭军译，吉林人民出版社2003年版，第115页。

③ 同上。

自于精神、完整、独到、深刻，而是因为本雅明的思想散发着一种概念的光谱中所没有的光芒，这种光芒所属于的秩序是一种意识本能地对其视而不见以便不被真实世界以及目的所烦扰的秩序。"①

对于阿多诺来说，"本雅明的思想散发着一种概念的光谱中所没有的光芒"，虽然是"一种意识本能地"，但又是被我们通常的"真实世界""视而不见"的。然而，本雅明却为它建立了"秩序"。所以阿多诺说"本雅明的言论似乎是由魔咒所召唤而来自于一个神秘的深处，然而其力量却来自于它的显而易见性"②。

实际上，对于本雅明，他的富有神秘色彩的思想，他作品的碎片化，他作为波希米亚人颠沛流离的生活方式，他作为批判性文人的自由且不稳定的职业，他犹太人、异乡人的身份，甚至他忧郁的性格，都使他与他所生活的时代显得格格不入。无论是在生前，甚至是在死后若干年，他都是以"不合时宜"的标签存在于世的。

彼得·皮茨在尼采的《不合时宜的深思》的编者说明中表达了他对"合乎时宜的"的看法："合乎时宜的""这个概念通常并没有明确消极的意义，而是宁可说有一种中性的或者甚至褒奖的意义，例如当广告部利用它或者推荐一种'合乎时宜的'的居住或者旅游的时候。据此，不适当的、因而不得体的东西就被视为'不合时宜的'，因为它是过时的或者早到的。"③

通常我们认为的"合乎时宜的"是一个褒义词，那么"不合时宜"就暗示了一种贬义。然而只有在尼采那里，"不合时宜"才

---

① ［德］西奥多·阿多诺：《本雅明〈文集〉导言》，转引自［法］德里达《论瓦尔特·本雅明：现代性、寓言和语言的种子》，郭军译，吉林人民出版社 2003 年版，第115—116 页。

② 同上书，第 116 页。

③ ［德］尼采：《不合时宜的沉思》，李秋零译，华东师范大学出版社 2007 年版，第 2 页。

有了新的内涵。既然"一切的价值都必须重新评估"①，那么"不合时宜"也不例外。正是在尼采那里，"不合时宜"与天才开始紧密联在一起，而"合乎时宜的"在尼采那里则暗示了那些"平庸的学者"："相对于当代被评价为平庸的学者世界，他认为只是有能力一起塑造未来的人才有资格破解过去之谜。作为榜样，他所接受的不仅是自己时代的代表，而且还是反对自己时代的英勇战士。一切伟大的、英勇的和合乎人的尊严的东西抵制历史的权力，抵制当代的东西的滚滚红尘"②。

本雅明与尼采不同之处在于，他并非以个人的力量抵制"历史的权力"，而是通过消解"历史的权力"以抵制"历史的权力"，在本雅明在一篇《新天使》的文章中试图表明，"历史的天使"是"黑天使"，他没有给人类带来光明，而是黑暗的警示。即使他绝非黑暗的使者，他也绝不是可以与黑暗搏斗的天使。更多的时候，他被黑暗摆布着，任凭灾难的狂风把他吹向未来，无动于衷。③ 对于"当代的东西的滚滚红尘"，本雅明的方式则无疑地受到尼采的影响，即通过审美的力量对现实加以改造。

尼采"把成为不合时宜的这种要求等同于单纯性和真诚性的德性要求，他承认被敬仰和被喜爱的哲学家在其关于生活价值的问题中想到的从来不是合乎时宜的德性，而是一种应当追求的更高的和更纯洁的德性。他教会我们看这种东西和应予克服的东西，以至于任何别的人都不像他那样有资格成为反对我们时代的教育者"④。

---

① "快乐的科学"，转引自［德］尼采《尼采文集 悲剧的诞生卷》，周国平等译，青海人民出版社1995年版，第288页。

② ［德］尼采：《不合时宜的沉思》，李秋零译，华东师范大学出版社2007年版，第2页。

③ 参见［德］汉娜·阿伦特编《启迪 本雅明文选》，张旭东、王斑译，生活·读书·新知三联书店2008年版，第32页。

④ ［德］尼采：《不合时宜的沉思》，李秋零译，华东师范大学出版社2007年版，第2—3页。

尼采所谓的"单纯性和真诚性的德性要求"就真实地发生在本雅明的身上并让他吃了很多苦头。就连对本雅明进行深情怀念的阿伦特都在其撰写的关于本雅明的小传中提到了他的不识实务，不近人情。无论是本雅明曾向多家刊物的编辑部投过稿的事情，还是申请助教的博士后论文，这一切都关联到他的收入，他的基本生存。他出生的犹太家庭本来是富裕的，可是当他父亲得知他另类的求职方向，就决定不再给他寄钱了。本雅明很快就陷入生活的困顿之中。用他的好友格雄·朔勒姆的话："当本雅明在伊比扎岛写这篇小文①的时候，他就像一个避难之人，无论在哪一方面都处于绝望的边缘。早在三个星期前，即 1933 年 7 月 24 日，他写信给我，说他已把生活开销降低到'最低限度，几乎不能再低的程度'。在这种环境下，他集中思考精神问题的能力几乎达到神奇的程度。他的一个亲属向我说起他在一封失传的信中说过的令人难忘的一句话：'我在生存的边缘采撷花朵'。"②

看来"在生存的边缘采撷花朵"的本雅明，"关于生活价值的问题中想到的从来不是合乎时宜的德性，而是一种应当追求的更高的和更纯洁的德性"，而此种"单纯性和真诚性的德性要求"的不合时宜，导致他的背运，他被编辑部、出版社退稿，被大学学院所不容，就似乎是在所难免的了。

总之，他的此种不合时宜，已经远远地超出了我们一般意义上庸俗的理解，当前在一切都并迅速变现的市场经济逻辑中，"不合时宜"也是可以作为一个"亮点"来炒作的东西，两种"不合时宜"的区分并不难，只要我们看看两者各自的立足点就可以很清晰

---

① 指的是本雅明的一篇风格奇特的自传体小文《阿格西劳斯，桑坦德》，参见［德］阿多诺、［法］德里达等《论瓦尔特·本雅明：现代性、寓言和语言的种子》，郭军、曹雷雨译，吉林人民出版社 2003 年版，第 227—263 页。

② ［德］格雄·朔勒姆：《瓦尔特·本雅明和他的天使》，陈永国译，载［德］阿多诺、［法］德里达等《论瓦尔特·本雅明：现代性、寓言和语言的种子》，郭军、曹雷雨译，吉林人民出版社 2003 年版，第 242 页。

的区分出了。前者的目标是吸引眼球，只要能吸引公众的注意，其他的内容啊、"意义"什么的都变得可有可无。本雅明的"不合时宜"是一种在彻底意义上的"不合时宜"，他并非不了解市场，反而太了解市场是怎样一回事，"他乐于把写作看成是一种生产，而把整个文化活动领域比作一个市场"①。

他完全可以按照市场的规则，去写一些讨喜的东西，然而深谙此道之后，他偏要反规则而动。他非要说"不"不可，他要进行揭露，用他的不合时宜文字的揭露。"……本雅明的产品对整个市场的交易法则无疑是颠覆性的，它披露了那种操纵交易的人们力图遮掩起来的图景。"②

因为他的立足点是揭露与批判，他吸引的不是购买与接纳的欲望，而是不满与排斥的情绪。虽然他的确也通过他的行动引起了或吸引了大家的注意，但对本雅明本人而言，却很难说是件好事，而且，我们不能甚至也不愿意接受这样的一种说法，即是公众的平庸造成这一切的，我们更愿意说这一切是本雅明主动招致的——他的"笨拙"的不合时宜造就了他的背运。

如果说韦伯的"合理化世界"很大程度上树起了专业壁垒，那么这似乎意味着专业内部的某种封闭性，它就像一个鸿沟，造成不同的专业间很难达致沟通与对话。本雅明，是一个无法从专业领域对其进行划分的人。他的无法定义使他被各个专业领域排斥就成为一种显而易见的事情。法国的情形与德国显然不同，通过与多个作家的联络，本雅明获得了在本国体会不到的对话与交流的乐趣——构筑一种超现实主义文学的可能，并在巴黎占有一个位置。然而实际情形是没能筑固位置。事实上，本雅明被迫进入了一个无处可寻

---

① ［德］本雅明：《发达资本主义时代的抒情诗人 论波德莱尔》，张旭东、魏文生译，生活·读书·新知三联书店 1989 年版，第 3 页。

② 同上。

的位置。

　　"在德国我沉浸于自己的兴趣和工作，在同辈人中感到相当孤独。而在法国，有许多势力，如作家季洛杜（Giraudoux），特别是阿拉贡（Aragon），还有超现实主义运动。在这些势力中我看到我关心的事在进行着。"他这样在 1927 年致霍夫曼斯塔尔的信中写道（《书信集》）……他并没能筑固什么位置，这在那时几乎没有成功的可能。只有在战后的巴黎，外国人——凡是不在法国出生的人大概都被这么称呼——才可能占有"位置"。①

　　这个位置，在阿伦特看来，"那是一个以笔为生的自由作家的位置"。② 这个自由作家，并不按照常理出牌，那些看起来对他最有利的写作方式——文学史家与学者，他不屑一试，如果他真的这样做了，他不过是"合乎时宜"的一员，或许本雅明就不再认为自己是自由作家了。正如阿伦特所说，"无人能解的是本雅明为了生计从中获取的职能：不是著述等身的文学史家或学者，而是批评家和散文家的职能。他甚至认为散文诗太庸俗且冗长，宁愿用格言隽语写作，要不是稿酬是以字数计算的话。他并不是不知道他专业上的雄心是致力于在德国根本就不存在的东西。在德国，尽管利希滕贝格（Lichtenberg）、莱辛（Lessing）、施莱格尔（Schlegel）、海涅以及尼采都用格言，但格言从不被欣赏，人们一般认为文艺评论不体面且有颠覆性，若真要欣赏也只限于极低俗的文化专栏里"。③
　　本雅明用法语表述这一雄心绝非偶然："我给自己设立的目

---

　　① ［德］汉娜·阿伦特编：《启迪　本雅明文选》，张旭东、王斑译，生活·读书·新知三联书店 2008 年版，第41—42 页。
　　② 同上书，第42 页。
　　③ 同上书，第42—43 页。

标……是被视为德国文学的首席批评家。困难是五十年来文学批评在德国已不再被视为是严肃的文体。要为自己在文学批评上造就一个位置，意味着将批评作为一种文体重新创造。"① 当本雅明把目标定为"德国文学的首席批评家"的时候，他似乎在确立对自己来说最为重大的任务，即要为一种批评的文体确立文学的尊严，以便为批判留有一席之地。本雅明对主流深切怀疑，对有用性极大厌恶，在这里，我们想到的依旧是尼采"对把所有的价值都单纯归于有用性（1974：77）的现代趋势感到苦恼"，② 想到的是波德莱尔对资产阶级价值的愤怒攻击："在我看来，那种期望做一个有用的人的想法总显得令人厌恶。"③ 随时准备着用笔来批判——最重要的是致力于接近"在德国根本就不存在的东西"。既然德国没有什么像样的文艺评论，就让我来做好了。让各种陈词滥调以及那颇不体面甚至带有威胁的讥讽见鬼去吧！

本雅明的"不合时宜"似乎让我们有一种感受，他是尼采——这个唯一有资格可以成为"反对我们时代的教育者"——"少数有资格的学生"之一。正如国内研究本雅明的著名学者张旭东在《发达资本主义时代的抒情诗人》的前言中所评价的那样："本雅明对时代以及人在这个时代的处境的洞察，以及他的思想方式和表达方式的独特超出了同时代人的理解力，更确切地说，超出了那个时代的意识形态的承受力。"④

本雅明曾经引用尼采的说法，形容波德莱尔的诗歌就像"一颗

---

① ［德］汉娜·阿伦特编：《启迪　本雅明文选》，张旭东、王斑译，生活·读书·新知三联书店 2008 年版，第 43 页。

② ［美］斯蒂芬·贝斯特、道格拉斯·科尔纳：《后现代转向》，陈刚等译，南京大学出版社 2002 年版，第 74 页。

③ ［美］丹尼尔·贝尔：《资本主义文化矛盾》，赵一凡等译，生活·读书·新知三联书店 1989 年版，第 63 页。

④ ［德］本雅明：《发达资本主义时代的抒情诗人》，张旭东、魏文生译，生活·读书·新知三联书店 2012 年版，第 3 页。

没有大气环绕的星星"①闪耀在第二帝国的天空。他说的又何尝不是他自己呢？一颗没有大气环绕的星星，虽然孤独，却发出自己独特的光芒。

第二节　寻求迷失的游荡者

本雅明在他的《单行道》中提到一个"不修边幅的孩子"：

> 他还没有真正进入生活就如此这般地已经是一名猎人了。他捕捉在事物上嗅到其踪迹的魂灵，他的时辰就这样在魂灵与物之间度过。在这些时辰里，他的视域依然不受常人的影响。就像生活在梦里一样，他知道没有任何东西是亘古不变的。在他看来，一切事物对他来说都是发生了，与他遭际了，被他碰上了。②

这个"不修边幅的孩子"，这名天生的"猎人"，他与一般的猎人有所不同，他不捕捉一般的猎物，他捕捉事物的魂灵。这个"猎人"的形象容易让我们联想起波德莱尔笔下"除了在自己的身上培植美的观念，别无所求"的"浪荡子"形象。

理查德·卡尼在关于本雅明的小传中，谈到本雅明从波德莱尔与超现实主义中受到的某种启示。这里的"超现实主义"在《超现实主义革命》第 1 期中给出了对它诗意又极具冲击力的描述："超现实主义为黑夜对之吝啬的人们打开一扇扇梦幻的大门，超现实主义是诸多魅力的交汇点……它击碎了桎梏枷锁……革命……革

---

① ［德］尼采：《不合时宜的观察》，转引自［德］本雅明《波德莱尔：发达资本主义时代的抒情诗人》，张旭东、魏文生译，译林出版社 2012 年版，第 161 页。

② ［德］瓦尔特·本雅明：《单行道》，王才勇译，江苏人民出版社 2006 年版，第71 页。

命……现实主义，是修剪树木；超现实主义，则是修剪生活。"①

在理查德·卡尼看来，"本雅明之所以迷恋波德莱尔和超现实主义，也正是那种物质风格和精神风格的结合。他尊崇巴黎——超现实主义的大本营，因为巴黎激发他探索'游荡艺术'的秘密，那里还成为他逃避魏玛政权和希特勒政权的避风港。对于本雅明来说，超现实主义的先驱之一波德莱尔是最典型的游荡者或游手好闲者（flaneur）。游手好闲者是指那种懒惰而有创造性的、没有任何目标或计划而富于想象的人。波德莱尔笔下的游手好闲者表面上漫无目标，这反而使他关注表面上偶然事情和毫无联系的物体之间的'交流'，把精神和物质共鸣联系起来，把平凡之事变成不平凡之事"。②

正是借助"超现实主义"的光芒，想象的大门才得以开启，毫不相干的事物之间有了奇妙的组合于是产生各种化学反应，才不至于像单一的"现实"与想象结合而导致的乏善可陈、缺乏光亮。波德莱尔笔下的"浪荡子派头"正是一种超现实主义的冒险——"英雄主义在颓废之中的最后一次闪光"③——"美的永恒部分就掩藏其中"④，即便"像正在消退的晨星，灿烂辉煌，却没有热力，充满着无限的愁思"⑤，也要尽力成为"抵抗资产阶级厌倦的最后的英雄"⑥。本雅明也试图通过审美——这正是现代性的一半——以抵抗资产阶级的厌倦，然而与波德莱尔的浪荡子形象不同，本雅明并不想象浪荡子那样在自己的身上培植美的观念，而是通过游荡者的形象捕捉并收藏美的观念——"他的游荡岁月是在梦中森林里的

---

① ［法］皮埃尔·代克斯：《超现实主义者的生活》，王莹译，山东画报出版社2005年版，扉页。

② 刘北成：《本雅明思想肖像》，上海人民出版社1998年版，第300页。

③ ［英］戴维·弗里斯比：《现代性的碎片——齐美尔、克拉考尔和本雅明作品中的现代性理论》，卢晖临等译，商务印书馆2003年版，第26—27页。

④ 同上书，第26页。

⑤ 同上书，第27页。

⑥ 同上书，第26—27页。

那些时光。他将他的战利品拖到这个林子里，以便去净化它，保存好它，使它不再具有魔力"①，暂且可称为收藏者。

这个收藏者，首先应该是一个游荡者。对于本雅明来说，"他最初的游荡岁月"是否曾在"梦中森林"度过我们不得而知，"在作品中暴露个人对本雅明来说是一件困难和危险的事"。② 本雅明说过，"如果说我写的德文比我同辈的大多数作家都好的话，那么很大部分的功劳要归于我二十年来对一个小小规则的洞察。它就是：永远不要使用'我'这个字，除非在信件中"。③

不过，我们还是在两本短回忆录中明确了本雅明的童年往事。苏珊·桑塔格以"忧郁的画像"为名描述了本雅明的童年时光。

"本雅明有两本短回忆录，写于三十年代早期，生前未能出版，记述了自己在柏林度过的童年和学生生活，是他对自己最精微细致的自画像。那时是他忧郁性格形成的初期，无论是在学校里还是和母亲一起散步，'孤独对我来说是唯一适合的状态'。"④ 这的确是本雅明游荡岁月的开始。"游荡"总愿意光顾孤独的人："他是个经常生病的孩子，但他所说的孤独并不仅仅局限于室内，而是在整个大都市里，弥漫于街头游手好闲者的忙碌……"⑤

在理查德·卡尼看来，"游手好闲者是在某些历史环境中，即西方资本主义早期的过渡时期，滋生出来。当时，城市中交错的拱廊街系统正被宽敞的大街所取代（例如巴黎）。波德莱尔使本雅明懂得，在一个城市里溜达就是在发现空间位置（topos）的意义而不

---

① ［德］瓦尔特·本雅明：《单行道》，王才勇译，江苏人民出版社2006年版，第71页。

② ［德］瓦尔特·本雅明：《驼背小人：一九○○年前后柏林的童年》，徐小青译，上海文艺出版社2003年版，前言第6页。

③ 同上。

④ ［法］苏珊·桑塔格：《〈单向街〉英文本导言》，张新颖译，引自孙冰编《本雅明：作品与画像》，文汇出版社1999年版，第237页。

⑤ 同上。

是时间进程的意义"。① 只要城市提供街道让人游荡，就可以为想象插上翅膀：通过"空间位置"的不断变换就可以打破时间的单一和封闭，这样我们就可以不必局限在过去与现在的某种分隔中，"当下"被迅速开启，涌进各种可能性，曾经遗忘之物又重新呈现。

本雅明笔下的城市的游荡者，往往容易陷入"白日梦，观望，沉思冥想，游荡之中的孤独"②。他在大街上驻足观望，在行色匆匆的人群中显得格格不入。他就像波德莱尔笔下所描述的现代人那样，"他就这样走啊，跑啊，寻找啊。他寻找什么？这个富有活跃的想象力的孤独者，有一个比纯粹的漫游者的目的更高些的目的，有一个与一时的短暂的愉快不同的更普遍的目的。他寻找我们可以称为现代性的那种东西，因为再没有更好的词来表达我们现在谈的这种观念了。对他来说，问题在于从流行的东西中提取它可能包含着的在历史中富有诗意的东西，从过渡中抽出永恒"。③

并不是每个人都有资格作波德莱尔笔下的现代人或是本雅明眼中的城市游荡者。罗丹说，"美是到处都有的，对于我们的眼睛，不是缺少美，而是缺少发现"。④ 一般情况下，走在街上，我们并不会太留意街上的风景，起初是不懂得发现，后来则是对此熟视无睹、视而不见了。我们总试图确立些什么，以抵御非确定性的侵袭，然而处在非确定之中我们最终无法真正地确立什么，于是尽量让自己逃避，尽一切可能"填满自己"：忙着工作、忙着赚钱、忙着购物、忙着旅游，担心一闲下来就要面对不确定的现实。

孤独游荡者的不同之处在于，他们享受着不确定的"侵袭"，因为内心孤独敏感，所以无论遭遇怎样的事物，内心都不可能平淡

---

① 刘北成：《本雅明思想肖像》，上海人民出版社 1998 年版，第 300 页。

② ［法］苏珊·桑塔格：《〈单向街〉英文本导言》，张新颖译，引自孙冰编《本雅明：作品与画像》，文汇出版社 1999 年版，第 237 页。

③ ［法］波德莱尔：《波德莱尔美学论文选》，郭宏安译，人民文学出版社 1987 年9 月第 1 版，第 484 页。

④ ［法］罗丹：《罗丹艺术论》，人民美术出版社 1987 年版，第 58 页。

如水，想象力开始激荡，思绪飞扬任意驰骋。正如尼采的审美现代性所昭示的那样："尼采第一个将审美现代性概念化。他赞美瞬间，颂扬动力，推崇现实性和新颖性，所有这一切都表达出一种具有美学动机的时间意识，表达出一种对于未被玷污的断裂的当下的渴望。超现实主义者具有一种无政府主义的意图：打破沉沦历史的连续性……"①

在一种审美的意义上，游荡者摆脱了对不安的恐惧，他们随时停顿，恭候不安的降临以捕捉不安。这也是现代性的状态："现代性始终是一种充满不安，面对现实的关系方式……现代性不能归结为现时，现代性不是单纯地希望了解世界是什么，或作为眼下的现在；更确切地说，现代性是寻求对一种不安的答案。"②

如果说波德莱尔的浪荡子"……极大地体现了十九世纪的敏感性"，他们"对忧郁症有着辉煌的自我意识"，③ 那么到了 20 世纪，这种敏感性似乎更强烈了，体现为无时无刻无所不在的现代性的不安。为了"寻求对一种不安的答案"，做一名游荡者就是重要的，他总是从一个地方，走向另一个地方，思绪总是从一个地方，跳到另一个地方。现代性的动荡与不安不断地在这个游荡的形象身上复活与再现。

无论如何，这个孤独的游荡者并不沉浸在自我无边无际的忧郁中，他只是忍受不了这世界诗意的丧失，为此他必须借助超现实主义让现实充满梦幻的色彩，甚至生活也要与审美合二为一。"本雅明从他与城市之间的变幻不定、狡黠而微妙的关系中培养出自己的敏感。街道，通路，拱廊，迷宫，是他文学研究经常触及的主题，特

---

① ［德］哈贝马斯：《现代性的哲学话语》，曹卫东等译，译林出版社 2004 年 12 月第 1 版，第 142 页。

② ［法］达尼洛·马尔图切利：《现代性社会学 二十世纪的历程》，姜志辉译，译林出版社 2007 年版，第 1 页。

③ ［法］苏珊·桑塔格：《〈单向街〉英文本导言》，张新颖译，引自孙冰编《本雅明：作品与画像》，文汇出版社 1999 年版，第 237—238 页。

别是在他计划完成的关于十九世纪巴黎的巨著里，以及一些旅行札记和回忆录里。（对于罗伯特·瓦尔泽来说，散步是他独居生活的中心，也是他那些令人惊奇的著作的中心，本雅明论述过他，却相当简短，人们特别希望他能写一篇更长一些的文章。）他生前发表的唯一一本具有审慎的自传性质的著作，题名为《单向街》（*One-Way Street*），对自己的回忆成为对一个地方（一条街道）的回忆，他围绕着这个地方游移，在其中不断变换着自己的位置。"①

本雅明迷恋不安，但也愿意追求某种永恒的东西。这意味着这种不安本身具有某种永恒的意义。如果说柏拉图提取的是事物的理念，那么本雅明提取的则是事物的审美印象。对于本雅明来说，其具有遗著性质的作品《一九〇〇年前后柏林的童年》，的确有一种特别的意义，整部作品与其说是对本雅明的童年的回忆，不如说是童年斑驳的印象，并没有完整的故事，仿佛一个导游给游客一种印象式的导览，便于读者在"家园"中游览，但那些想要按部就班地按照时间的顺序寻找作品的某种连续性，或者想要寻找贯穿作品的核心的东西的读者，可能会失望了。既然现代性已经呈现了它断裂的一面，那么又何必追求作品的整体感呢？呈现在读者眼中的是一种片断式的结构，"全文由三十段各自独立的文字组成。整个文本不具备一般回忆录和叙事文本在时间、事件和人物上的连续性"。②

"家园"的"这部作品展现在我们面前的是作者童年时代的'地形图'：动物园，柏林的老西区，内阳台，屋后庭院，祖母和姨妈们的住宅，学校，农贸市场，街道，火车站，滑冰场，还有夏季别墅等等。'家园'在这里是一个重要的主题。不管是在冬天的早晨，还是在月光游弋的夜晚，也不管是在花庭街十二号，还是在

---

① ［法］苏珊·桑塔格：《〈单向街〉英文本导言》，张新颖译，引自孙冰编《本雅明：作品与画像》，文汇出版社1999年版，第237—238页。

② ［德］瓦尔特·本雅明：《驼背小人：一九〇〇年前后柏林的童年》，徐小青译，上海文艺出版社2003年版，前言第7页。

绿佐河岸的花圃，'家园'对于本雅明似乎都只是那座得而复失的孔雀岛。本雅明就像一个考古学家，在童年的迷宫里挖掘对于'家园'的记忆"①。

作为普通人，我们难以理解的是，童年怎么就成了迷宫，非要成为一个考古学家才能挖掘关于"家园"的记忆吗？可是这一切发生在本雅明身上似乎就很容易理解了。与其说本雅明喜欢在迷宫里挖掘记忆，不如说他更喜欢在城市里迷失的感觉，或许说，只有感受到迷失，才会为"寻求"找到内在的动力。至少，在苏珊·桑塔格转述的本雅明的童年回忆里是这样的。

　　"在城市里找不到路固然无趣，"本雅明在《世纪之交的柏林童年》（*A Berlin Childhood Around the Turn of the Century*）一书的开头写道，"但是如果你想在城市里迷失，就像一个人迷失在森林里那样，则需要练习……我在生活里很晚才学会了这门艺术：它实现了我童年的梦想，最初的时候，我把练习本吸墨纸上的墨迹想象成迷宫"。这样的文字也常常出现在《柏林记事》（*A Berlin Chronide*）里。本雅明指出，需要经过多次练习，才能学会迷失，那是一种"在城市面前无能为力"的初始感觉。②

在本雅明看来，重要的是体验一种在"城市面前无能为力"的感觉，甚至为了这样的感觉需要反复练习——这样，在一个城市中游荡——而且多次地四处游荡对他来说就成为必要的。"他的目标是成为一个能够非凡地使用街道地图的人，知道怎样迷失，并且知

---

　　① ［德］瓦尔特·本雅明：《驼背小人：一九〇〇年前后柏林的童年》，徐小青译，上海文艺出版社 2003 年版，前言第 7 页。
　　② ［法］苏珊·桑塔格：《〈单向街〉英文本导言》，张新颖译，引自孙冰编《本雅明：作品与画像》，文汇出版社 1999 年版，第 238 页。

道如何用想象的地图确定自己的位置。"① 在这里，本雅明眼中的现代性是作为一种体验——迷失而得以存在的，当然动荡的现代性并不会沉溺于迷失之中，而是一种迷失——迷宫——体验的循环。这里的迷宫是一种想象的而非现实的地形图。这个地形图起初可能的确是一系列的想象，进而斑驳地出现在本雅明短暂一生中，构成无数个印象。现代性，就是在这些印象—影像中完成了自身永恒的轮回。

在苏珊·桑塔格描述的作为本雅明一生重要回忆录的"《柏林记事》里，本雅明还谈到，许多年里，他一直抱着绘制个人生活地图的想法。他把这张地图想象为灰色，并且设计出一套颜色标记系统，'清楚地标明我的朋友们和女友们的住宅，各种小团体聚会的场所，从青年运动的秘密辩论室，到青年共产主义者的聚集地，我只住过一夜的旅馆和妓院房间，迪尔加顿（Tiergarten）广场那些非凡的长凳，通往各个学校的道路，我曾经见过的拥塞的墓地，还有那些闻名遐迩的咖啡馆，它们被长久遗忘的名字还常常挂在我们的嘴边'。一次，在巴黎杜玛戈咖啡馆（Café des Deux Magots）等人时，本雅明画了一张他个人生活的图表：看上去就像一座迷宫，其中每一个重要的关系都是'一个通向迷津的进口'。这些经常出现的隐喻，如地图和图表，记忆和梦想，迷宫和拱廊，狭景和全景，都唤起一种独特的城市幻象，唤起一种独特的生活。本雅明写道，巴黎，'教会了我迷失的艺术'。城市的真实性质的显露，不是在柏林，而是在巴黎。整个魏玛时期他经常待在巴黎，后来作为难民从 1933 年起一直住在那里，直到 1940 年从法国逃亡途中自杀为止"②。

---

① ［法］苏珊·桑塔格：《〈单向街〉英文本导言》，张新颖译，引自孙冰编《本雅明：作品与画像》，文汇出版社 1999 年版，第 238 页。

② 同上书，第 238—239 页。

在苏珊·桑塔格看来，城市的真实性质的显露并非那么简单，至少对于本雅明这个致力于寻求"迷失的艺术"的自由文人来说更是如此，与其说巴黎教会了他"迷失的艺术"，不如说巴黎给了他想象的巨大空间。"更准确地说，在超现实主义叙述中，巴黎被重新虚构了。通过这些隐喻，他提出了一个有关方位感的普遍性问题，建立起难度和复杂性的标准（迷宫就是人们迷失的地方）……迷宫的隐喻，同时也暗示出本雅明由于性格气质的原因给自己的生活设置障碍的倾向。"①

"直至今日，巴黎仍是大都市中唯一可以不费力地步行穿过的城市。比之其他任何城市，它的活力更多地依赖于在街道上悠闲来往的人流。"② 他的著作中给出了以下描述：

> 因此，现代的汽车交通危及它的存在不仅仅是技术的原因。美国城郊漠然如荒野的地域，或是许多城镇的居住区，街市生活只在车道边进行，行人只能在人行道上行走，人行道如今又缩成单行窄道，连绵几里之内渺无人迹，这与巴黎形成鲜明的反差。所有别的城市似乎很不情愿才允许社会渣滓干的事：闲荡，游手好闲，漫游，巴黎的街道却邀请大家来做这些事。这样，自第二帝国以来这个城市成为无须谋生、不思就业、无所企求的人的乐园，即波希米亚人的乐园。不仅是艺术作家，而且是那些团聚在他们周围的人们的天堂。这些人无家可归，无国可臣，无法在政治或社会上归化主流。③

---

① ［法］苏珊·桑塔格：《〈单向街〉英文本导言》，张新颖译，引自孙冰编《本雅明：作品与画像》，文汇出版社1999年版，第239—240页。

② 参见［德］汉娜·阿伦特编《启迪　本雅明文选》，张旭东、王斑译，生活·读书·新知三联书店2008年版，第40页。

③ 同上书，第40—41页。

　　我们很难搞清楚，本雅明是先成为不合时宜的人，还是先成为波希米亚人的。或者，正是因为不合时宜，才造就了他立志成为波希米亚人——那无论是肉体还是心灵都处在无家可归的状态，即使不引以为自豪，也是基于自我的选择，并把此种状态作为他最为主要的生活方式——这种生活方式，注定无法归入主流——不被主流的意识形态所接受。这注定是一种不合时宜的生活方式。看来，我们无须再追问波希米亚人与不合时宜人的关系，两者本就是合一的。

　　　这个城市成为青年本雅明决定性的经验，不考虑此背景，我们就难以理解为什么游荡者会成为他著作里的中心人物。游荡者在多大程度上左右他的思维节奏，也许最清楚地体现在他行走的姿态。马克斯·雷希纳（Max Rychner）把这姿态形容为："走走停停，亦行亦止，怪不可言。"① 这是游荡者的走法。这走法如此触目，因为如同时髦公子或势利之徒，游荡者以 19 世纪为其家园。那是个稳定的世界，上层家庭的子女确保有收入，不必工作就业，因而无须行色匆匆。正如巴黎使本雅明学会游荡，即 19 世纪隐秘的行走和思维风格，它自然也激发他对法国文学的感情，这几乎无法挽回地使他与常规的德国知识生活疏离。"在德国我沉浸于自己的兴趣和工作，在同辈人中感到相当孤独。"②

　　在他看来，虽然疏离本身可能很难说是一件值得高兴的事，但

────────

　　① 马克斯·雷希纳：《瑞士新观察》的编辑，是当时心智生活中最渊博最有修养的人物之一。如同阿多诺、恩斯特和舒勒姆一样，他在《月刊》1960 年 9 月号上发表《回忆本雅明》。
　　② ［德］汉娜·阿伦特编：《启迪　本雅明文选》，张旭东、王斑译，生活·读书·新知三联书店 2008 年版，第 41 页。

如果这件事只是提醒我们，你必须增加一些现代性的体验，去经历去冒险，"……我将把这种经验称作'现代性'。所谓现代性，就是发现我们自己身处一种环境之中，这种环境允许我们去历险，去获得权力、快乐和成长，去改变我们自己和世界，但与此同时它又威胁要摧毁我们拥有的一切，摧毁我们所知的一切，摧毁我们表现出来的一切"。① 本雅明在法国找到了他梦寐以求的巴黎。巴黎在某种意义上也找到了本雅明。的确是巴黎，"使本雅明学会游荡，即19世纪隐秘的行走和思维风格，它自然也激发他对法国文学的感情"。②

这个游荡者的形象在他的《历史哲学论纲》中有更为形象的呈现。阿伦特的《启迪》中有这样的描述："游荡者漫无目的地在大都市的人群中闲逛，与人们匆忙而有致的活动形成考究的对照。而正是对这个游荡者事物袒示了它们隐秘的意义：'过去的真实图景就像过眼烟云'（《历史哲学论纲》），只有游手闲逛的游荡者才能神会其奥义。"③ 本雅明是大街上的游荡者，更是让他的思绪在具有巨大异质性的事物中来回穿梭，并在一种隐秘的意义上把它们串联起来。"他关注一片街景，一桩股票交易买卖，一首诗，一缕思绪，以及将这些串通连缀的隐秘线索，使历史家或语言学家能够认识到这一切都得置放于同一时期。当阿多诺批评本雅明'对现实惊诧而瞠目的呈现'（《书信集》下卷，第793页）时，他击中了要害。这正是本雅明所做并愿做的事。"④

这样看来，与其说本雅明的揭露引起了各个专业化领域对本雅明的排斥。虽然这的确是一个事实，但这并非事情全部的真相，最

---

① ［美］马歇尔·伯曼：《一切坚固的东西都烟消云散了——现代性体验》，徐大建、张辑译，商务印书馆2003年版，第15页。

② 参见［德］汉娜·阿伦特编《启迪　本雅明文选》，张旭东、王斑译，生活·读书·新知三联书店2008年版，第41页。

③ 同上书，第31页。

④ 同上书，第30页。

多是冰山一角。冰山下更为核心的东西是本雅明早就不堪忍受各个领域专门化的思想分工——为了抵抗这韦伯的"合理化的铁笼"，就有必要过一种新的生活，这种生活打破了合理性意义上专业分工的界限，从而让知识从"铁笼"中释放出来，以便释放出它们的潜能，恢复它们的自由与尊严。这个新生活方式以解放知识的方式也使人的自由得以可能。然而这种自由的捍卫是通过"茫然无措"与"漫不经心"来实现的。

正是作为浪游者的"茫然无措"与"漫不经心"——一种有意地让自身陷入"迷宫"中的状态——才不会因为某种确定的"合乎时宜"的目的执着一念，思想在不被打扰的状况下，他可以展开他作为的无限的可能性，现在看来，本雅明对迷失艺术的着迷，对"迷宫"的创造不过是印证了波德莱尔笔下的现代人的任务："对于波德莱尔来说，现代人并不是那种去发现自己、发现自己的秘密和他的隐藏的真理的人；他是那种设法创造他自己的人。这个现代性并不在人的自己的存在中解放人，它强制人完成制作自身的任务。"①

本雅明笔下的游荡者——就像他所伫立的十字街头，他把自己每个涉足的领域都看作是一个四通八达的地方，他任由自己的直觉，让自己的思绪飘散出去。那个思绪降落的地方，就是他思想的下一个落脚点。就这样，本雅明在不同职业之间完成了某种相互的转换，他是翻译者、史学家、评论家、文人，同时，又不能以其中的任何一种自居，他为了捍卫自己在精神领域的自由，保持了他游荡的特质：他同时在新康德主义、犹太复古主义与马克思主义之间来回摇摆，哪一个也不坚定，却保持着必要的张力以辨明真相，他的关键词在概念"单子""寓言""幻想"几个词中跳来跳去，他

---

① ［法］福柯：《何为启蒙》，顾嘉深译，载杜小真编《福柯集》，上海远东出版社1998年版，第536页。

重新定义了"废墟""碎片"，有时扮作拾荒人在废墟旁边挑挑拣拣以便收藏。当废墟、碎片在收藏者目光中熠熠生辉的时候，他让他的游荡，具有了现代性的意义。

第三节　废弃之人，废弃之物，拾垃圾的人、收藏者

在关于现代性若干叙事中，有"流动的现代性"，"多元的现代性"，有"现代性的五副面孔"，"五个悖论"……其中"废弃的生命"可能是其中最为独特的一个。鲍曼在他的《废弃的生命》这本书的导言中，向我们展示了卡尔维诺的小说《看不见的城市》中一个"古怪但又令人觉得离奇地熟悉的城市"的故事。

在这个叫作李奥尼亚的城市里，居民们"热衷于'享受新奇与不同的物品'。事实也确实如此，每天早上'他们穿全新的衣服，从最新款的冰箱中拿出从未打开过的罐头，收听最新型的收音机播放的最新广告。'但每天早上，'昨天的李奥尼亚所残留下来的物品也在等待着垃圾车'。而像马可·波罗这样的外来者，透过李奥尼亚城那用故事砌成的墙壁上的缝隙看出来，则会怀疑：是否李奥尼亚人真正热衷的不是新奇，而是'驱逐、抛弃和清扫自身反复出现的不洁的乐趣'。否则为什么街道清洁工会'被当作天使般受到欢迎'，即使他们的工作'被令人尊敬的沉寂所包围'。如此人们便可以理解为什么在这里'一旦物品被抛弃，就没人再去想它们'。就在李奥尼亚人狂热追求新奇时，'一座由无法毁灭的废弃物品所堆砌的堡垒'也围绕在了城市的周围，'从各个方向俯瞰着它，就如环绕的群山'。

"也许你会问，李奥尼亚人没有看到这些垃圾山么？有时他们或许看见了，特别是在一阵怪风吹送到他们整洁干净的家里的是垃圾堆的臭气，而不是新鲜、迷人而又香气扑鼻的新奇品商店的味道

的时候。每当这个时候，他们总是无法移开自己的视线。他们焦虑地看着那些垃圾山，心中充满恐惧和战栗——他们惊恐于他们所看到的一切。他们憎恶这些山的丑恶，因为它们弄污了风景，不洁净，不体面，令人不悦甚至完全令人恶心；他们痛恨这些垃圾山，因为它们包含危机，那些与他们从前所知的一切危机都不相同的、却偏偏摆在眼前的危机；他们恨这些垃圾山，也因为它们存蓄着危险，那些人们明明能看到，却怎么也猜不到的危险。他们不喜欢眼前的所见，更不愿再看它一眼。他们狂热地痛恨这些昨天新奇物品的存留，正如他们狂热地欢喜新衣服和最新的玩具。他们希望这些山离他们远远地，希望这些山消失，希望它们被炸毁、压碎、磨碎甚至分解。"①

卡尔维诺通过这部小说向我们展示的"李奥尼亚城"似曾相识，这是一个现代城市寓言——这个寓言直到现在仍然久久地缠绕着我们。现代性在这里是一个超级大市场，它把一切可能的新奇事物都摆放到橱窗里货架上，吸引人们购买的欲望；购买是为了消费。在雷蒙·威廉斯看来，"消费一词最早的用法是'摧毁、用光、浪费、耗尽'"②。消费使现代性又像一个巨大的打磨机，它把一切的可能之物都放在那里磨碎，它又是一个巨大的搅拌机，把一切都混合在一起变成一个东西，它还是一个巨大的离心机，随时把它所标定的废料分离出去。

无论是超级大市场，还是巨大的打磨机、搅拌机、离心机都形象地刻画了现代性的轮廓，也就是说，理性将自身工具化的过程，就是理性所覆盖的"他者"呈现出来的过程。然而此时的"他者"已被理性的工具化所更改。在"阿革劳拉"尚未进入理性化的世界

①　[英] 齐格蒙特·鲍曼：《废弃的生命——现代性及其弃儿》，谷蕾、胡欣译，江苏人民出版社 2006 年版，导言第 2—3 页。

②　[英] 迈克·费瑟斯通：《消费文化与后现代主义》，刘精明译，译林出版社 2000 年版，第 30 页。

里，一切都被禁锢，一切事物都被封锁到一个具有象征意义的"石头"，"李奥尼亚城"那不断创造出的让人厌恶的垃圾，就是市场这部巨大的理性机器创造出的"他者"。这些垃圾不是一开始就是垃圾的，它们的最初形式是"工具"——这正是理性的目的——它要把一切甚至人都转化为工具，为自身所用，然而当市场发现这些"工具"已经失去市场价值的时候，他们，她们，就会迅速地成为它们，而它们，则会被丢弃。慢慢地，一个现代化的都市产出的垃圾越来越多，成为巨大的垃圾场，绝大多数人可能对此无动于衷，不会显出特别的情感，无论是厌恶还是喜爱。只有少数头脑清醒者以艺术的方式表达了他们对现代性的敏感：

当摇滚歌手何勇唱出"我们生活的世界，就像一个垃圾场。人们就像虫子一样。在这里边你争我抢。吃的都是良心，拉的全是思想"的时候，就表达了对这个世界的愤怒：理性让自身工具化的过程——让现代性也工具化了，这种工具化要的不是思想与良心，或者，"思想"与"良心"在这里都变成了工具——以服从有用性，对于"有用"的部分，就会像其他商品一样，被消耗，被利用，对于"无用"的部分，就会像废物一样被排泄出去。

当尼采指责启蒙"使人变得更顺从统治"[1] 的时候，就表达了理性的工具化过程，这个过程不是宣布了确定，而是让事物处于飘忽不定的状态，无论是谁，或是什么东西，都不能宣称自己是主导，至少无法占据一个永恒的位置，所以现代性在这里试图传达的情绪是一种无所不在的不安全感：一个"一切坚固的东西都烟消云散了"的世界，所有的事物都被推入了这样一个赌局，为了便于识别，只有两个标签："有用"和"无用"。尽管只有两个答案，但谁也不知道属于自己的答案是什么，唯一可以做的就是祈祷自己的

---

[1] 《权力意志——重估一切价值的尝试》，转引自［德］尼采《尼采文集　权力意志卷》，周国平译，青海人民出版社1995年版，第37页。

命运，然而我们已经身处现代性中了，这似乎意味着谁也逃脱不了不是被利用就是被抛弃的命运。

在这个意义上，"拾垃圾的人"就有了一种特别的意味：他们在可被利用的东西与废品之间来回穿梭游荡——在他们身上承载了一种具有辩证意味的神奇力量：在他们眼中，一切可以被利用的东西最终都会走向垃圾堆——而在垃圾堆中翻拣尚且可用的东西并再次加以出售，这似乎意味着万事万物一个永恒的轮回：从生存到毁灭——从毁灭到重生的过程。

波德莱尔的诗则给予收垃圾的人以最为特别的注解：

> 当那装有反射镜的路灯发出红光，
> 风吹得灯火摇摇，灯玻璃轧轧作响，
> 在老郊区的中心——污秽卑贱的迷宫，
> 那里动乱的因素使人类乱蹿乱动，
>
> 常看到一个拾垃圾者，摇晃着脑袋，
> 碰撞着墙壁，像诗人似的跟跄走来，
> 他对于暗探们及其爪牙毫不在意，
> 把他心中的宏伟意图吐露无遗。
>
> 他发出一些誓言，宣读崇高的法律，
> 要把坏人们打倒，要把受害者救出，
> 在那像华盖一样高悬的苍穹之下，
> 他陶醉于自己美德的辉煌伟大。
>
> 是的，这些尝够了他们家庭的烦恼，
> 厄于年龄的老大，困于工作的疲劳，
> 被巨都巴黎所吐出的杂乱的秽物——

大堆的垃圾压得弯腰曲背的人物，

他们回来了，发出一股酒桶的香气，
带领着那些垂着旧旗似的小胡子、
被生存斗争搞得头发花白的战友；
无数旗帜、鲜花、凯旋门，在他们前头

屹然耸立着，这是多么壮丽的魔术！
在那一大片军号、阳光、叫喊和铜鼓
吵得使人头痛的辉煌的狂欢之中，
他们给醉心于爱的人们带来光荣。①

　　本雅明在波德莱尔身上看到了"拾垃圾的人"背后的世界：一个永远在喜新厌旧的世界，就是一个"拒绝了某种既定的价值"②的世界，随着"新的"不断地成为"旧的"，垃圾山必定出现。"拾垃圾的便在城市里大量出现。他们为中产阶级服务并在街头构成了一种家庭手工业。"③"拾垃圾的人"——必定是最了解城市中"垃圾"的人，对于废弃之物，他们捡到后，推个推车，可以换几个小钱。可是对于城市中的"废弃之人"——被现代性"大机器"甩出来的人——城市的边缘人，他们甚至都懒得"收集"。把他们拿到市场中，很难获得收益——都不如废弃物，所以也许从一开始拾垃圾者就放弃了从有用性的角度打量城市的边缘人，这样，这些拾垃圾者似乎是最早地从理性工具化中解放出来，他们和其他那些

---

　　① "拾垃圾者的酒"，引自［法］波德莱尔《恶之花　巴黎的忧郁》，钱春绮译，人民文学出版社 1991 年版，第 237—238 页。
　　② ［德］本雅明：《发达资本主义时代的抒情诗人　论波德莱尔》，张旭东、魏文生译，生活·读书·新知三联书店 1989 年版，第 37 页。
　　③ 同上。

陶醉于"有用性"中无法自拔的人最大的区别可能就是了解自己身份低贱，但并不以为耻，至少不太在意，他们在意的是和他们一样的受苦之人，这似乎就是为什么"拾垃圾的对自己的时代十分着迷。对穷人的最早的关注落在了他们身上，随后的问题便是：人的苦海何处是岸"①。

本雅明对波德莱尔的这首诗有一种特别的感受，因为本雅明，一个波希米亚人，一个同样在"废墟"中捡拾的人，自认为，也是他们——拾垃圾的中的一员——同样的地位低贱，同样的朝不保夕。本雅明同样也在怀疑：现代性的苦难，何时是一个尽头？他希望自己也是这个苦难的一部分，或者，苦难就是本雅明必须要承受的命运。

> 当然，一个拾垃圾的不会是波希米亚人的一部分。但每个属于波希米亚人的人，从文学家到职业密谋家，都可以在拾垃圾者的身上看到自己的影子。他们都或多或少地处在一种反抗社会的低贱地位上，并或多或少地过着一种朝不保夕的生活。在适当的时候，拾垃圾的会同情那些动摇着这个社会的根基的人们。他在他的梦中不是孤独的，他有许多同志相伴，他们同样浑身散发出难闻的气味，同样尸冷战场。他的胡子垂着像一面破旧的旗帜。在他四周随时会碰上 mouchards（暗探），而在梦中却是他支配他们。②

"同志""战场""破旧的旗帜"以及"暗探"在这里都像一个"浪漫"的标志，无论本雅明在拾荒人身上看到了自己的波希米

---

① ［德］本雅明：《发达资本主义时代的抒情诗人 论波德莱尔》，张旭东、魏文生译，生活·读书·新知三联书店1989年版，第37页。

② 同上书，第38页。

亚人怎样的影子，他都通过这些浪漫的标志表达出来一种工具理性之外的现代性的可能。用丹尼尔·贝尔的话说："现代文化的特性就是极其自由地搜检世界文化仓库，贪婪吞食任何一种被抓到手的艺术形式。这种自由来自它的轴心原则，就是要不断表现并再造'自我'，以达到自我实现和自我满足。在这种追求中，它否认经验本身有任何边界。它尽力扩张，寻遍各种经验，不受限制，遍地掘发。"①

现代性以文化的方式展开并呈现自身，这是一个文化拾荒者的乐园——对于本雅明——这个波希米亚人的，这个文化的游荡者，似乎再合适不过。但显然本雅明这个文化拾荒者与波德莱尔眼中的拾垃圾的人不同，虽然后者显得更加富有浪漫的解放气息：

> 他发出一些誓言，宣读崇高的法律，
> 要把坏人们打倒，要把受害者救出，
> 在那像华盖一样高悬的苍穹之下，
> 他陶醉于自己美德的辉煌伟大。②

本雅明并不想发出誓言，也不想把受害者救出以彰显自己的伟大，但他的确从波德莱尔那里受到了启发：他相信波德莱尔的"恶之花"是对"现代性的粗糙垃圾（厄勒语）的诗意过滤"③。不过与波德莱尔"从邪恶中提取美的能力"④ 不同，本雅明具有一种"从垃圾中提取美的能力"——从废墟之中——在人们惯常遗忘的

---

① ［美］丹尼尔·贝尔：《资本主义文化矛盾》，赵一凡等译，生活·读书·新知三联书店1989年版，第59页。

② ［法］波德莱尔：《恶之花　巴黎的忧郁》，钱春绮译，人民文学出版社1991年版，第237—238页。

③ ［英］戴维·弗里斯比：《现代性的碎片——齐美尔、克拉考尔和本雅明作品中的现代性理论》，卢晖临等译，商务印书馆2003年版，第27页。

④ 同上。

角落——在"有用性"目光不被触及之处——正是本雅明特别留意的地方。在他著名的《单行道》中"建筑工地"的小散文中，本雅明以一个孩子的视角诠释了"废料"的特别涵义：

> 世界充满了最大限度地各不相同的使孩子们感兴趣和供他们玩弄的物品。这些物品独特无比，也就是说，孩子们尤其喜欢出没于可明显看出正在生产某样东西的地方。他们被建筑、园艺、家务劳动、裁剪或木匠活产生的废料深深地吸引。从废弃的垃圾中，他们看到了物世界直接向他们，而且唯独向他们展现的面貌。在摆弄这些物品时，他们很少效仿大人们的做法，而是按照自己游戏时的情形将完全不同的材料置入到一种往往使人愕然的全新组合里。由此，孩子们就创建出了他们自己的物世界，一个大世界中的小世界，如果人们想专门为孩子创造出这样一个物世界，而不想用自己指向物质功利的工具性活动去度量他们，那就必须看到这个小世界的范式。①

通过这个由孩子们自己创造出来的这个"小世界的范式"，本雅明给出了一种寓言式的启发：如果我们收集思想上的废料与摒弃物，是不是可以创造一个新世界呢？无论如何，那逝去的，才可能是最应该珍惜的，那个很不起眼没有机会被放在橱窗里货架上的东西，那个在打磨机中很不合作地没有被磨碎的东西，那个在搅拌机中拒绝混合的东西，那个不幸被离心机甩出来的不适当的东西，才是他最应该感兴趣的。本雅明似乎总能找到那些"废弃之物"。这似乎是一个命运——本雅明的命运似乎在很早的时候就已经注定了——他越是努力和他的命运抗争，命运越是把他推向一个"游荡

----

① ［德］瓦尔特·本雅明：《单行道》，王才勇译，江苏人民出版社 2006 年版，第 21 页。

者"的怀抱，或者，一个"闲逛者"，一个波希米亚人，一个寻找废弃之物的"废弃之人"的怀抱。

本雅明本人就是那个"拒绝被放在橱窗中展览"的人，一个尚未被同化成为一个"标准件"的人，却是一个被市场所淘汰的"废弃"的人。这个废弃的人，是一个几乎拒绝了"买"与"卖"的人，对他来说，只完成生存所必需的少量的"买"与"卖"就可以了。

从把一切东西归于某种有用性的意义上，所有的现代人都是买卖人。本雅明显然是个例外。只有一个"废弃"的人，才会对其他"废弃之物"有同理之心。或者说，天然地被"废弃之物"所吸引，甚至震惊——在那些通常不会让人震惊的平庸的地方。

浪荡者有一个好处，他不会主动地为自己设立路障，所以，他可以去一个地方很多次，也可以去任何一个可能的地方。越是"闲逛"越是发现：有用的东西越多，那"废弃之物"就越多。"废弃之物"往往以碎片的方式呈现。这是显而易见的，碎片是整体剥落的东西，当它是整体的一部分的时候，它才是有用的；如果只是个碎片，则失去了有用性。

所以对于本雅明来说，他真正想去的地方，是一个"人迹罕至"的地方，这并不是说他要去南极，或是去荒岛和太空。他真正关注的其实是那些往往被人们遗忘或忽略的琐细之物——因为不再具有市场的价值。何况，一个都市中，既然不断地产生垃圾，就要有收垃圾的人。

在本雅明看来，超越历史即意味着聚焦"历史的垃圾"，"它们在路旁悄悄地流逝，遗落在继承事业之外。因此，诸如德里达一类的学者，把本雅明的历史思想与历史唯物主义定名为'衣橱'记忆的承诺（chiffonler），一个收集传统碎片的容器，目的是为了从碎片之中解读真理。在现代资本主义社会中，商品被迅速淘汰，那些碎片、裂痕或断点不仅被资产阶级的伟大成就忽视和掩盖，而且被工业化进程所摒弃"①。

　　或许正因为"本雅明具备了一个超群的显微学的语言敏感性"②，才可能在每一个领域里被寻常人忽略与遗忘的垃圾堆中翻翻拣拣，像一个文化拾荒者，寻找文化废墟中闪光的微粒，正是本雅明，让那些已经被废弃的东西有了重新的定义。他拯救垃圾的方式并非通俗意义上的"变废为宝"，反而是"变宝为废"——去除事物的有用性，只为单纯的收集。捡垃圾只为收集不为出售，本雅明的做法对于常人是难以理解的：这似乎是在任何一个时代我们都找不到的一个人——"一个不存在的人"。然而正是这个"不存在的人"，公开了"不存在"是如何发生的——这正是现代性的耻辱——它蕴含的"工具性"宣布了"消失"——公开这种耻辱，目的不仅仅是"使耻辱更加耻辱"③，而且要以拾荒者的身份来"拯救消失"。让"消失的"成为"可见的"，这正是本雅明的意义所在。沃尔法斯说过，拾垃圾者梦想一个世界，在这个世界里，"物质摆脱了它所具有的物用性"④ 恰恰是去除了有用性，一切事物才开始散发出特别的"光韵"。在沃尔法斯看来，本雅明也区别于一般的收藏者，"对于收藏者来说，物是个投资和声望的问题"⑤。在这里，本雅明进入了拾垃圾者的 2.0 版，也是目前所及的最高版本。他不仅捡拾垃圾，他还收藏垃圾，以便拯救它们。所以他的收藏既不投资，又不涉及声望，从这个意义上，他是一个真正的收藏者。

---

　　① ［加］弗莱切：《记忆的承诺：马克思、本雅明、德里达的历史与政治》，田明译，上海华东师范大学出版社 2009 年版，第 229—230 页。

　　② ［英］戴维·弗里斯比：《现代性的碎片：齐美尔、克拉考尔和本雅明作品中的现代性理论》，卢晖临等译，商务印书馆 2003 年版，第 286 页。

　　③ 《马克思恩格斯全集》第 3 卷，中共中央马克思恩格斯列宁斯大林著作编译局编译，人民出版社 2002 年版，第 203 页。

　　④ ［英］戴维·弗里斯比：《现代性的碎片：齐美尔、克拉考尔和本雅明作品中的现代性理论》，卢晖临等译，商务印书馆 2003 年版，第 304 页。

　　⑤ 同上。

第六章

本雅明：碎片、寓言
与微弱的救赎（下）

这个"真正的幸存者"是忧郁的，他忧郁的气质让他整个的思想也散发了一种忧郁的味道，一个随时作战的面孔上，写着"巨大的否"①。

第一节　现代性的碎片：在碎片中指点迷津

齐格蒙特·鲍曼认为："我们注定要生活在破碎的中间。我们无法在其他地方生活；不存在其他的地方，也不可能存在。"② 齐美尔也认为"哲学史上所有的伟大概念都是要把绝对的整体带进琐碎喧闹的多样化生活中"③。这样看来，"现代性"——无论它自身是否想成为伟大的概念，它已经置身于琐碎喧闹的文化现实中了。

戴维·弗里斯比把本雅明看作是研究现代性碎片的哲学家。④

---

① ［日］三岛宪一：《现代思想的冒险家们　本雅明：破坏·收集·记忆》，贾倞译，河北教育出版社 2001 年版，第 4 页。

② ［英］齐格蒙·鲍曼：《生活在碎片之中——论后现代道德》，郁建兴等译，学林出版社 2002 年版，第 79 页。

③ ［德］齐奥尔格·齐美尔：《时尚的哲学》，费勇、吴蘩译，文化艺术出版社 2001 年版，第 178 页。

④ 参见 ［英］戴维·弗里斯比《现代性的碎片：齐美尔、克拉考尔和本雅明作品中的现代性理论》，卢晖临等译，商务印书馆 2003 年版。

这个"碎片化"主要体现在本雅明倾注十几年，直到临死之前也尚未完成的"拱廊街计划"中。阿多诺谈"拱廊街计划"时说："'事实上，作为整体的拱廊街计划几乎不可能被重建。'他的这种断言基于对本雅明著作的一个解释，即，本雅明'拱廊街计划'的作品不过是一部超现实主义的拼贴碎片的集锦。"①

在《现代性的碎片》作者弗里斯比看来，"'拱廊街计划'最初的灵感，来自于阿拉贡（Louis Aragon）《巴黎的农民》中'歌剧院通道'的超现实主义意象。随后，本雅明的现代性理论，将在现代性史前史中找到起源，其中一个主要着落点是19世纪早期巴黎人的拱廊街。这些拱廊街，将被人们视作通向表达资本主义梦境的那些想象、错觉和幻景的原始世界的入口"。②

假如整个巴黎都是本雅明所说的"迷宫"，那么这个迷宫的入口处，就是拱廊街。

> 对阿多诺来说，本雅明的意图是：放弃所有表层的建构，留下它的重要部分，仅仅去呈现物质的类似震惊的蒙太奇。哲学不仅仅求助于超现实主义，而且其本身亦将成为超现实主义的……为了完成他的反主观主义，主要的研究仅仅由一些引述搭成……这些支离破碎的哲学存留下一个碎片，或许一个方法的遇难者，至于它是否可能被收编进任何思想媒介乃悬而未决。③

---

① 阿多诺：《瓦尔特·本雅明的性格》，转引自［英］戴维·弗里斯比《现代性的碎片：齐美尔、克拉考尔和本雅明作品中的现代性理论》，卢晖临等译，商务印书馆2003年版，第253页。

② ［英］戴维·弗里斯比：《现代性的碎片——齐美尔、克拉考尔和本雅明作品中的现代性理论》，卢晖临等译，商务印书馆2003年版，导言第7页。

③ 阿多诺：《瓦尔特·本雅明的性格》，转引自［英］戴维·弗里斯比《现代性的碎片：齐美尔、克拉考尔和本雅明作品中的现代性理论》，卢晖临、周怡、李林艳译，商务印书馆2003年版，第254页。

在这里，任何"思想媒介"似乎处于失语的状态——哲学的确已经支离破碎了，思想再也无法使其复原成为一个整体。这里带有一种反讽的意味：试图说明任何把哲学的碎片收编的努力都会导致失败——虽然碎片是哲学的受难者，却可能是现代性的真正幸存者。为了更好地拯救幸存者，以便"完成他的反主观主义"，似乎展示碎片就变得必要——为了防止碎片再一次落入理性一体化的窠臼，本雅明重视的是类似于万花筒般的文学蒙太奇的研究方法。

这种超现实主义的研究方法，被最清楚地表述在本雅明的早期拱廊街计划的笔记中："这种研究方法：文学蒙太奇。我无法去说，只是去展示。即我不会采纳任何智者的精当阐释，不猎取任何视作珍宝的东西。但是碎片、垃圾：我不会描述，而是展示它们"①。

即便本雅明在这里只是展示，而不进行描述，"碎片、垃圾"毕竟不是无来由地散布在我们的周围。换句话说，还是需要说明"碎片、垃圾"是在一种怎样的意义上被展示的。或许通过受阿拉贡超现实主义影响的本雅明与阿拉贡的不同之处可以为我们提供一种线索：

> "阿拉贡坚定地站在梦的园地里"②，而本雅明试图在阿拉贡的梦里觉醒，这似乎意味着阿拉贡印象主义的"神话"已然毁灭。"正在被觉醒的星群"——"星群"虽然没有太阳的光芒，但在这里似乎成了一种神话消失之后的指引——"这仅仅可能通过唤醒一个关于已经发生的仍旧无意识的知识方式而发生。"③

唤醒"这个无意识的知识方式"的人可能来源于歌德，"来自

---

① ［英］戴维·弗里斯比：《现代性的碎片：齐美尔、克拉考尔和本雅明作品中的现代性理论》，卢晖临等译，商务印书馆 2003 年版，第 254 页。

② 同上书，第 255 页。

③ 同上。

歌德的一个信念，认为原型现象的实际存在是一个有待在表象世界中发现的具体事物，在其中'意义'（Bedeutung，最富歌德色彩的词，频频在本雅明的著作中出现）和表象，词和物，观念和经验将融为一体。对象物越小，似乎越能够在其最凝练的形态中包含别的一切。因而他欣喜两颗麦粒居然能够容载整篇《以色列忏悔》。这犹太教的精髓，其最细微的精华显形于最渺小的实体，于两者中别的一切得以衍生，但意义上又无法与此源头相比。换言之，从一开始就深深吸引本雅明的从不是一个观念，而总是一个具象。'一切恰当地称为优美的事物含有的悖论是：它呈现为表象'"①。

　　如果世界的原型——或者真相，最终要由表象世界发现的具体事物来呈现，那么热衷于细小，甚至毫厘之物就是有意义的。正因如此，本雅明对"小"而琐碎的事物有极大的热情，"这种热情远不是忽发奇想，而是源于唯一对他有决定性影响的世界观"②，即前面所述歌德的信念。对本雅明来说，"一个对象物越小，其意蕴越大"。③ 而超现实主义就是"力求在最微贱的现实呈现中，即在支离破碎中，捕捉历史的面目"④。更为极端的，则体现在以下通过舒勒姆之口传述的本雅明的逸事："他有志把一千四百条引语挤进普通笔记本的一页中去。"⑤

　　在歌德那里，"小"就是源头，它包含一切，它生成一切，它神秘又饱含意蕴，此种说法虽然我们国人可能很少听说，却似乎能够深深地理解"小"——那只可意会不可言传之美。本雅明"敬慕两颗麦粒居然能够容载整篇《以色列忏悔》"。我们对于米粒上刻《石头记》一样认为妙不可言。看来"小"在这里已经跨

---

　　① 参见［德］汉娜·阿伦特编《启迪：本雅明文选》，张旭东、王斑译，生活·读书·新知三联书店 2012 年版，导言第 31 页。

　　② 同上书，第 31 页。

　　③ 同上。

　　④ 同上书，第 30 页。

　　⑤ 同上书，第 31 页。

越了国家与民族文化的界限，不由得不信"小"本身具有的神秘力量。

　　然而在这里，本雅明感兴趣的，不仅仅是"小"——琐细的事物，他更在意的是"小"的具体性，而非"小"的观念。换言之，从一开始就深深吸引本雅明的从不是一个观念，而总是一个具象。"一切恰当地称为优美的事物含有的悖论是：它呈现为表象。"①"而这悖论，或简言之，表象奇观，总是他关怀的焦点。"②

　　这的确让我们想起了柏拉图宏大的理念论。在这个意义上，本雅明是反柏拉图的，却是接近现代性的。作为越来越走向分裂与琐碎的现代性来说，本雅明试图呈现的，或者就是现代性本身。现代性在这里，已经不是一种我们通常所理解的哲学话语，而是一种表象，一个具体的"小东西"。正是琐细的事物承载了现代性的全部秘密——也呈现了现代性自身。

　　这似乎也能够回答为什么本雅明对碎片格外垂青，宁可作捡拾垃圾之人与垃圾碎片的收藏者了。对于戴维·弗里斯比来说，"虽然在历史的背景中现代性神话的泯灭不可能单单由捡拾重要因素和垃圾（refuse）的收藏者付诸实施——但无论在多大程度上，正是收藏者点拨了本雅明方法论的一个面向"。③在这里，本雅明作为一个"捡拾垃圾之人"、一位"收藏者"还不至于成为"现代性神话"的摧毁者，但显然"现代性神话"基石已被他撬动了。他不停歇地做着日常翻拣的工作，慢慢地让这个基石变得松动。然而正如戴维·弗里斯比所说，仅凭这些还远远不够。因为这不过是点拨了"本雅明方法论的一个面向"——我们猜测这一面向，更多地来

---

　　①　《文集》上卷，第349页。
　　②　［德］汉娜·阿伦特：《启迪：本雅明文选》，张旭东、王斑译，生活·读书·新知三联书店2012年版，第31页。
　　③　［英］戴维·弗里斯比：《现代性的碎片：齐美尔、克拉考尔和本雅明作品中的现代性理论》，卢晖临等译，商务印书馆2003年版，第255页。

源于作为"游荡者"的本雅明。现代性，即便我们知道它碎裂了，而且，它要以碎片的方式呈现，那碎片也不是我们可以轻易看到的碎片——它们好像一直与处在现代性中的人们玩一个捉迷藏的游戏——在本雅明来说，无论是童年的柏林，还是青壮年时期的巴黎，尤其是巴黎，都像一个巨大的迷宫，都是值得他一生去探索的秘密。这个迷宫的入口，埋藏在需要被挖掘的现实里——可是，究竟谁与什么可以决定我们挖掘现实的方式？尤其在"已经丢失的过去"里？"本雅明实践的历史考古学的独到之处就在于，他预设，在人们能挖掘和记忆（Ausgraben und eninnem）已经丢失的过去之前，存在一种关于现代性地形学的知识。"①

这似乎让我们再一次地回想起作为游荡者的本雅明——似乎在他童年时代，就热衷于在他的故乡——柏林迷失自己，在他的想象中构建地形图，并逐渐在巴黎学会了迷失的艺术，似乎就在那一时刻，现代性作为史前史得以展开——本雅明已经为这一现代性的研究准备了许久，正如戴维·弗里斯比所言，"只有那些对现象实在的各个层面极富明确地形学知识的人，才可能从事现代性史前史研究，而所谓现象实在，意指将被发掘的现实"。②

在"那些对现象实在的各个层面极富明确地形学知识的人"看来，一个具有"破坏型性格的人"是重要的。他像一个巨大的钻头，在坚硬的现代性的土地上做着松动的工作。在这一过程中，原本就存在裂缝的现代性迅速分解为各种各样的微小琐细的东西，而作为整体的现代性则会迅速土崩瓦解。因此，"一个'破坏型性格的人'（'Der destructive charakter'，1931）的重要任务，就是需要将世界化约为碎片，在那里世界及其'希望象征'并没有完全支离

---

① ［英］戴维·弗里斯比：《现代性的碎片：齐美尔、克拉考尔和本雅明作品中的现代性理论》，卢晖临等译，商务印书馆2003年版，第255页。

② 同上。

破碎。的确，'他将存在的世界支解成废墟，并不是为了创造废墟，而是为了通过废墟指点迷津'。"①

在这里"破坏型性格的人"的形成来源于本雅明在早期就发展出来的一种破坏美学。这种破坏美学的一个最重要因素就是破碎性。巴洛克悲悼剧中充满了破碎的意象。破碎是腐烂和毁灭的征象。破碎出现的地方，总体性的虚假表象便被根除。建筑的废墟，人的尸体，都是自然作用于历史的破坏性结果，都标志着有机体的必然毁灭。因此，真正的意义必须从碎片中撷取；又由于寓言本身就是意义的碎片，是一个已经丧失了的整体被肢解了的部分，因此，历史的意义，总体的意义，必须到这些碎片中去寻找。

现在我们需要进一步了解的是把"破坏"当作一种研究方法的本雅明。在阿多诺看来，"'知识性核分裂'的破坏与中断成为本雅明方法的核心……本雅明在思考和文章中所追求的不是没有丝毫勉强、障碍的、均衡得如流水般的连续性和调和，而是中断、停止、断点、喘息。在他的文章中遍布着这样些想法。他认为那些已经熟悉的流程还有在文章中逻辑性的，可以放心地委身其中的事清的进展停止的一瞬间，才是超越一般时间轴的认识的瞬间，理念的图形浮现出来却无法保持下去的瞬间"。②

经过中断、停止、断点、喘息这一系列的破坏与中断的过程——本雅明在这里是那个奋力地按住时钟的秒针让时间瞬间凝固的那个人——瞬间在这里被无形地放大因此才能够被特别地加以关注，瞬间并非理念与逻辑所规定的瞬间，也非普遍历史所定义的瞬间，"这是一种对打破常规的休止符和不协和音的执着"③。正是这

---

① ［英］戴维·弗里斯比：《现代性的碎片：齐美尔、克拉考尔和本雅明作品中的现代性理论》，卢晖临等译，商务印书馆 2003 年版，第 255 页。

② ［日］三岛宪一：《现代思想的冒险家们　本雅明：破坏·收集·记忆》，贾倞译，河北教育出版社 2001 年版，第 258—259 页。

③ 同上书，第 259 页。

样的执着，让"瞬间"这个时间的角色转化为"碎片"这个空间的角色——因此挖掘现代性的史前史，就是为了呈现现代性——作为碎片的现代性。现代性在这个意义上才为自身找到了一条出路，至少在本雅明是这样认为的。

> 起初，本雅明确实经由现代性社会现实的瓦砾追寻到了一条道路。他像一个拾荒者（collector），寻找那些已经失却的现实。但是散落的碎片，那些由本雅明凭借超紫外光捕捉与突破的辩证意象的碎片，已不再只以碎片的方式铺现。拱廊街发展的每一个阶段，都已经不是那些纯粹由引述的蒙太奇所堆积的碎片了。蒙太奇原则从不想象以其本身作为目标。在1930年代早期，本雅明对他曾称作"欧洲知识分子的最后写照"的超现实主义加以评论之后意识到，蒙太奇原则可以使马克思主义方法在历史的陈述中成就一种"勃勃生机"（increased vividness）。因此，它的目标是"在最小的、精确构造而成的建筑街区里，建立起各种主要的建筑"。也就是说，在最小的个体因素的分析中发现总体存在的结晶。①

在本雅明那里，超现实主义也好，文学蒙太奇也罢，它们最大的功能是展示碎片以激活碎片，使碎片不再仅仅是堆积起来有待于清理的"废物"，正如本雅明所言，"这一工作方法是文学蒙太奇。我绝不主动讲。只是展示出来。绝不提取有价值的东西也不会把出色的表达方式据为己有。破烂、废物——我们并非要做这样的记录，而是希望有惟一可能的方法赋予它们一个正当的位置。即这一

---

① ［英］戴维·弗里斯比：《现代性的碎片：齐美尔、克拉考尔和本雅明作品中的现代性理论》，卢晖临等译，商务印书馆2003年版，第255—256页。

方法就是使用它们"。① 正是在"使用"的过程中，"碎片"的定义开始变得不同，以至于它们已经不仅仅是"碎片"，至少已经超越了通常人们所想象的对"碎片"的认知：它们由二维的碎片变成三维的瓦砾，或更为细小的结晶体，散发出非比寻常的光芒。它们的神奇就在于，在这个微小的晶体中，容纳了宏观世界的总体。

也就是说在"碎片"中呈现了现代性的各种真相与秘密。或者说，秘密得以被揭示。

> "为了揭示堆积垃圾的背后……必然存在的重要的小物粒"，本雅明在这个世界的不连续结构的周围开掘着。这样做，"是因为他确信：那些在他看来是一塌糊涂的即刻存在缺乏具体之内容……他既不记录某种或其他形式的印象，也不对所有主导的抽象思想敞开这扇大门。他的真正物质是已经消失的东西；对他来说，知识的增长来自废墟。"因此，他的目标不是"拯救现存生活世界"，而是拯救"过去的瓦砾"。在"拱廊街计划"的语境中，这些瓦砾平铺在 19 世纪的巴黎。同时，它们也像克拉考尔在《单行街》书中所窥视的那样，"充满在迸发的物质中"。②

如果按照本雅明说的那样，"知识的增长来自废墟"，那么"一塌糊涂的即刻存在缺乏具体之内容……"就是可以理解的。"当下"是飘忽的，轻薄得像根羽毛。只有它不断成为"过去"才会下坠成为琐细的凝固之物。那一刻仿佛时间也凝固了，以便包裹住这过去之物。过去反而作为一种永恒的现在而存在的。

---

① ［日］三岛宪一：《现代思想的冒险家们 本雅明：破坏·收集·记忆》，贾倞译，河北教育出版社 2001 年版，第 343 页。

② ［英］戴维·弗里斯比：《现代性的碎片：齐美尔、克拉考尔和本雅明作品中的现代性理论》，卢晖临等译，商务印书馆 2003 年版，第 286 页。

在这里尤为需要的是敏感性——在这样一个通过不断制造新奇从而逐渐让所有的人不麻木就无法活下去的大都市"冷漠症"的包围中，与齐美尔相似，本雅明同样选择了在大都市考察现代性。这似乎是他试图故意为难他自己，更大的可能是他真的别无选择：没有比巴黎——这个大都市更合适的地方来考察现代性的瓦砾了。

既然是别无选择，就要做好准备——或者，他早就准备好了，而这似乎是本雅明的宿命，"敏感性"或许早就在本雅明童年的时候就种下了。① 无论如何，本雅明的敏感性在布洛赫对本雅明的评判中得到了证实："本雅明在对细小的、被忽视的因素及非情感上被极端压抑的东西的观察中，在对那些已经被建设者扔弃又四处可见的街角石头的观察中，敏感于个别（个体）细节，也敏感于通常被忽略的偶然事件的意义……对偶然事件的感觉，本雅明具有卢卡奇完全缺乏的方面，这就是，对真正重要的细节，对并行而致的各种事物，对强制这些事物进入思维及进入这个世界的新因素，对那些不适合成为垃圾的、需要引起共鸣而投以特殊关注的异常而非程式化的孤立个体的存在等等，本雅明拥有自己独特的视角。为了这样一个细节，本雅明具备了一个超群的显微学的语言敏感性。"②

如果说"超群的显微学的语言的敏感性"——的确会帮助处在现代性中的我们在废墟中寻找意义，但也只是"敏感于通常被忽略的偶然事件的意义"。如果废墟真的能够指点迷津，也只是在现代性地形学的意义上多了一个让我们迷失的据点。好在我们可以和本雅明一起学习迷失的艺术，这样，我们就会越来越接近于那些让我们迷失之物——我把它们统称为"现代性"。至少，"碎片"最大的意义在于，它作为本雅明留下的重要线索，可以更接近于本雅

---

① 关于这一点，第五章第二节"游荡者：一个波希米亚人的形象"中有较为详细的描述。

② ［英］戴维·弗里斯比：《现代性的碎片：齐美尔、克拉考尔和本雅明作品中的现代性理论》，卢晖临等译，商务印书馆 2003 年版，第 286 页。

明眼中现代性的"真相"——就存在于那些超越历史的独特"瞬间"——存在于在本雅明的"寓言"中——那里是现代性"迷宫的入口"。

第二节 发展的悲剧与"废墟"的寓言

当波德莱尔说出"破坏万岁"[①] 之前，歌德的"浮士德"就把世界变成了"大工地"——一个只有到了资本主义时代才会诞生的"大工地"。在这个"工地"上，"资产阶级在它的不到一百年的阶级统治中所创造的生产力，比过去一切世代创造的全部生产力还要多，还要大。自然力的征服，机器的采用，化学在工业和农业中的应用，轮船的行驶，铁路的通行，电报的使用，整个整个大陆的开垦，河川的通航，仿佛用法术从地下呼唤出来的大量人口，——过去哪一个世纪料想到在社会劳动里蕴藏有这样的生产力呢？"[②]

这个"发展"的形象如此经典，如此的"坚不可摧"以至于成为一个"象征"，一直延续到"当下"。不过，当"发展"等同于"现代化"，并用"现代化"来标志"现代性"的时候，我们看到的不是光明，而是一个硕大无比的阴影，这个阴影笼罩在马克思的"批判"中，在歌德的"浮士德"身上似乎停留得最久，以至于曾经长久地笼罩在"发展"身上的光晕也被"浮士德""阴云密布"的寓言遮盖。"发展"的天空突然变得黯淡无光。

马歇尔·伯曼在他的著作《一切坚固的东西都烟消云散了——现代性体验》中，对"发展"的浮士德进行了详细描述。那是在

---

① ［德］本雅明：《巴黎，19世纪的首都》，刘北成译，商务印书馆2013年版，第66页。

② ［德］马克思、恩格斯：《共产党宣言》，中共中央编译局译，中央编译出版社2005年版，第31页。

浮士德经历了"梦想者""情人"的变形后的第三变形——"发展者"：浮士德一出场，像刚刚诞生的资本主义一样，充满了活力，仿佛只要他一声令下，就可以随时在这片土地上制造神奇：

> 浮士德怀着激情全身心地着手工作。工程的进度近于疯狂——而且野蛮。
>
> 白天工人们纷纷闹嚷，
>
> 尖锄铁铲挥动繁忙；
>
> 夜晚燃起篝火的地方，
>
> 第二天已筑起一条堤坝。
>
> 人们在流血流汗，
>
> 惨痛的呻吟刺破了夜空，
>
> 火焰流向海边之处，
>
> 黎明时便出现一条运河。（第 11123—11130 行）①

在伯曼看来，"这一切就像是奇迹和魔法，一些评论家则认为，如此迅速地完成如此之多的成就，背后一定是靡非斯陀匪勒司在起作用。然而事实上，歌德在这个工程中只给靡非斯陀安排了最外围的角色。在此起作用的'魔鬼'只是现代工业组织的力量。我们还应当指出，歌德笔下的浮士德——不同于他的一些后继者，尤其不同于 20 世纪的浮士德——没有作出任何令人注目的科学与技术发现：他所雇用的工人似乎还在使用数千年来人们一直在使用的尖锄和铁铲。他的成就的秘密在于富有想象力地、严密系统地组织劳动。他告诫由靡非斯陀领导的工头和监工，要'尽可能用各种方法/征募一批又一批的工人。鞭策他们，恩威并用，给予重赏、引诱和逼

---

① ［美］马歇尔·伯曼：《一切坚固的东西都烟消云散了——现代性体验》，徐大建、张辑译，商务印书馆 2003 年版，第 81 页。

迫！'（第 11551—11554 行）关键之点是要用尽一切物和人，超越一切条条框框：不仅要超越陆地与海洋的界限，超越劳动利用方面的传统道德界限，而且还要超越人类基本的对白天与黑夜的两分。在进行生产与建设的冲刺之前，要拆除一切自然的和人类的障碍。

浮士德迷醉于自己对人们所拥有的这种新权力：用马克思的话来说，那是一种统治劳动力的权力。

> 佣工们，每个人都给我从床上起来！
> 让我的宏伟计划赏心悦目。
> 拿起工具，挥动起铁铲和铁锹！
> 规定的工作必须立即动手。
> 他终于为自己的头脑找到了一个要达到的目的：
> 我想做的事，要赶紧去完成；
> 主人的话才具有真正的力量！

伯曼指出这种发展的内趋力量就是一种权力意志。自恋性的权力意志在那些最有力量的人那里最遏制不住，这是世界上最古老的故事。那魔鬼的看法无疑是正确的；浮士德的确越来越在权力的自大中迷失了自己。但这一谋杀还有另一个动机，这个动机不仅仅出于浮士德个人，而且出于一种看来是现代化所特有的集体的、非个人的内驱力：要创造一种同质的环境，一种完全现代化了的空间，其中不留一点旧世界的痕迹"。①

在那个以发展的名义发疯发狂的浮士德的故事中，在那个浮士德发誓要"不留一点旧世界的痕迹"在新世界里。然而如果这一切来自于世界上最古老的故事——"自恋性的权力意志无法遏制"；

---

① ［美］马歇尔·伯曼：《一切坚固的东西都烟消云散了——现代性体验》，徐大建、张辑译，商务印书馆 2003 年版，第 81—88 页。

来自于现代的故事——"现代化特有的集体的、非个人的内驱力"——这种双重力量的绞杀下，那么除了一点痕迹，还会留下些什么？痕迹的确留下了，通过歌德的《浮士德》。"发展"不是一个喜剧，用伯曼的话说，"即便发展的过程将一块荒漠转变成了一个欣欣向荣的物质的和社会的空间，但它同时却在发展者自身内部再创了一块荒漠。这就是发展造成的悲剧"。①

这个"发展"的悲剧并不能阻止垃圾的不断再生与清除，本雅明眼中的 19 世纪的巴黎似乎比浮士德的世界更变本加厉——那是由无数个"浮士德"组成的世界：如果现代性本身就意味着发展，这似乎同时意味着与发展相伴随的旧世界的拆除与破坏——或者，两者是同一件事。"新的"迅速代替"旧的"，而"新的"又很快被"更新的"所替代，一切事物处在急剧的变化之中，一切也处在速朽的进程中，废弃之物越来越多，发展的"垃圾"也堆得越来越高，对废弃物的清除势在必行。在这个过程中，为了"要创造一种同质的环境，一种完全现代化了的空间，其中不留一点旧世界的痕迹"②，人们发展了把废墟夷为平地的手段，于是——废墟，很快不见了。

> 巴黎这座城市是以奥斯曼赋予它的形状进入这个世纪的。他用可以想象的最简陋的工具彻底改造了这个城市的面貌。这些工具是铁锹、铁镐、撬棍等等。如此简单的工具造成了如此之大的破坏！另外，随着大城市的成长，人们发展了把它们夷为平地的手段。由此将会唤起人们对未来的什么样的想象！③

---

① ［美］马歇尔·伯曼：《一切坚固的东西都烟消云散了——现代性体验》，徐大建、张辑译，商务印书馆 2003 年版，第 81—88 页。

② 同上书，第 88 页。

③ ［德］瓦尔特·本雅明：《巴黎，19 世纪的首都》，刘北成译，商务印书馆 2013 年版，第 161—162 页。

本雅明在他的《巴黎，19 世纪的首都》一书中提出了一个现代性的问题：一个已经被"夷为平地"的巴黎城，还有可以想象的未来吗？这正是波德莱尔谈到的现代性永恒的一面。然而这个永恒也只是在记忆中，在对现代性的想象中才得以成立。

那是本雅明向我们展示的 19 世纪的巴黎，仿佛一部纪录片，镜头就定格在 1862 年某日的一个下午，奥斯曼的工程热火朝天地正在进行着。

无论如何，巴黎的改造已经势在必行了，"奥斯曼是在 1859 年启动他的工程的。他的工程早就被认为是必要的"。[①] 迪康写道："1848 年后，巴黎几乎变得不适合人居住了。铁路网的不断扩张……促进了交通和城市人口的增长。人们挤满了狭窄、肮脏、弯曲的旧街道。人们挤在一起，因为他们别无选择。"[②]

> 在 19 世纪 50 年代，巴黎居民开始接受这种观点：这个城市的大清扫是不可避免的了。可以设想，在策划阶段，这种清扫至少像城市更新本身一样会极大地刺激人们的美好想象。儒贝尔说："事物的意象比其实际呈现更能激发诗人的灵感。"[③] 这同样适用于艺术家。凡是被认为不能唾手可得的事物都会变成一种意象。当时巴黎的街道大概就是这种情况。不管怎么说，这项工程与巴黎大改建之间的潜在联系是不容置疑——这项工程完成几年以后城市改建才着手进行。这正是梅里翁刻画的巴黎景观。这些作品对波德莱尔的触动远远超过了其他人。

---

① ［德］瓦尔特·本雅明：《巴黎，19 世纪的首都》，刘北成译，商务印书馆 2013 年版，第 163 页。

② 马克西姆·迪康：《19 世纪下半叶的巴黎：其器官、功能和生命》第 6 卷，转引自［德］瓦尔特·本雅明《巴黎，19 世纪的首都》，刘北成译，商务印书馆 2013 年版，第 163 页。

③ 儒贝尔：《感应引发的思考》1883 年第 2 卷，第 267 页。转引自［德］瓦尔特·本雅明：《巴黎，19 世纪的首都》，刘北成译，商务印书馆 2013 年版，第 163 页。

对他来说，那种考古学角度的灾难观念——这是雨果那些梦幻想法的基础——没有真正的震撼力。在他看来，就像雅典娜突然从毫发无损的宙斯的脑袋中跳出来，古代也是从完整无缺的现代主义中突然跳出来的。梅里翁显露出这个城市的古代面貌，但没有抛弃哪怕一块卵石。这正是波德莱尔在现代主义观念中不懈追求的那种视角。他是梅里翁的热烈赞赏者。①

热弗鲁瓦认为，这些画面的独特之处在于"尽管它们直接取材于生活，但是它们表现的是一种逝去的生活，某种已经死亡或将要死亡的生活"②。这就是巴黎，19 世纪的首都，是一切事物终将逝去的古老与现代的交织的梦幻，是波德莱尔现代主义灵感的发源地，也是本雅明眼中巨大的废墟：

那个"以奥斯曼赋予它的形状"的巴黎城被夷平之后，在巴黎城的另一个地方，迅速堆起本雅明想象的"废墟"——象征着"某种已经死亡或将要死亡的事物"构成了本雅明"寓言"世界的底色。虽然本雅明的"寓言"最终是以研究德国悲苦来完成的，其救赎的意义也是美学的。而现代性的"工程"所遗留下来的"废墟"，却无法在审美中得以拯救。

关于本雅明笔下的关于现代性的真相总是曲曲折折、层层叠叠地展开——就像本雅明的"寓言"。"寓言"是《德国悲剧的起源》的写作源起，这本书以最晦涩难懂而闻名。用本雅明自己的话，这本书"献给哲学内容中一个被遗忘和被误解的艺术形式：寓言"③。

的确，本雅明是那个从"暴虐者"手里把失落已久的"寓言"

---

① ［德］瓦尔特·本雅明：《巴黎，19 世纪的首都》，刘北成译，商务印书馆 2013 年版，第 163—164 页。

② 同上书，第 165 页。

③ ［美］理查德·沃林：《瓦尔特·本雅明 救赎美学》，吴勇立、张亮译，江苏人民出版社 2008 年版，第 63 页。

重新抢回来的那个人，在本雅明看来："一百多年来艺术哲学一直受着一位篡位者的暴虐统治，这位篡位者是在继浪漫主义之后的混乱中登上权力宝座的。浪漫派美学家努力追求对绝对之物的热情洋溢的，但最终不承担任何责任的认识，他们的努力已经在关于艺术的最基本争论中为象征的观念争得了一席之地，这种象征观念不过是与真正的观念相同的名称而已。这后一种观念，即在神学领域中使用过的观念，从来也不会把情感的曙光照在关于美的哲学之上，自浪漫主义初期结束之后，这种哲学便越来越不可渗透了。"① "象征观念"用它的单薄的"名称"而非"真正的观念"宣告了自身的枯萎——这正是艺术哲学固化的重要表征，它与神学越接近，便与哲学更远。

在本雅明的传记作者斯文·克拉默看来，"特定的象征性实践给艺术带来的危险在于，艺术会消融进神话。如果作品给人留下的印象是，它的象征性层面也拥有一份真理，如果美的表象意味着本质的呈现，就像在神学范围内面包意味着基督的躯体一样，那么艺术便丧失了其批评功能。这样，它便在政治上倾向于肯定现存之物，在艺术上导致唯美主义"。②

正是在这个意义上，在本雅明看来，"寓言"的出现具有特别的意义："随着象征概念的世俗化，古典主义发展了与象征相对应的一个思辨概念，即寓言的概念。诚然，真正的寓言理论在当时并未出现，在那以前也未曾有过。但把寓言这个新概念描写成思辨的仍然是合理的，因为它事实上已被用来提供一个漆黑的背景，这样，象征的光明世界才能被衬托出来。"③ 为了更好地认识寓言，在本雅明看来，对巴洛克时代的文学和视觉的寓意画册的研究就是

---

① ［德］本雅明：《德国悲剧的起源》，陈永国译，文化艺术出版社 2001 年版，第130 页。

② ［德］斯文·克拉默：《本雅明》，鲁路译，中国人民大学出版社 2008 年版，第63—64 页。

③ ［德］本雅明：《德国悲剧的起源》，陈永国译，文化艺术出版社 2001 年版，第131 页。

非常重要的，因为寓言的讨论"在其中占据核心位置"①。

本雅明的问题是："……巴洛克戏剧所耽迷的那些残酷和痛苦的场面究竟有什么意义？"② 在理查德·沃林看来，"这些场面包括被延长了的殉教者痛苦的垂死挣扎、再三地等待其君主出现的可鄙的废墟、腐败朝臣的阴谋诡计，其语言之丰富、其意象之颓废让人很难接受。只有把这种对人间一切的短暂性和必死性的戏剧庆典理解为救度寓言，它们才不会跌跌撞撞地一头栽进令人头晕目眩的、险恶灾难和绝望的旋涡。'对极端的、寓言式的悲苦剧加以批评理解，只有从更高的神学领域开始才是可能的。只要采取的是美学方法，那么，悖论就有最后发言权。'当救赎之光向前照亮，体现在人世生活的无价值的悖论就得到了消解。因为只有从被救赎的生活更高一级的媒介观点出发，人类存在的荒谬性才变得可以理解。在本雅明看来，寓言的结构是辩证的，它以二元对立的方式展开。用神学的话来说，它给否定神学提供了钥匙，以便将世俗生活的碎片转型为救赎的寓意画"。③

因此，在本雅明看来，寓言的意义恰恰是对废墟的某种拯救："在思想的王国里的寓言，就是在事物王国里的废墟。"④

然而这一拯救的过程并非一般意义上的语词转换，"只要意义不是像天然给定的一样显示出来的，对世界的阐释就成为人们的使命。如果对象无法映射出意义，它的含义便增加一层'做比喻的人赋予它的内容，这内容是做比喻的人塞给对象的'。这种含义的生活出现于 17 世纪自然科学与理性主义愈发深入地把握世界这一背

---

① ［德］本雅明：《德国悲剧的起源》，陈永国译，文化艺术出版社 2001 年版，第 133 页。

② ［德］本雅明：《德国悲剧的起源》，转引自［美］理查德·沃林《瓦尔特·本雅明 救赎美学》，吴勇立、张亮译，江苏人民出版社 2008 年版，第 68 页。

③ ［美］理查德·沃林：《瓦尔特·本雅明 救赎美学》，吴勇立、张亮译，江苏人民出版社 2008 年版，第 68—69 页。

④ ［德］本雅明：《本雅明文集》第 1 卷，第 301 页，转引自蒋孔阳、朱立元主编，朱立元、张德兴等《西方美学通史 第六卷，二十世纪美学》（上），上海文艺出版社 1999 年版，第 767 页。

景中，一再得到新的解释……不稳定性促成了新的解释，使得含义的生产本身变得模棱两可。因此，知识通过比喻渗透进对象，同世界的这种意义空泛的情况形成对立。"①

本雅明形象地通过"忧郁者的目光"表达了这一看法。"如果客体在忧郁者的凝视下变成了寓言，如果忧郁使生命从中流淌出来，给它留下死的躯壳，但却永久地得到保障，那么它就暴露给寓言家了，它就无条件地在他的掌握之中了。这就是说，它现在已经没有任何能力发放自身的意味或意义；它所具有的意义，现在则要从寓言家那里获得。他把意义置于寓言内部，然后支持它；不是在心理的但却在本体的意义上支持它。在他手上，客体变成了不同的东西；通过客体他开始讲一种不同的语言，语言是他打开隐蔽知识领域的钥匙；他也敬之为这个领域的象征。"②

在斯文·克拉默看来，"如果说象征受到倒退回神话这一危险的侵蚀，而比喻对此开出了一服'解毒药'，那么比喻遇到的危险是'无根无据的忧虑这一深渊'。整体性的缺失在神学上被哀悼为疏远了上帝，这在另外一种看法中则呈现为如释重负，甚至是排遣释怀。因为将一切联结起来、建立意义丰富的联系，这一可能性要以创造性为前提条件。这一点在阅读实践中同样有效。在本雅明看来，比喻性的看法一蹴而就地将事物与作品转变为激动人心的著述"。③

在这里我们会看到，"废墟"经过具有辩证意象的"寓言"的洗礼，不再是以"废墟"的面目出现，而是带着一种"天使的面容"向我们走来，"是的，当上帝从坟墓里带来了收获的时候，那

---

① 〔德〕斯文·克拉默：《本雅明》，鲁路译，中国人民大学出版社2008年版，第68页。

② 〔德〕本雅明：《德国悲剧的起源》，陈永国译，文化艺术出版社2001年版，第151—152页。

③ 〔德〕斯文·克拉默：《本雅明》，鲁路译，中国人民大学出版社2008年版，第70页。

么，我，象征死亡的骷髅，也将成为天使的面容"。① 像波德莱尔一样展示"恶"的美学，并让它成为寓言。

本雅明从阐释 17 世纪的德国悲悼剧出发，用残酷、死亡作为象征，并赋予它寓言的使命，从而笨拙地完成了它的救赎美学。如果"寓言家本人就是最高权威。他负责给这个颠倒的世界赋予意义……"② 那么"一切对我都成为寓意"③，这是波德莱尔《天鹅》中的一句话。对于本雅明来说似乎也是如此。或许他更关心的是他死后的世界，因为依照他对"寓言"的解释，只有一个事物衰亡了，才有可能获得重生。前者是自然的生命意义的死亡，后者则是在"寓意"的世界里——在思想与想象的领域。正如前面所述，"在思想的王国里的寓言，就是在事物王国里的废墟"④。

本雅明似乎预见了他死后才会发生的事：的确，随着 20 世纪 60 年代他像文物一样被发掘出来，他的影响变得越来越大，从某种意义上，他已经构成了现代性星空的一个重要的星丛——标志着永恒。然而这个永恒是谜一样的存在。本雅明眼中的世界，就是现代性对他敞开的世界，他在这个世界里迷失——因为现代性就是这样让处在其中的人们捉摸不定。正因如此，本雅明才不断地寻找迷宫的入口——他曾经认为巴黎的拱廊街是一个巨大的入口。进入这个入口，就有可能会接近那让人着迷的现代性——本雅明一生都在为接近这样的现代性而殚精竭虑。

---

① ［德］本雅明：《德国悲剧的起源》，陈永国译，文化艺术出版社 2001 年版，第 178 页。

② ［美］理查德·沃林：《瓦尔特·本雅明 救赎美学》，吴勇立、张亮译，江苏人民出版社 2008 年版，第 66 页。

③ ［法］波德莱尔：《恶之花 巴黎的忧郁》，钱春绮译，人民文学出版社 1991 年版，第 201 页。

④ ［德］本雅明：《本雅明文集》第 1 卷，第 301 页，转引自蒋孔阳、朱立元主编，朱立元、张德兴等著《西方美学通史 第六卷，二十世纪美学》（上），上海文艺出版社 1999 年版，第 767 页。

第三节 回忆、再施魅、收藏"引用"：
现代性的微弱救赎

阿多诺说过，"奥斯维辛之后写诗是野蛮的"，① 排除特殊语境阿多诺也似乎说明了一个问题，况且早在奥斯维辛之前，资本主义世界就迎来了"诗的丧失"。"早在 19 世纪，德国的文化生活已经历了一次强有力的浪漫主义洗礼"，② 以抵抗"诗意的丧失"，德国社会学家滕尼斯的《共同体与社会》（1887）被称为"反现代性情绪的经典文本之一。该书对传统共同体的有机性、个体性和直接性特征，与资本主义体系下商品大生产中的机械化、非个体化、可计算的世界进行了鲜明的对比，明显流露出对前者的偏爱……更有甚者，它还在术语的类比性对立中找到自己的表达：文化与文明的对比，并在 19 世纪末的德国知识界得到越来越广泛的传播。文化代表与世界的耕耘过的、审美的和有机的关系，这是一种与德国传统的贵族价值观相联的关系；而文明代表的则是没落的资本主义西方世界中肤浅的、物欲的、造作的、商业为本的价值观"③。

通过文化与文明的比较，现代性对于学术界的知识分子来说，俨然已经成为一个漂浮的"无灵魂的幽灵"，以至于造成了一种普遍的恐惧。正如米歇尔·卢维曾引述弗里茨·林格尔时所评论的那样："学术界的知识分子受到了资本主义统治下的社会和文化效应的极大伤害"④，认为"他们的绝望强烈到了如此程度，以致现时代'无灵魂'的幽灵开始出没于他们所说和所写的任何一个主题；

---

① 雅克·朗西埃：《电影的矛盾寓言》，转引自［法］米歇尔·福柯等编《宽忍的灰色黎明 法国哲学家论电影》，李洋等译，河南大学出版社 2014 年版，第 144 页。

② ［美］理查德·沃林：《瓦尔特·本雅明 救赎美学》，吴勇立、张亮译，江苏人民出版社 2008 年版，第 12 页。

③ 同上书，第 12—13 页。

④ 同上书，第 13 页。

他们所想的一切都烙上了'恐惧高效率的印记，或者用他们的话说，恐惧浅薄而物欲横流时代的印记'"①。

那么是不是我们只能抛弃这样的现代性，回到传统的避难所？还是有另外的出路？在理查德·沃林看来，还存在着"另外一种类型的浪漫的反资本主义理论传统。和前一种传统回到过去寻找避难所的停滞而徒劳的渴望不同，这种传统面向未来，以乌托邦想象为武器，试图在过去发现与当下人的需要有关的、被遗忘了的语义潜能。在论及这种他用来定位自己的早期作品性质的思潮时，他补充说：'对此，我们只要想想斯特·布洛赫的《乌托邦的精神》（1918；1923）、《革命神学家托马斯·闵采尔》、瓦尔特·本雅明的著作，甚至是泰奥多·威·阿多诺的一些早期著作就行了。'"②

看来本雅明和卢卡奇、布洛赫、阿多诺等学者一同进入了一个救赎的乌托邦的谱系之中。"我们可以把本雅明的哲学事业定位到布洛赫和青年卢卡奇都曾作过类似理论探索的历史语境中去．这三个人都试图将对平庸的、无灵魂的资本主义工具理性世界的批判，与对全新的阿基米德点——以此为支点，不仅可以改变世界，而且可以对世界进行启示录式的转换——的探寻结合起来。正是这种激情而激进的超越意志把这三个人的早期思想——此时，他们都拒绝对现实作任何原则性的妥协——联系到了一起。也正是借助这种超越意志的首要性，我们把布洛赫、卢卡奇和本雅明的浪漫的反资本主义，和保守的文化批评家（如齐美尔和韦伯）的浪漫的反资本主义区别开来了，后者因为把现在条件当做一种不可超越的先天存在，而陷入'悲剧'生活观。"③

西美尔和韦伯悲观的生活观在本书中已经进行过阐述，笔者在

① ［美］理查德·沃林：《瓦尔特·本雅明　救赎美学》，吴勇立、张亮译，江苏人民出版社2008年版，第13页。
② 同上。
③ 同上书，第14页。

这里试图描述一种具有超越性的现代性——由卢卡奇、布洛赫与本雅明开创的激情与超越的探寻为支点的现代性。"尽管这三个人都选择了不同的路线，但他们却共享一个共同目标。"① 他们三位有"……各自赖以进行理论建构的那些思想指导原则"②，如果说布洛赫的关键词是"乌托邦"，卢卡奇的关键词是"总体性"，那么本雅明的关键词就是"救赎"。

> "多愁善感的人忧郁地从苦难深重的世界中抽身退步"③，对于时常体验到绝望的本雅明来说，这种抽身退步并非毫无作为，而是在"生存的边缘采撷花朵"④。所以本雅明宁愿"蛰居于沉思默想之中，并无休无止地做着解释，以便一如既往地分享神性的意义：忧郁为知识而背弃世界……"⑤

在本雅明看来，为了拯救世界，"蛰居于沉思默想之中"就是有意义的，因为这样将有利于"……那持续不断的忧思将僵死的事物纳入沉思默想"⑥，那僵死的事物有可能在沉思默想中"醒来"。这样，似乎救赎就是可能的。因为这样将促使"……它们从救赎的立场上呈现自己"⑦。

在这里，本雅明关注的是作为人类记忆库的"文学"——如果

---

① ［美］理查德·沃林：《瓦尔特·本雅明　救赎美学》，吴勇立、张亮译，江苏人民出版社 2008 年版，第 14 页。

② 同上。

③ ［德］斯文·克拉默：《本雅明》，鲁路译，中国人民大学出版社 2008 年版，第 68 页。

④ ［德］西奥多·阿多诺、［法］雅克·德里达等：《论瓦尔特·本雅明——现代性、寓言和语言的种子》，郭军、曹雷雨译，吉林人民出版社 2010 年版，第 242 页。

⑤ ［德］斯文·克拉默：《本雅明》，鲁路译，中国人民大学出版社 2008 年版，第 68 页。

⑥ 同上。

⑦ ［美］理查德·沃林：《瓦尔特·本雅明　救赎美学》，吴勇立、张亮译，江苏人民出版社 2008 年版，第 94 页。

说"文学"可以唤醒过去，并成为某种"当下"的联结，那么文学就会成为思想首先试图改造之物，在理查德·沃林看来，本雅明希望的方式就是"……牺牲小说中不合时代的历史性的'实在内容'，以使得其'真理内容'的当代相关性能够更加明亮地光照万里。因此，从事救赎批评就是记忆：它是一个阻止真理内容或者一部作品的理念免于社会健忘症始终存在的威胁的过程，而对这种健忘症，人们早就习以为常了"①。

理查德·沃林提到了本雅明的《翻译者的任务》论说文中重要的救赎批评："关于《白痴》的理念对本雅明自己思想中救赎批评方法的发展显而易见的重要性，我们可以在大约六年以后创作的《翻译者的任务》（1923）中发现。在此文中，他又回到了'不可忘却的生命'主题……比如，人们也许会谈论难以忘怀的生活或时刻，即使所有的人都已将之忘却。"②

总有一些事情的发生让我们难以忘却。对于本雅明，"不可忘却"的是柏林的童年"家园"的地形图、拱廊街"迷宫"的入口，"难忘"的东西或许对于本雅明个人来说有着某种意义，但"不可忘却"关乎的，则是人类。对于本雅明来说，试图探寻的是那真正值得回忆的却被大多数人们忘却的"真理内容"。为了达到这个目的，在他看来，"停止"与"爆破"就是必要的，因为停下来就意味着"意念的停止"——"思维不仅包括意念的流动，而且也包括意念的停止。每当思维在一个充满张力的构型中突然停止"③，本雅明就会特别地加以留意，"他之所以注意这样的机会，是为了把一个特定的时代从连续统一体的历史过程中爆破出来——把一个特定的人的生平事迹从一个时代中爆破出来，把一件特定的事情从

---

① ［美］理查德·沃林：《瓦尔特·本雅明　救赎美学》，吴勇立、张亮译，江苏人民出版社 2008 年版，第 46 页。

② 同上。

③ 同上。

他的整个生平事迹中爆破出来"。①

　　17 世纪的巴洛克悲悼剧，卡夫卡的小说，波德莱尔的巴黎，上述事物也许可以说的确"存在"，但也可以说它们并不"存在"。如果它们不被我们特别地加以留意、沉思与改造，就不会被记得，就不会被呈现，更不会在救赎的意义上发出光亮。用理查德·沃林对本雅明的说法："唯一面临绝望时可以可靠地实行的哲学是，思考一切事物，让它们从救赎的立场上呈现自己。除非救赎照耀世界，否则知识就不会发出光亮……"②

　　在救赎之光照耀下的世界，意味着本雅明"熠熠闪光的意象"——那是他试图"'……把加强的可视性与马克思主义方法连接起来'（V，578）时，就没有太让人感到意外的地方了。这里的'可视性'清清楚楚地指向意象理论"③。在他看来，"辩证意象是闪光的意象。因此，必须把过去理解为可辨认的现在中的一个熠熠闪光的意象"。④

　　与韦伯的"祛魅"的世界不同，"本雅明的现代性理论所发展起来的重要转变认为，与韦伯和马克思相反，与世界的觉醒相伴而生的是再施魅：神话力量在现代外观下的苏醒。世界的再施魅与遍及现代资本主义的现象显现、文化上层建筑的准乌托邦期盼想象内在地联系在一起。这种现象显现有世界展览会、钢铁建筑、全景画、室内布景、博物馆、照明、摄影，更不用说 19 世纪商品文化最完美的梦幻意象——拱廊街了"。⑤

　　救赎者不能"凭着空想或暴力"，他应该是现代性的机器所抛弃碾压的废弃生命的捡拾者与收藏者，是现代性碎片考古意义的挖

----

① ［美］理查德·沃林：《瓦尔特·本雅明　救赎美学》，吴勇立、张亮译，江苏人民出版社 2008 年版，第 46 页。

② 同上书，第 94 页。

③ 同上书，修订版导言第 15 页。

④ 同上书，第 22 页。

⑤ 同上书，修订版导言第 15 页。

掘者，他们负责对遭受现代性机器所碾压的尸骨"废墟"的寓言揭示，因此"观点必须被重新塑造，它们将置换和间离世界，利用世界的缝隙和缺口揭示世界的本来面目，就像有朝一日世界处于弥赛亚的光芒朗照下所显现出来的一样。不是凭着空想或暴力、而是完全凭着与客体的感性接触获得这样的观点——这就是思想的唯一任务"①。

在这里，重要的是思想——由感性接触而开启，只要我们面对事情本身，不再过分地依赖现成的陈词滥调，我们发现我们的确进入了"非人"的世界，如果现有的观点只是为了这个"非人"的世界存在的，他们就应该在救赎之光中改造成"属人的"。而借助于超现实主义的蒙太奇，"现实"反而变得从未有过的陌生，因为超现实主义借助诗意的想象，改造了时间，让过去成为现在，让流动的时间静止，这样，已经发生的正在发生的和将来可能发生的事物就同时出现在一个充满魔幻色彩的画面中。这意味着"现实"并非是它试图给消费大众呈现出来的那个样子，它还可以更加"超现实"。"过去"并非是现代意义上的"废弃物"，未来也并非遥不可及。在这个意义上，我们认为即便我们并没有像马克思所说的改造世界，也完成了思想、幻想意义上的救赎，这里的救赎，更多具有象征的含义。因此理查德·沃林认为，"本雅明的认识论渴望研究的正是救赎现象：即便不是实际的救赎，也是象征性的救赎"。②

如果我们能够理解象征性的救赎与实际救赎的不同，我们就会知道"收集"的重要性了，这正是本雅明意义上的"救赎"。我们可以从本雅明在《单行道》中的"不修边幅的孩子"中发现"收

---

① ［美］理查德·沃林：《瓦尔特·本雅明　救赎美学》，吴勇立、张亮译，江苏人民出版社 2008 年版，第 94 页。

② 同上。

藏"的意义——正是在收藏者的视野中，事物摆脱了被原有的系统所束缚的状态，它们被收藏者解救出来，以超现实主义的方式重新排列组合。

　　他发现的每一块石头，采摘的每一朵花和捕捉到的每一只蝴蝶，都已经是收集的开始，他拥有的一切东西都成为了一个绝无仅有的收藏。这种激情在他那里显示出的真正面容是一种严谨的印第安人式的目光，这种目光在古文物收藏家、研究者和集书狂那里只不过模糊和疯狂地得到了延续。他还没有真正进入生活就如此这般地已经是一名猎人了。他捕捉在事物上嗅到其踪迹的魂灵，他的时辰就这样在魂灵与物之间度过。在这些时辰里，他的视域依然不受常人的影响。就像生活在梦里一样，他知道没有任何东西是亘古不变的。在他看来，一切事物对他来说都是发生了，与他遭际了，被他碰上了。他的游荡岁月是在梦中森林里的那些时光。他将他的战利品拖到这个林子里，以便去净化它，保存好它，使它不再具有魔力。他的抽屉一定会成为武器库和动物园，刑事博物馆和地窖。"整理"意味着拆毁一座装满了带刺栗子的大厦，这些栗子就是那种一端带刺的棍棒，就是当作银子藏起来的锡箔，就是用以造棺材的木块，就是当作图腾树的仙人掌以及当作盾牌的铜便士。这个孩子早就开始帮助母亲清理衣橱，帮助父亲整理书架，而在他自己的领地，他依然还是一个不安定的、好战的造访者。①

　　孩子的世界，是那个"绝无仅有的收藏"。没有任何一个人的收藏，可以替代另一个人的收藏，而孩子在进入大人的世界之前，

　　① ［德］瓦尔特·本雅明：《单行道》，王才勇译，江苏人民出版社2006年版，第71页。

他的世界美得无以复加，本雅明用这样一篇小文一下子让收藏充满了纯净梦幻的气味，让大人世界"投资的、声望的、金钱的"那些讨人厌的东西一扫而空。

孩子以他们的天真，收藏着天真的梦，可是对于现代性而言，"收藏"如果不是在"投资的、声望的、金钱的"意义上，就成了一个问题。收藏在信仰的时代从来都不是一个问题，如果收藏在这里指的是对传统与权威的保存与继承——的确，传统与权威具有的神奇力量在长久的年代里表现为"过去"与"现在"之间一种不言自明的关系："过去作为传统承继下来就具有权威，权威历史性地呈现就成为传统。"①

这一切在尼采所开启的现代性之后中断，既然一切价值都处于重估的状态，这就意味着时代"天然的"连续性的中断：一个时代绝不能轻易地从它之前的时代承袭那个时代的"传统与权威"。正是在这个意义上，"本雅明深知在他的时代发生的传统的断裂和权威的沦丧是无法补救的"② 就是有道理的。

阿伦特在关于本雅明的小传中，充满深情地回忆了本雅明的一生，也不无悲情地描述了本雅明在一个黑暗得近乎绝望的时代的挣扎。③ 为了拯救这样的当下——在本雅明看来，如果我们只能从过去那里寻求资源——就要在去除传统和权威与时代之间天然联系的情形下与过去建立新型的关系，在这个关系中传统与权威不再作为一种沉重的负担强加给"当下"，而是以"引文"的方式钻进"当下"的"语言"中"制造惊喜"的效果，正如本雅明所言，"当他发现过去的传承性已被援引性所替代，并从权威的处所崛起一种奇怪的权力，得寸进尺地在现时中安居下来，剥夺现时的心情宁静，

---

① 参见［德］汉娜·阿伦特编《启迪 本雅明文选》，张旭东、王斑译，生活·读书·新知三联书店 2008 年版，第 57 页。

② 同上。

③ 同上。

那沾沾自喜、无思虑的宁静，他已成为对付过往的大师"。①

现代性在本雅明这里指向了"过去"，如果"现在"是令人绝望的，与其考察"过去"那令人绝望的萌芽是如何滋生并影响现在的（即便找到了"萌芽"也不可能像超人一样真的穿越到过去，通过改变过去从而改变现在），不如在"过去"那里寻找直接可以改变"现在"的东西：

"在我的著作中引语就像剪径的强盗，他们手持凶器侵犯游荡者，夺走他的信念。"② 本雅明以卡尔·克劳斯为例说明引语的现代功用。据他看来，引语作用的发现起于对过去的绝望，这不是"拒绝照明未来"，如托克维尔所说使人心"在黑暗中彷徨"的绝望，而是对现时的绝望，产生于破坏现时的意愿。现在的情况无论如何不可能更糟了，因此只要对这样糟糕的现在进行"破坏"，就一定会比现在更好，就能生成希望。"引语"在本雅明这里成为了具有破坏力量的工具：

因而引语的力量"不在保存而在清洗，在于从连贯的语境中撕裂开，在破坏"（《文集》下卷，第192页）。然而，发现并热衷于这一破坏力量的人，本来是受一个完全不同的目的所驱使：保存。正是由于他们不愿受周围比比皆是的专业保存者的愚弄，才最终发现了引语的力量。③

本雅明——作为一个文化拾荒者，保存散落在"有用性"之外的话语碎片——引语似乎是自然而然的，然而在这个过程中，无意发现了这个碎片的功能："破坏性"，一个不具有商品价值属性，

---

① 参见［德］汉娜·阿伦特编《启迪　本雅明文选》，张旭东、王斑译，生活·读书·新知三联书店2008年版，第57页。

② 同上。

③ 同上书，第57—58页。

却具有拯救"现代性"的价值属性。就这样，一个捡拾垃圾的形象
以一个破坏者的形象出现了：他捡拾碎片是为了一种爆破的效果：
碎片的累积足以对现代性所标明的"不言而喻"给予冲击，或者
说，对"当下"的根基是一种"清洗"。

现代性是以打破传统，并与权威保持一定距离来对自身进行确
证的——然而当现代性凸显为启蒙理性的时候，它让自身成为一种
传统，一个不可动摇的"神话"的时候，本雅明就变得有意义了，
他的任务就是以收藏家的热情来"打破"现代性的神话。

在本雅明看来，"'收藏家真正的、被大大误解的热情总是不分
主次贵贱，具有破坏性。这就是它的辩证法：把对一个对象、零散
的物件、悉心庇护之物的忠诚，结合于对典型的、可分门别类事物
执着的颠覆性抗拒。'收藏家摧毁收藏物原先所在的、本属于一个
更大的生动整体的情境。因为唯有独异真实之物才投他的意，收藏
家必须把一物的任何典型意味清洗尽净。收藏家与游荡者的形象同
样老派过时，可却能在本雅明那里获得如此明显的现代特质"。①
如前所述，本雅明从来不是一个合乎时宜的人，然而正是这个怪异
的收藏家与游荡者成就了独特的文人——一个批评者的形象，他批
评的就是他身处时代的现代性。与其说现代性的思索占据了本雅明
的一生，不如说现代性埋下了"本雅明的种子"——他在它里面生
根发芽开花结果，现代性的众多面孔中多了一个叫作本雅明的面孔
而变得不同。

然而这个面孔本身也是碎片化呈现的，因为现代性早已在尼采
之后开始走向内部的分裂，所以本雅明无须做得太多，只要配合现
代性的"崩裂姿势"顺势而为即可——"这是因为历史，世纪初
发生的传统的崩裂，已解除了他摧毁的重任。可以说他只须俯首观

---

① 参见［德］汉娜·阿伦特编《启迪 本雅明文选》，张旭东、王斑译，生活·
读书·新知三联书店 2008 年版，第 63 页。

察就能从瓦砾堆中选取珍奇的残瓦和断片"①。既然现代性已经崩裂了，那么崩裂后的碎片就会映射出它曾经的异彩——仿佛一把钥匙开启了传说中最为神秘保守的大门，大门开启，门后那无数个神话、传说、民间故事仿佛长了翅膀，迅速飞升，飘荡在空中，等待有缘人，在大街上把他们拾去收藏，此"收藏"不像彼"收藏"——传统的"收藏"不如说更像闭锁，"商品"的收藏是为了"投资增值"，那么本雅明意义的收藏则是为了收藏"事物自身"。

一种文化意义的"现代性"既不闭锁事物，也不利用它，才可能让事物的潜能得以呈现，本雅明注意到，现代性"事物"的斑斓多姿是通过"引文"的方式呈现的，为了保存它们，"自歌德论文以后，引文占据了本雅明著作的中心位置，使他的写作与各色学术著作迥然不同。学术著作中引语的功用是为论点提供例证，因而可以稳当地搁置于'注解'部分。本雅明对此根本不理会。在进行德国悲剧的研究时，他夸耀拥有一个'安排得整齐有序的六百多则语录的集成'"。②

本雅明对引文的收藏过程是"忘我的"，"如他后来的笔记，这集成并不是旨在便利写作此项研究的文摘的累积，而是构成了著作的主要部分，写作则等而次之"③。收藏过程必须有介入，为了潜能的释放："主要工作是将残篇断语从原有的上下文中撕裂开来，以崭新的方式重新安置，从而引语可以相互阐释，在自由无碍的状况中证明它们存在的理由。这的确是一种超现实主义的意象蒙太奇。本雅明的理想是写一部通篇是引语、精心组合无须附带本文的著作。这听起来也许荒唐至极，而且会自取其咎。但事情并不如此，恰似同时代的源于类似动机的超现实主义的尝试并不荒唐。当

---

① 参见［德］汉娜·阿伦特编《启迪　本雅明文选》，张旭东、王斑译，生活·读书·新知三联书店2008年版，第63页。

② 同上书，第65页。

③ 同上。

有必要附加作者的本文时，问题就是如何构建本文，以保存'这种研究的意图'，也就是说，'……通过钻孔而不是开凿来探察语言和思想的深层'（《书信集》上卷，第329页），从而避免追根溯源或系统化的解释。本雅明很清楚这钻孔的方法会导致某种'见解强加于人'，然而，'这种不雅的书卷气还不如时下几乎到处泛滥的弄虚作假的习惯那么令人生厌'。"①

本雅明旨在一个狭小的领地去贯彻他的"现代性"，如果不去贯彻这样的现代性，"引文"会在追根溯源般的"开凿"中磨灭，或者囚禁于"系统化的解释"中，那么"引文"所释放的奇思臆想不过是封闭在收藏者的头脑中，正是在写作中贯彻了"现代性"，事物本身才会呈现"……以往只有从收藏家奇思臆想的眼光才能洞见的面貌"②，所以说，现代性与"事物"本身比任何时候都需要新型的"收藏家"作为它们之间的中介，本雅明一生都在感受现代性的某种急迫的压力，不仅是因为他的星座是巨蟹座——一个充满压力的星座，更因为他是"一个坚执面对当前的人"③。

---

① 参见［德］汉娜·阿伦特编《启迪　本雅明文选》，张旭东、王斑译，生活·读书·新知三联书店2008年版，第65页。

② 同上书，第63页。

③ 同上。

引用书目

［1］［德］黑格尔：《小逻辑》，贺麟译，商务印书馆 1980 年版。

［2］［德］哈贝马斯：《现代性的哲学话语》，曹卫东等译，译林出版社 2004 年版。

［3］［英］戴维·弗里斯比：《现代性的碎片：齐美尔、克拉考尔和本雅明作品中的现代性理论》，卢晖临等译，商务印书馆 2003 年版。

［4］《马克思恩格斯选集》第 1 卷，人民出版社 1995 年版。

［5］［匈］阿格尼丝·赫勒：《现代性理论》，李瑞华译，商务印书馆 2005 年版。

［6］［英］D. G. 麦克雷：《韦伯》，孙乃修译，中国社会科学出版社 1989 年版。

［7］［德］马克斯·韦伯：《新教伦理与资本主义精神》，于晓、陈维纲等译，生活·读书·新知三联书店 1987 年版。

［8］［美］索罗门：《忧郁》，李凤翔译，重庆出版社 2006 年版。

［9］［德］瓦尔特·本雅明：《巴黎，19 世纪的首都》，刘北成译，商务印书馆 2013 年版。

［10］［法］萨特：《波德莱尔》，施康强译，北京燕山出版社 2006 年版。

［11］［法］波德莱尔：《现代生活的画家》，郭宏安译，浙江文艺

出版社 2007 年版。

［12］［英］费欧文编：《新牛津魔鬼辞典》，郭力安译，光明日报出版社 1997 年版。

［13］［英］戴维·罗宾逊：《尼采与后现代主义》，程炼译，北京大学出版社 2005 年版。

［14］［挪］G. 希尔贝克、N. 伊耶：《西方哲学史——从古希腊到二十世纪》，童世骏等译，上海译文出版社 2004 年版。

［15］［美］弗兰克·梯利：《西方哲学史》，贾辰阳、解本远译，光明日报出版社 2014 年版。

［16］［德］卡尔·洛维特：《从黑格尔到尼采：19 世纪思维中的革命性决裂》，李秋零译，生活·读书·新知三联书店 2006 年版。

［17］［法］达尼洛·马尔图切利：《现代性社会学　二十世纪的历程》，姜志辉译，译林出版社 2007 年版。

［18］［美］乔治·瑞泽尔：《古典社会学理论》第 6 版，王建民译，世界图书出版公司北京公司 2014 年版。

［19］［日］北川东子：《齐美尔：生存形式》，赵玉婷译，河北教育出版社 2002 年版。

［20］［德］汉娜·阿伦特编：《启迪　本雅明文选》，张旭东、王斑译，生活·读书·新知三联书店 2008 年版。

［21］［法］德里达：《论瓦尔特·本雅明：现代性、寓言和语言的种子》，郭军译，吉林人民出版社 2003 年版。

［22］［美］赫伯特·马尔库塞：《单向度的人：发达工业社会意识形态研究》，刘继译，上海译文出版社 1989 年版。

［23］［英］尼古拉斯·布宁、余纪元编著：《西方哲学英汉对照辞典》，王柯平等译，人民出版社 2001 年版。

［24］［美］莱斯利·A. 豪：《哈贝马斯》，陈志刚译，中华书局 2002 年版。

［25］［英］詹姆斯·戈登·芬利森：《哈贝马斯》，邵志军译，译
林出版社 2010 年版。

［26］［德］库诺·菲舍尔：《青年黑格尔的哲学思想》，张世英译，
吉林人民出版社 1983 年版。

［27］［德］黑格尔：《精神现象学》（上），贺麟、王玖兴译，商
务印书馆 1979 年版。

［28］［德］黑格尔：《法哲学原理》，范扬、张企泰译，商务印书
馆 1982 年版。

［29］［德］黑格尔：《法哲学原理》，范扬、张企泰译，商务印书
馆 2009 年版。

［30］［匈］卢卡奇：《青年黑格尔》，王玖兴译，商务印书馆 1963
年版。

［31］［德］黑格尔：《历史哲学》，王造时译，上海书店出版社
2006 年版。

［32］［德］康德：《道德形而上学原理》，苗力田译，上海人民出
版社 2002 年版。

［33］［德］黑格尔：《黑格尔早期神学著作》，贺麟译，商务印书
馆 1988 年版。

［34］［德］黑格尔：《美学》第 1 卷，朱光潜译，商务印书馆
1979 年版。

［35］［德］古斯塔夫·斯威布：《希腊神话和传说》，楚图南译，
人民文学出版社 2014 年版。

［36］［美］依迪丝·汉密尔顿：《神话　希腊、罗马及北欧的神话
故事和英雄传说》，刘一南译，华夏出版社 2010 年版。

［37］［德］歌德：《歌德文集》第 7 卷，钱春绮等译，人民文学出
版社 1999 年版。

［38］［英］诺曼·戴维斯：《欧洲史》，郭方、刘北成等译，世界
知识出版社 2007 年版。

[39]［荷］彼得·李伯庚：《欧洲文化史》，赵复三译，上海社会
科学出版社 2004 年版。

[40]［德］哈贝马斯：《理论与实践》，郭官义译，社会科学文献
出版社 2010 年版。

[41]［德］英格·陶伯特编：《德意志意识形态·费尔巴哈》，李
乾坤、毛亚斌、鲁婷婷等编译，南京大学出版社 2014 年版。

[42]《马克思恩格斯文集》第 1 卷，中共中央马克思恩格斯列宁
斯大林著作编译局编译，人民出版社 2009 年版。

[43]［美］马尔库塞：《理性和革命——黑格尔和社会理论的兴
起》，程志民等译，重庆出版社 1993 年版。

[44]［加］菲利普·汉森：《汉娜·阿伦特：政治、历史与公民身
份》，刘佳林译，江苏人民出版社 2004 年版。

[45]［英］伯林：《反潮流：观念史论文集》，冯克利译，译林出
版社 2002 年版。

[46]［法］雅克·德里达：《马克思的幽灵：债务国家、哀悼活动
和新国际》，何一译，中国人民大学出版社 1999 年版。

[47]［德］尤尔根·哈贝马斯：《交往行为理论　第一卷　行为合
理性与社会合理性》，曹卫东译，上海人民出版社 2004
年版。

[48]《马克思恩格斯全集》第 23 卷，中共中央马克思恩格斯列宁
斯大林著作编译局编译，人民出版社 1972 年第 1 版。

[49]［英］肯尼斯·克拉克：《文明的脚印　以西方艺术为旁证阐
释文明的本质》，杨孟华译，桂冠图书股份有限公司 1989
年版。

[50]［德］特奥多·阿多尔诺：《否定的辩证法》，张峰译，重庆
出版社 1993 年版。

[51]［英］尼格尔·多德：《社会理论与现代性》，陶传进译，社
会科学文献出版社 2002 年版。

［52］［加］张晓凌、詹姆斯·季南：《欧洲电影类型　历史、经典与叙事》下册，复旦大学出版社 2014 年版。

［53］［美］费正清编：《剑桥中华民国史 1912—1949 年》上，杨品泉、张言等译，中国社会科学出版社 1994 年版。

［54］［法］波德莱尔：《恶之花　巴黎的忧郁》，钱春绮译，人民文学出版社 1991 年版。

［55］［法］安托瓦纳·贡巴尼翁：《现代性的五个驳论》，许钧译，商务印书馆 2005 年版。

［56］［德］马克思、恩格斯：《共产党宣言》，中共中央编译局译，中央编译出版社 2005 年版。

［57］［法］波德莱尔：《美学珍玩》，郭宏安译，上海译文出版社 2009 年版。

［58］［法］波德莱尔：《波德莱尔诗全集》，胡小跃编，浙江文艺出版社 1996 年版。

［59］［法］波德莱尔：《1846 年的沙龙：波德莱尔美学论文选》，郭宏安译，广西师范大学出版社 2002 年版。

［60］［德］马克思：《资本论》第 1 卷，中共中央马克思恩格斯列宁斯大林著作编译局译，人民出版社 2004 年版。

［61］［法］皮埃尔·米盖尔：《法国史》，蔡鸿滨、张冠尧译，商务印书馆 1985 年版。

［62］《马克思恩格斯全集》第 44 卷，人民出版社 2001 年版。

［63］［英］罗素：《自由之路》（上），李国山等译，文化艺术出版社 1998 年版。

［64］［美］马歇尔·伯曼：《一切坚固的东西都烟消云散了——现代性体验》，徐大建、张辑译，商务印书馆 2003 年版。

［65］［德］尼采：《尼采文集　权力意志卷》，周国平等译，青海人民出版社 1995 年版。

［66］［德］恩斯特·贝勒尔：《尼采、海德格尔与德里达》，李朝

晖译，社会科学文献出版社 2001 年版。

[67]［美］玛丽·斯帕恩：《世界历代禁书大全》，肖峰译，上海书店出版社 1995 年版。

[68]［美］雷纳·韦勒克：《近代文学批评史 第八卷》，杨自伍译，上海译文出版社 2009 年版。

[69]［法］克洛德·皮舒瓦、让·齐格勒：《波德莱尔传》，董强译，上海人民出版社 2007 年版。

[70]［英］托·斯·艾略特：《现代教育和古典文学：艾略特文集·论文》，李赋宁、王恩衷等译，上海译文出版社 2002 年版。

[71]［美］卡米拉·帕格利亚：《性面具 艺术与颓废：从奈费尔提蒂到艾米莉·狄金森》（下），王玫等译，内蒙古大学出版社 2003 年版。

[72]［法］泰奥菲尔·戈蒂耶：《回忆波德莱尔》，陈圣生译，辽宁人民出版社 1988 年版。

[73]［法］菲利普·索莱尔斯：《情色之花》，段慧敏译，南京大学出版社 2010 年版。

[74]［英］罗素：《西方哲学史》（上），何兆武、李约瑟译，商务印书馆 1963 年版。

[75]［法］勒内·基拉尔：《浪漫的谎言与小说的真实》，罗芃译，生活·读书·新知三联书店 1998 年版。

[76]［日］冈田尊司：《怪癖心理学 发现潜伏在你身体里的另一个你》，颜静译，湖南文艺出版社 2014 年版。

[77]［德］本雅明：《发达资本主义时代的抒情诗人 论波德莱尔》，张旭东、魏文生译，生活·读书·新知三联书店 1989 年版。

[78]［英］齐格蒙·鲍曼：《现代性与大屠杀》，杨渝东、史建华译，译林出版社 2002 年版。

［79］〔德〕海德格尔:《林中路》（修订本），孙周兴译，上海译文出版社 2008 年版。

［80］〔美〕撒穆尔·伊诺克·斯通普夫、詹姆斯·菲泽:《西方哲学史:从苏格拉底到萨特及其后》（修订第 8 版），匡宏、邓晓芒译，世界图书出版公司北京公司 2009 年版。

［81］〔英〕尼古拉斯·费恩:《尼采的锤子:哲学大师的 25 种思维工具》，黄惟郁译，新华出版社 2010 年版。

［82］〔美〕R. R. 帕尔默、乔·科尔顿、劳埃德·克莱默:《现代世界史》（插图第 10 版），何兆武等译，世界图书出版公司北京公司 2009 年版。

［83］〔德〕尼采:《尼采文集悲剧的诞生卷》，周国平等译，青海人民出版社 1995 年版。

［84］〔美〕A. 爱因斯坦:《爱因斯坦文集》第 1 卷（增补本），许良英等编译，商务印书馆 2009 年版。

［85］〔美〕罗纳德·M. 德沃金:《没有上帝的宗教》，於兴中译，中国民主法制出版社 2015 年版。

［86］〔德〕黑格尔:《精神现象学》（下），贺麟、王玖兴译，商务印书馆 1979 年版。

［87］〔德〕托马斯·曼:《多难而伟大的十九世纪》，朱雁冰译，浙江大学出版社 2013 年版。

［88］〔美〕伊库·阿达托:《完美图像　PHOTO OP 时代的生活》，张博、王敦译，北京大学出版社 2015 年版。

［89］〔美〕欧内斯特·海明威:《大阳照常升起》，赵静男译，上海译文出版社 1984 年版。

［90］〔美〕亨利·托马斯、达纳·李·托马斯:《大哲学家生活传记》，武斌译，书目文献出版社 1992 年版。

［91］〔德〕海德格尔:《尼采》（上、下），孙周兴译，商务印书馆 2002 年版。

[92] ［澳］查尔斯·伯奇、［美］约翰·柯布：《生命的解放》，
邹诗鹏、麻晓晴译，中国科学技术出版社 2015 年版。

[93] ［美］弗洛姆：《自我的追寻》，寻孙石译，上海译文出版社
2013 年版。

[94] ［德］尼采：《尼采文集　查拉图斯特拉如是说卷》，周国平
等译，青海人民出版社 1995 年版。

[95] ［奥地利］茨威格：《与魔鬼作斗争：荷尔德林、克莱斯特、
尼采》，徐畅译，西苑出版社 1999 年版。

[96] ［法］都鲁兹：《解读尼采》，张唤民译，百花文艺出版社
2000 年版。

[97] ［德］吕迪格尔·萨弗兰斯基：《尼采思想传记》，卫茂平译，
华东师范大学出版社 2007 年版。

[98] ［美］门罗·C. 比厄斯利：《西方美学简史》，高建平译，北
京大学出版社 2006 年版。

[99] ［英］坎普主编：《牛津西方艺术史》，余君珉译，外语教学
与研究出版社 2009 年版。

[100] ［德］卡尔·雅斯贝尔斯：《尼采——其人其说》，鲁路译，
社会科学文献出版社 2001 年版。

[101] ［荷］曲培醇：《十九世纪欧洲艺术史》，丁宁、吴瑶、刘
鹏、梁舒涵译，北京大学出版社 2014 年版。

[102] ［德］格奥尔格·西美尔：《叔本华与尼采》，宋雁冰译，上
海人民出版社 2009 年版。

[103] ［美］理查德·舒斯特曼：《生活即审美——审美经验和生
活艺术》，彭锋等译，北京大学出版社 2007 年版。

[104] ［美］约翰·拉塞尔：《现代艺术的意义》，常宁生等译，中
国人民大学出版社 2003 年版。

[105] ［美］李·雷尼、巴里·威尔曼：《超越孤独：移动互联
时代的生存之道》，杨伯淑、高崇等译，中国传媒大学出版

社 2015 年版。

［106］［德］格奥尔格·西美尔：《哲学的主要问题》，钱敏汝译，上海译文出版社 2006 年版。

［107］［德］格奥尔格·西美尔：《生命直观——先验论四章》，刁承俊译，生活·读书·新知三联书店 2003 年版。

［108］［德］齐奥尔特·齐美尔：《时尚的哲学》，费勇、吴蕾译，文化艺术出版社 2001 年版。

［109］［英］齐格蒙特·鲍曼：《流动的现代性》，欧阳景根译，上海三联书店 2002 年版。

［110］［德］G.齐美尔：《货币哲学》，许泽民译，贵州人民出版社 2009 年版。

［111］［澳］马尔利姆·沃特斯：《现代社会学理论》，杨善华等译，华夏出版社 2000 年版。

［112］［美］房龙：《人类的故事》，周炎译，中国档案出版社 2001 年版。

［113］［英］莎士比亚：《莎士比亚全集》第 4 卷，朱生豪译，人民文学出版社 2010 年版。

［114］［德］G.齐美尔：《桥与门——齐美尔随笔集》，涯鸿、宇声等译，生活·读书·新知三联书店 1991 年版。

［115］［匈］卢卡奇：《历史与阶级意识——关于马克思主义辩证法的研究》，杜章智、任立、燕宏远译，商务印书馆 1992 年版。

［116］《马克思恩格斯全集》第 2 卷，人民出版社 1957 年版。

［117］［德］西美尔：《金钱 性别 现代生活风格》，顾仁明译，学林出版社 2000 年版。

［118］［英］特里·伊格尔顿：《沃尔特·本雅明或走向革命批评》，郭国良、陆汉臻译，译林出版社 2005 年版。

［119］［法］德里达：《论瓦尔特·本雅明：现代性、寓言和语言

的种子》，郭军译，吉林人民出版社 2003 年版。

[120]［德］西奥多·阿多诺、［法］雅克·德里达等：《论瓦尔特·本雅明——现代性、寓言和语言的种子》，郭军、曹雷雨译，吉林人民出版社 2010 年版。

[121]［德］尼采：《不合时宜的沉思》，李秋零译，华东师范大学出版社 2007 年版。

[122]［美］斯蒂芬·贝斯特、道格拉斯·科尔纳：《后现代转向》，陈刚等译，南京大学出版社 2002 年版。

[123]［美］丹尼尔·贝尔：《资本主义文化矛盾》，赵一凡等译，生活·读书·新知三联书店 1989 年版。

[124]［德］瓦尔特·本雅明：《单行道》，王才勇译，江苏人民出版社 2006 年。

[125]［法］皮埃尔·代克斯：《超现实主义者的生活》，王莹译，山东画报出版社 2005 年版。

[126]［德］瓦尔特·本雅明：《驼背小人：一九〇〇年前后柏林的童年》，徐小青译，上海文艺出版社 2003 年版。

[127]［法］罗丹：《罗丹艺术论》，人民美术出版社 1987 年版。

[128]［法］福柯：《福柯集》，上海远东出版社 1998 年版。

[129]［英］齐格蒙特·鲍曼：《废弃的生命——现代性及其弃儿》，谷蕾、胡欣译，江苏人民出版社 2006 年版。

[130]［英］迈克·费瑟斯通：《消费文化与后现代主义》，刘精明译，译林出版社 2000 年版。

[131]［加］弗莱切：《记忆的承诺：马克思、本雅明、德里达的历史与政治》，田明译，华东师范大学出版社 2009 年版。

[132]《马克思恩格斯全集》第 3 卷，中共中央马克思恩格斯列宁斯大林著作编译局编译，人民出版社 2002 年版。

[133]［日］三岛宪一：《现代思想的冒险家们　本雅明：破坏·收集·记忆》，贾倞译，河北教育出版社 2001 年版。

［134］〔英〕齐格蒙·鲍曼：《生活在碎片之中——论后现代道德》，郁建兴等，学林出版社 2002 年版。

［135］〔美〕理查德·沃林：《瓦尔特·本雅明 救赎美学》，吴勇立、张亮译，江苏人民出版社 2008 年版。

［136］〔德〕本雅明：《德国悲剧的起源》，陈永国译，文化艺术出版社 2001 年版。

［137］〔德〕斯文·克拉默：《本雅明》，鲁路译，中国人民大学出版社 2008 年版。

［138］〔法〕米歇尔·福柯等：《宽忍的灰色黎明 法国哲学家论电影》，李洋等译，河南大学出版社 2014 年版。

［139］蒋孔阳、朱立元主编，朱立元、张德兴等：《西方美学通史 第六卷，二十世纪美学》（上），上海文艺出版社 1999 年版。

［140］汪民安等编：《现代性基本读本》（上），河南大学出版社 2005 年版。

［141］汪民安、陈永国、马海良主编：《城市文化读本》，北京大学出版社 2008 年版。

［142］刘小枫编：《墙上的书写——尼采与基督教》，田立年、吴增定等译，华夏出版社 2004 年版。

［143］汪民安、陈永国主编：《尼采的幽灵——西方后现代语境中的尼采》，社会科学文献出版社 2001 年版。

［144］孙冰编：《本雅明：作品与画像》，文汇出版社 1999 年版。

［145］飞白主编：《世界诗库第四卷 德国 奥地利 瑞士·北欧》，花城出版社 1994 年版。

［146］冯国超主编：《英国诗歌经典》（1—4 册），内蒙古少年儿童出版社 2001 年版。

［147］刘建一、刘邦一：《世界画坛百年 20 世纪杰出画家生活与创作》，中国文联出版社 2009 年版。

［148］唐译编：《一生不可不知道的世界名画》，企业管理出版社2013年版。

［149］朱朱：《晕眩》，解放军文艺出版社2000年版。

［150］刘北成：《本雅明思想肖像》，上海人民出版社1998年版。

［151］周宪：《审美现代性批判》，商务印书馆2005年版。

［152］鲁迅：《鲁迅全集》第1卷，人民文学出版社1981年版。

［153］鲁迅：《鲁迅全集》第2卷，人民文学出版社1987年版。

［154］Ronald Aronson, *Mourning Marxism*, selected from Robert J. Antonio, *Marx and Modernity*：*Key Readings and Commentary*, Blackwell Publishers Ltd. , 2003.

后　记

本书中那些试图以思想来勾勒"忧郁的现代性"的思想家，他们生活在 19 世纪至 20 世纪中，时间跨度超过百年，与上部书《非确定的现代性》一样，这并非一部现代性忧郁的历史，然而即便作为一种忧郁的谱系，也是很不完整的。本书选择的现代性的思想家们除了波德莱尔之外，均来自德国，法国的萨特、福柯、鲍德里亚都没有入选，并非我对德国哲学的某种偏爱，只是当我环顾四周，用"忧郁"的笔勾勒现代性的，无论是黑格尔、马克思、尼采、韦伯，或是齐美尔、本雅明都是我无法忽略的"画家"。另外也的确考虑到与《非确定的现代性》的某种承袭的关系，便于展开更为深入的研究。波德莱尔是以诗人与作家著称的，但考虑到他被称为"现代性"开启式的人物，所以他是一位不可逾越的人物。

最后也的确由于篇幅与时间所限，对于法国的现代性思想家们的研究或许只能留待日后吧。这也是本书最大的遗憾。

本书出版之际，我要感谢中国社会科学出版社，该社本着严谨的出版态度给予我扶助。同时还要感谢田文老师与徐沐熙编辑为书稿出版付出的辛苦工作。

感谢我所任教的长春师范大学，该大学对学术研究的支持，对学术著作的资助，才使得本书能够顺利地出版。

特别感谢我的先生——李维，从我博士论文的撰写到第一部书、第二部书的写作，他都给了我很多的支持，他不仅帮助我搜集大量的资料，也在学术方面给了我很多启示，让我可以在学术之路上坚强地走下去。

安丽霞

2017 年 10 月 8 日星期日